Das Super-Horoskop

Georg Wilhelm

Das Super-
Horoskop

Charakter, Liebe und Schicksal
nach abendländischen Sternzeichen
und chinesischen Tiersymbolen

Buch und Zeit Verlagsgesellschaft mbH · Köln

ISB N 3-8166-9304-0

© 1983 genehmigte Ausgabe
Nachdruck verboten
Druck: Ebner Ulm · 1999930480x7 2635 44

Inhalt

牛

Vorwort

Vor Jahrtausenden war die Astrologie eine Geheimwissenschaft, gehütet von Priestern, Teil der Religion. Später zur gleichberechtigten Wissenschaft neben der Astronomie erhoben, fand sie Eingang in den Volksglauben. Die ersten Horoskope kamen auf, vor allem aber wurde die seltsame Übereinstimmung von Charakter-Eigenschaften der unter einem Tierkreiszeichen Geborenen festgestellt.

Johannes Kepler (1571 - 1630) nannte die Astrologie eine ernst zu nehmende Wissenschaft, obwohl er als Astronom tiefschürfende Erkenntnisse über die Sonne und die sie umkreisenden Planeten hatte, die das mittelalterliche Weltbild auf den Kopf stellten.

Als Astrologe arbeitete selbst noch Galileo Galilei (1564 - 1642), der sein auch heute noch gültiges Forschungsergebnis, nicht die Erde, sondern die Sonne sei Mittelpunkt unseres Weltsystems, vor einem Kirchengericht widerrufen mußte.

Bis auf den heutigen Tag blieben die Gesetze der Astrologie unverändert, obwohl der Mensch längst den Mond erobert hat. Viele tun sie als »Aberglaube« ab, andere versuchen, hinter ihre Geheimnisse zu kommen. Unwidersprochen blieb durch die Jahrtausende die Erkenntnis, daß es eine rätselhafte Verbindung zwischen den Gestirnen und dem menschlichen Charakter gibt.

Ob man es nun glaubt oder nicht, es ist ebenso spannend wie interessant, in dieses Geheimnis der Astrologie einzudringen, das die Priester einst wie Opferfeuer hüteten. Hier wird davon berichtet: von den Charakteren in den zwölf Sternzeichen, von ihren Partnerschaftsbeziehungen und von ihren Aszendenten, die das Charakterbild des einzelnen vervollständigen.

Dieses Buch will unterhalten, aber es soll auch ein Führer sein, sich selbst und seinen Mitmenschen besser zu erkennen und zu verstehen.

♈Widder♈ (21. März bis 20. April)

Das Jahr des Tierkreises beginnt mit dem 21. März, dem Frühlingsanfang, wenn die Sonne in das Sternzeichen Widder tritt. Menschen, die unter diesem vom Planeten Mars beherrschten Feuerzeichen geboren wurden, sind sehr naturliebend und wandern gern. Doch wie das Wetter Ende März und im April sind sie unbeständig: Einmal sind sie fröhlich und leben unbeschwert in den Tag hinein, dann wieder sind sie niedergeschlagen und wirken unsicher. Sie sind leicht zu begeistern, aber ihre Begeisterung klingt schnell ab. Sie spielen den Starken und wollen dabei oft nur die eigenen Schwächen verbergen. Von daher bringen sie auch die gehörige Portion Dickkopf mit, die es einem nicht leicht macht, mit ihnen gut Freund zu sein. Wenn sie sich etwas in den Kopf gesetzt haben, sind sie schwer davon abzubringen, auch wenn Vernunftgründe dagegen sprechen. Aber sie sind freigiebig, und ihr Pflichtgefühl ist beinahe sprichwörtlich. Sie sind meist von guter Gesundheit, weil ihre Energie Krankheiten schnell besiegt. Kopf und Gesicht sind besonders gefährdet, vor allem die Gehörorgane, die Augen und die Bronchien. Ihre Farbe ist rot, ihr Metall das Eisen, Glückssteine sind Diamant, Amethyst und Sardonyx.

Müde Widder-Männer gibt es nicht

Partnerinnen von Widder-Männern bestätigen es: Er ist der reizendste, liebenswürdigste und zärtlichste Mann der Welt. Man muß nur immer hochschauen zu diesem Wundergebilde von Kraft und Schönheit, dann hat man den Himmel auf Erden. Wenn nicht, lernt man seine Schattenseite kennen: Er ist ein Meister der Taktlosigkeit, ohne sich dabei das Geringste zu denken.

Chefs mögen seine nach vorn strebende Art, seine Ideen und seinen nur auf den Erfolg gerichteten Arbeitseifer. Der Widder-Mann gibt nie auf. Das hat manchmal Nachteile: Er kann sich auch in eine erfolglose Sache verrennen. Dann steht er wieder einmal am Anfang, muß sich durchbeißen, drängt wieder nach vorn und kommt schließlich doch ganz oben an.

Dieses stete nach vorne Drängen läßt selbst körperlich kleine Widder-Männer größer erscheinen, als sie sind. Ihr Gang ist nicht leichtfüßig, eher wie das Stampfen einer Dampfmaschine. Bis ins hohe Alter hinein hält sich die frische, oft rosige Haut. Über den meist kleinen Augen wölben sich manchmal gewaltige Brauen, die - in der Mitte zusammengewachsen - das Zeichen des Widders bilden. Schauen Sie ihm in die

Augen; wenn er den Blick aushält und ihn mit feuriger, fast hypnotischer Kraft zurückgibt, dann ist es bestimmt ein Widder.

Er hält sich für absolut ehrlich und neigt dazu, seinen Mitmenschen ständig Wahrheiten an den Kopf zu werfen, die jedermann brüskieren. Freilich hindert ihn die Wahrheitsliebe oft nicht am Flunkern. Er ist ein Meister des Erzählens spannender Geschichten, die er selber glaubt, deren Wahrheitsgehalt man aber besser nicht nachprüft. Widersprechen Sie ihm nicht; er ist zwar antiautoritär im Denken, aber mag es gar nicht, wenn an seiner Autorität gekratzt wird.

Wie schon gesagt, der Widder-Mann ist ein guter Arbeiter. Keine Überstunde ist ihm zuviel, wenn nur der Laden läuft. Sein Chef wäre gut beraten, ihm bald eine kleine Gehaltsaufbesserung zu geben; eine Rangerhöhung würde diese sogar in Grenzen halten. Denn am Gelde hängt beim Widder-Mann nicht alles - ein aufmunterndes Wort genügt ihm schon, um ihn zu neuer Höchstleistung anzuspornen. Anerkennung ist für den Widder-Mann lebenswichtig; wenn er sie nicht erhält, sucht er sich bald eine neue Stelle, in der er hochgejubelt wird.

Es gibt Widder, die immer auf der Suche sind und manchmal in einem einzigen Jahr drei oder vier Stellen durchmachen, unter dem von der frühlingshaften Natur mitgegebenen Motto: Das Wandern ist des Widders Lust.

Als Chef versucht er, die stets den Erfolg suchende Arbeitslust auf seine Mitarbeiter zu übertragen. Er ist nicht knauserig - manche Gehaltsaufbesserung außer der Reihe kann dabei herausspringen, aber auch mancher Rausschmiß, der vor dem Arbeitsgericht verhandelt werden muß.

Bei aller Härte: Ein Widder-Mann vergißt schnell. Wenn er ein Unrecht einsieht, was allerdings nicht allzu oft geschieht, entschuldigt er sich und reicht Ihnen versöhnlich die Hand. Sprechen Sie von nun an nicht mehr von der Geschichte, sonst könnte Sie der ganze Zorn des Widder-Mannes treffen, und der ist fürchterlich.

Sein Temperament ist durch nichts zu überbieten, und man kann getrost behaupten: Müde Widder gibt es nicht! Das Rastlose, die Unruhe hält bis ins hohe Alter an.

Auch in der Liebe will der Widder-Mann perfekt sein. Frauen, die an ihn gerieten, wissen: Man weint diesem Lehrmeister in Sachen Sex viele Tränen nach, sofern ihn die Wanderlust packte. Für ihn gibt es eigentlich keine Liebe auf den ersten Blick, denn er kauft nie die Katze im Sack. Er probiert oft und studiert viel, bis er glaubt, die einzige, die einmalige Herzensdame gefunden zu haben, der er seine feurige Liebe schenken kann - ein Leben lang.

Man sollte ihn nicht enttäuschen: Schon die kleinste Störung in den Beziehungen, eine bissige Bemerkung können den Widder-Mann davon überzeugen, daß die, welche er zu lieben glaubte, seine heiße Liebe nicht verdient. Und so wechselt er und studiert weiter, bis endlich die Richtige kommt, die er aufs Standesamt führt. Ihr bleibt er treu - bedingungslos.

Sein Dickkopf beharrt auf der einmal getroffenen Entscheidung, auch wenn er längst weiß, daß die ihm Angetraute nicht alles hielt, was sie vor der Ehe versprach. Ehescheidungen gibt es darum, trotz des Widders Wankelmut in anderen Fällen, herzlich wenig unter diesem Zeichen, es sei denn, er hat den Zwilling im Aszendenten.

Dafür kommt es in einer vom Widder-Mann angeführten Ehe häufig zu Reibereien. Nicht jede Gattin ist so einsichtig, ihren Herzensgemahl für den Allergrößten zu halten.

Er will eine adrette Frau - Schlampen haben bei ihm gleich ausgespielt. Rat an Widder-Freundinnen: Merken Sie sich sein Lieblingsparfüm - er wird darauf hereinfallen und Ihre Füße küssen. Lassen Sie ihn nur auf dem Sockel, den er für sein Denkmal vorbereitet hat. Hat er erst einmal erkannt, daß Sie, was ihn betrifft, nicht die Emanzipierte spielen möchten, wird er Sie auf Händen tragen.

Wer den Widder hat, sollte bedenken, daß er das teuerste Stück ist, das man gewinnen kann: Er ist familiär und seinen Kindern ein guter Vater, obwohl diese oft in ihm nur den Tyrannen sehen.

Die Widder-Frau - kostbare Leihgabe der Natur

Eine Widder-Frau gibt es nicht zu kaufen — sie schenkt sich höchstens selbst her. Wer sie bekommt, hat sie leihweise.

Mit dem Erobern ist das freilich so eine Sache. Zwar träumt ein jedes Widder-Mädchen von dem Helden, der es im Sturme nimmt, aber noch längst nicht jeder hergelaufene Rittersmann kommt für solche Stürmerei in Frage. Die Widder-Dame ist wählerisch. Und sie wählt lange. Manchmal zu lange; dann ist sie allerdings auf der Erfolgsleiter des Berufs emporgeklettert und hat den Helden nicht mehr nötig.

Nicht, daß die Widder-Frau zu ichbezogen wäre. Bewahre! Sie kann ihr letztes Hemd herschenken oder den letzten Pfennig, wenn es nur jemanden glücklich macht. Aber sie ist wie ihr männlicher Sternzeichen-Kollege von sich überzeugt, daß sie eines der prachtvollsten Einzelstücke auf dieser Erde ist.

Sie probiert oft, nippt hier und dort ein wenig am Nektar der Liebe. Manchmal zieht sie sogar zu ihrem Auserwählten und kurz drauf wieder aus, wenn sie meint, daß er doch nicht der Richtige war.

Dabei ist sie beileibe kein leichtes Mädchen — sie hat es nur schwerer als andere, die schneller zufrieden sind. Und überdies kann sie leichter ohne Mann auskommen, als viele andere Sternenkinder, von denen wir in diesem Buch noch lesen werden.

Die Widder-Frau sucht ihren Helden, aber in der Ehe glaubte sich schon mancher von ihr zum Pantoffelhelden degradiert. Schließlich ist sie für Gleichberechtigung, und wenn sie schon neben ihrem Göttergatten die Hausfrau spielen muß — sei's drum! So soll er wenigstens lernen, das Geschirr abzutrocknen und die Schuhe zu putzen!

Trotzdem möchte sie einen ganzen Kerl zum Mann haben — keinen, der ihr ständig Koseworte zuflüstert. Sie weiß selbst, daß sie überall bewundert wird.

Wie gesagt, die Widder-Frau sucht sehr lange. Wenn sie aber den Einzigartigen gefunden zu haben glaubt, läßt sie ihn nicht aus den Fängen. Und wenn sie ihm selbst den Heiratsantrag machen müßte! In der Ehe ist sie treu. Sie geht sogar manchmal den untersten Weg, um dem Mann ihrer Wahl Liebe zu beweisen. Sie ist eine leidenschaftliche Geliebte, aber wenn sie merkt, daß ihr Gemahl sich gar zu oft mit Sitzungen und beruflichen Verpflichtungen entschuldigen läßt, zieht sie ihre Schlüsse und sucht sich selbst auf solchen »Sitzungen« zu erfreuen. Dann ist es aus, und die Scheidung steht ins Haus.

Eine Widder-Frau kann kaum zwei Männer auf einmal lieben, sie muß innerlich bereits mit einem von beiden Schluß gemacht haben; das genügt, um dem zweiten ihre ganze Leidenschaft zu schenken. Dabei bräuchte die Widder-Frau eigentlich gar keinen Mann. Sie ist selbständig genug, ihr Leben auf eigene Füße zu stellen.

Viele moderne Managerinnen, Politikerinnen und Unternehmerinnen sind unter dem Mars-Zeichen geboren. Sie machen den Männern vor, wie man führt, lenkt und leitet. Sie können auch die perfektesten Sekretärinnen sein, aber dann müßte der Chef sehr viel Verständnis für sie aufbringen und sie selbständig schalten und walten lassen. Eine Widder-Frau ordnet sich nun einmal nicht gern unter. Am besten betätigt sie sich in einem freien Beruf oder als Lehrerin, wo sie einer Klasse unmündiger Kinder ihren Stempel aufdrücken kann.

Wenn sie einmal in einem Beruf Fuß gefaßt hat, möchte sie ihn meistens nicht gern aufgeben, um »nur« noch Hausfrau zu sein. Ihr Auserwählter tut gut daran, ihr die Chance zu lassen, die gemeinsamen Brötchen mitzuverdienen.

Die Widder-Frau ist eine gute Mutter, aber sie ist auch streng. Sie gibt ihren Kindern zwar eine gehörige Portion Taschengeld, verlangt aber, daß die Kleinen es in Werten wie Schulheften und Schreibgeräten anlegen, weniger in Zuckerzeug. Trotzdem ist ihre Erziehung freizügig. Schon das Baby darf in der Wiege schreien, so lange es ihm beliebt: die Widder-Frau betrachtet Beschwerden gehörgeschädigter Nachbarn als böswillige Einmischung in fremde Angelegenheiten.

Die Widder-Dame hat viel Humor. Sie lächelt oft sogar noch, wenn sie sich eigentlich vor Schmerzen krümmen müßte: Selbst, wenn sie schwer krank ist, will sie keinem zeigen, wie es um sie steht. Sie offenbart der Umwelt nicht gern ihr innerstes Ich, in dem manch versteckter Minderwertigkeitskomplex schlummert. Sie gehört einem männlichen Zeichen an, aber im tiefsten Innern ist sie ein schwaches Weib, leicht gekränkt, schnell verletzt.

Sie wird keinem Krach aus dem Wege gehen; denn wo es blitzt und donnert, ist die Mars-Tochter daheim. Aber sie wird niemandem etwas nachtragen; keine noch so schändliche Kränkung erscheint ihr wert genug, nicht zu verzeihen.

Die Verzeihung erwartet sie auch von den anderen, die sie mangels ausgeprägtem Taktgefühl beleidigte. Sie beharrt zwar bis zuletzt auf ihrem Standpunkt, aber sie sieht auch ihr Unrecht ein, entschuldigt sich und hofft, die Sache sei erledigt.

Die Widder-Frau hat Ideale und Träume. Niemand sollte es wagen, diese zu zerstören. Wer mit ihr auskommen will, sollte mit ihr träumen und ihr mit der gleichen Ehrlichkeit gegenübertreten, die sie täglich praktiziert. Vielleicht wird dann aus dem harten Widder sogar noch ein zartes Lämmchen.

Wie erzieht man Widder-Kinder?

Um es vorweg zu sagen: Ein rechter Widder bleibt Zeit seines Lebens ein Kind; denn nur Kinder können sich erlauben, so viel Eigenwillen zu besitzen. Schon im zartesten Alter möchte das Mars-Kind Mittelpunkt des Hauses sein. Guter Rat: Machen sie einen schalldichten Raum zum Kinderzimmer Ihres Widders. Lassen Sie ihn dort schreien, wenn mit Güte nichts zu erreichen ist.

Ihr Kind ist stürmisch. Es klettert schon früh in Nachbars Garten und auf verbotene Bäume. Aber manchmal stellt es sich dabei ungeschickt an: Dem Widder blühen schon im zartesten Alter blaue Flecke und blutige Risse. Das Kind denkt aber mit: Wenn es sich einmal die Finger am gerade gekochten Gelee verbrannte, wird es nicht noch einmal die Finger in die heiße Brühe stecken.

In der Schule dürfte es selten Schwierigkeiten haben, aber nur zu gern lassen Widder-Kinder ihre Hausarbeiten liegen. Sie sollten sie ab und zu einmal loben; denn Lob ist für Widder-Sprößlinge etwas, für das man sogar Hausarbeiten in Kauf nimmt.

Die Partnerinnen des Widder-Mannes

* Die Widder-Frau streitet mit
Von wegen »gleich und gleich gesellt sich gern« — was ein echtes Mars-Kind ist, das will kämpfen und siegen. Und so reiben sich dann der Widder-Mann und seine Widder-Frau stets aneinander. Zunächst spielt möglicherweise einer von beiden den Verträglichen; aber eines Tages geht auch ihm der Hut hoch. Dann fliegt das Porzellan und vielleicht sogar einer der beiden Streithähne aus dem heimischen Nest in ein anderes. Wenn aber Widder und Widderin einsehen lernen, daß Partnerschaft den Lebenskampf leichter bestehen läßt, dann können sie, Seite an Seite streitend, die Silberne oder gar die Goldene Hochzeit miteinander feiern und auf ein Eheleben zurückblicken, das nie langweilig war.

* Bei der Stier-Frau an der Leine
Widder-Mann und Stier-Frau sind auf den ersten Blick ein ungleiches Paar: er — der Temperamentvolle, Rastlose, Aktive, sie — die Beherrschte, Hartnäckige, Sparsame. Aber schon kurz nach den Flitterwochen merken die beiden, wie sehr sie sich eigentlich ergänzen. Sie kann mit dem Geld vortrefflich umgehen, das er gern in rauhen Mengen ausgeben möchte. Darf sie den häuslichen Finanzminister spielen, läßt sie ihn kommandieren; und das tut dem Widder gut. Die Stier-Frau versteht etwas von sinnlicher Liebe und weiß den hitzigen Widder-Liebhaber schon bald zum gefühlvollen Ehemann umzustimmen. Und wenn er, der Naturverbundene, auf Wanderschaft gehen will, dann wandert sie mit: Eine Stier-Frau läßt dem Widder alle Freiheiten, wenn er nur an ihrer Leine geht!

* Fröhliche Spielchen mit der Zwillinge-Frau
Es ist mehr ein Steppenbrand, den die Zwillinge-Frau entfacht, denn müde Glut am heimischen Holzkohlengrill. Das ist dem Widder-Mann sympathisch, nicht umsonst ist er in einem Feuerzeichen geboren. Lustig geht's zu in dieser Ehe, weil die Zwillinge-Frau gar zu gern lacht. Das steckt auch den sonst so ernsten Widder an. Er ist ein Draufgänger in der Liebe, sie schätzt mehr die fröhlichen Spielchen zu zweit, die zunächst alle Leidenschaften zügeln, bis sie mit elementarer Naturgewalt ganz von

selbst den Höhepunkt erreichen. Hier sollte sich der Widder weise anpassen — die Freude wird am Ende umso größer sein. Und er sollte seine Zwillinge-Frau öfters mal ganz groß ausführen, mit ihr verreisen; denn bei aller Liebe zu ihrem geschmackvoll eingerichteten Heim würde sie in den eigenen vier Wänden allmählich versauern.

* Die Krebs-Frau und ihr Innenleben
Hat der Widder-Mann eine Krebs-Dame erobert, sollte er sich völlig umstellen, sonst kann, was mit heißer Liebe begann, bald vor dem Scheidungsrichter enden. Der Widder ist nun mal gerade heraus, sagt manches harte Wort und denkt sich nichts dabei. Das trifft die Krebsin tief: sie zieht sich in ihr reiches Innenleben zurück und ist für ein Weilchen nicht ansprechbar. Der Widder muß freiwillige Selbstkontrolle üben, sonst bricht des Krebses Tränenkrüglein endgültig entzwei. Übt er aber Selbstbeherrschung, wird sie ihm ein liebendes Weib sein, das ihm ein Nest baut, in dem er sich wohlfühlen kann.

* Lebenskampfgemeinschaft mit der Löwe-Frau
Er will führen, sie will herrschen, denn beide sind unter einem Feuerzeichen geboren. Wie Magnete ziehen sich Widder und Löwin vor der Ehe an, man versteht und verständigt sich — oft zu einer Blitzhochzeit. Es kann eine ideale Ehe werden, wenn beide ihre Kraftfelder in Übereinstimmung bringen. Dabei darf sich der Widder-Mann keine Blöße geben; er muß der Löwin beweisen, daß er auf jedem Gebiet sattelfest ist. Sonst wird sie ihm Entwicklungshilfe leisten wollen, den Führer, ehe er sich versieht, zum Unterführer degradieren und unter ihre Oberhoheit zwingen. Gelingt dem Widder aber, der Löwin zu imponieren, wird die Ehe zur haltbaren Lebenskampfgemeinschaft.

* Geduld mit der Jungfrau-Geborenen
Die Verständigung zwischen zwei so gegensätzlichen Typen ist recht schwierig: Der Widder strebt nach Wolkenkuckucksheim, der Jungfrau-Dame ist das Bodenständige lieber. In der Ehe kann das zu Komplikationen führen: Sie könnte seinen Tatendrang hemmen, weil sie in allen seinen Plänen noch das berühmte »Haar in der Suppe« findet; ihn könnte ihre pingelige Ordnungsliebe zum Wahnsinn oder aus dem Hause treiben. Die Jungfrau-Geborene wird den Haushalt perfekt führen und den gemeinsamen Kindern eine gute Erzieherin sein. Aber die heißblütige Geliebte, die er sich wünscht, wird sie nur unter behutsamer Anleitung werden; denn Jungfrauen zeichnet nicht nur kühle Gelassenheit, sondern

manchmal auch Prüderie aus. Er sollte Geduld üben — aber welch rein-
rassiger Widder kann das schon?

* Die Waage-Frau gibt gern nach
Im Sexuellen haben sie sich gesucht und gefunden — ob das allerdings
allein Grundlage für eine dauerhafte Verbindung zwischen Widder-
Mann und Waage-Frau sein kann, wird sich in der Ehe erweisen müssen.
Er ist der Kämpfer, sie die Diplomatin: Ist er angriffslustig, wird sie um
des lieben Friedens willen nachgeben. Aber gerade das kann der Widder-
Waage-Ehe einen Knacks geben: Er will den Widerstand spüren und ihn
brechen! Er ist nicht gerade der Ausdauerndste, braucht Rat und Ermunterung, um nicht vor dem lockenden Ziel noch zu erlahmen. Die
Waage-Dame kann ihm beides geben, und so wird er an ihrer Seite Karriere machen, zumal sie auch jemand ist, den man herzeigen kann. Nur
eins kann die treue Gattin ihm nicht verzeihen: Wenn er daheim taktlos
zu poltern beginnt und seine schlechte Laune an ihr auszulassen versucht.
Das würde die Flamme der Leidenschaft plötzlich verlöschen lassen.

* Die Skorpion-Frau schlägt zurück
Mars beherrscht nicht nur den Widder, er regiert auch im Skorpion mit.
Das macht das Zusammenleben zwischen Widder-Mann und Skorpion-
Frau so abwechslungsreich: Kommt er ihr angriffslustig, schlägt sie zurück. Sie müßten schon die beiderseitige Agressivität auf einen gemeinsamen Nenner bringen, um viel im Leben zu erreichen. Die Skorpionin
hat ihrem Widder viel Ausdauer und Beharrungsvermögen voraus. Das
kommt der Durchführung seiner himmelstürmenden Pläne zugute, die
sonst mit der Zeit in irgendeiner Schublade verschwinden könnten. Sie
läßt ihm den Ruhm, wenn sie nur kassieren kann. In der Liebe zahlt die
Skorpion-Frau mit gleicher Leidenschaft zurück. Wenn der Widder nur
nicht so gern auf anderer Mädchen hübsche Beine schauen würde! Das
bringt die Skorpionin in Rage; schon ein scheeler Blick des Ehemanns in
anderes Revier läßt ihre Eifersucht überkochen.

* Plappermäulchen Schütze-Frau
Das Schütze-Mädchen ist für den Widder gleich entflammt, auch wenn
es noch gerade irgendwo anders zündelte. Und da beide wie füreinander
geschaffen scheinen, drängt er auf schnelle Verbindung. Aber die
Schützin zaudert, will sich nicht gleich dem Widder mit Haut und Haaren
unterwerfen. Schließlich ist sie wie er unter einem Feuerzeichen geboren
und will ihre Unabhängigkeit so lange wie nur möglich behalten. Haben

sie dann endlich den Weg zum Standesamt gefunden, versuchen beide, das Beste aus der Ehe zu machen. Wenn er nur nicht so eigensinnig und sie nicht solch Plappermäulchen wäre! Sofern aber Widder und Schützin taktvoll des anderen Fehler übersehen, könnte die Ehe ein Leben lang halten.

* Die Steinbock-Frau will mitbestimmen
Mit Widder und Steinbock geraten Mars und Saturn aneinander. Und das tut, wenn sich nicht beide immer wieder selber zur Ordnung rufen, auf die Dauer kaum gut. Die Steinbock-Frau ist nicht unbedingt das Hausmütterchen, von dem der Widder vielleicht träumte. Sie ist emanzipiert, möchte mitverdienen und mitbestimmen, auf keinen Fall aber von einem Liebesspiel ins andere torkeln. Das könnte ihn, den Draufgänger, bald vermuten lassen, er habe einen Eiszapfen erobert. Dabei kann die Steinbock-Dame sehr zärtlich sein.

* Der Patriarch der Wassermann-Frau
Schon beim Anbandeln zeigt es sich: Widder und Wassermann-Frau verständigen sich sofort. Mit ihr kann er eine Blitzehe eingehen, ohne daß es ihn wenig später schon reut. Das Wassermann-Mädchen versteht des Widders geheimste Leidenschaften herauszukitzeln. Es macht ihm Mut, wenn er mal wieder vor einem Neubeginn steht, und packt tatkräftig mit an, um der Familie einen höheren Lebensstandard zu sichern. Eine Wassermann-Frau tut immer nur das, was sie will, auch wenn sie dem stolzen Widder-Mann weismacht, er sei der letzte Patriarch in einem emanzipierten Zeitalter. Hüten sollte er sich, nach anderen Blumen auszuschauen, die da am Wege blühen: Sein Wassermann-Weib ist nicht eifersüchtig, aber es schlägt sofort zurück!

* Zart besaitetes Fische-Seelchen
Wenn das nur gut geht mit dem oft polternden Widder-Mann und dem zart besaiteten Fische-Seelchen! Ihn zog vielleicht das mädchenhaft Scheue an, sie die männliche Beschützerkraft. Aber in der Ehe sieht manches anders aus, das in der Liebe Maienblüte rosig überzuckert war. Dann sieht er in ihr das Tränentier, das bei jedem schiefen Wort losheulen kann, und sie in ihm den Tyrannen, der wie ein Ungeheuer auf ihren zarten Gefühlen herumtrampelt. Die Fische-Dame ist auch nicht unbedingt der Typ, der den Widder zur Ausdauer in der Verfolgung seiner hochgesteckten Ziele anregen kann: er wird an ihrer Seite vieles beginnen, aber nicht unbedingt alles erreichen.

Stier (21. April bis 20. Mai)

Am 21. April tritt die Sonne astrologisch in das Tierkreiszeichen Stier. Das Wetter bessert sich zusehends, wird beständig: Der Mai ist für viele die schönste Zeit des Jahres. Das Wetter färbt auch auf die Stier-Menschen ab; sie haben sehr viel Selbstvertrauen, ihr Charakter ist ausgeglichen. Sie lieben die Bequemlichkeit und sind sehr empfänglich für gutes Essen, aber auch für geistige Nahrung. Nichts kann sie so leicht aus der Ruhe bringen. Sie lieben den Frieden. Wenn man sie aber reizt, können sie wutschnaubend alles um sich herum niederwalzen. Das geschieht nicht oft, aber wenn es doch einmal passiert, suche man schleunigst das Weite. Stier-Menschen sind sehr ordnungsliebend, ihre Nonchalance kann sie jedoch Unordnung leicht ertragen lassen. Sie gehen stets korrekt gekleidet, aber pingelig genau sind sie nicht. Als robuste Naturen sind sie nicht so leicht umzuwerfen. Erkrankungen drohen vor allem im Bereich des Halses, der Kehle und der Schultern; manchmal machen ihnen auch die Nieren und der Stoffwechsel Kummer. Und natürlich die Figur; man ißt ja so gern gut und viel. Venus beherrscht dieses Erdzeichen, dessen Farbe hellgrün ist. Das Glücksmetall ist Kupfer, die Glückssteine sind der helle Saphir, der Moosachat und der Karneol.

Der Stier-Mann und die Frau seiner Träume

Stier-Männer sind praktisch veranlagt, sie denken langsam, dafür aber umso gründlicher. Nichts scheint sie aus der Ruhe bringen zu können. Ihr sanguinisches Temperament deutet auf ein friedliches Familienleben, auf eine praktizierte Koexistenz am Arbeitsplatz hin. Bis sie dann auf einmal platzen, scheinbar ohne Grund. Der Grund wird nachgeliefert; er besteht aus Dutzenden von kleinen Mosaiksteinchen, die sich aus Demütigungen, Eifersucht, Rachegefühl und beleidigtem Stolz zusammensetzen können. Das geschieht allerdings nicht oft. Mancher Stier-Mann hat solche Zustände nie. Das deutet auf ein glückliches Familienleben hin, auf Zufriedenheit am Arbeitsplatz: Er hat seine egoistischen Pläne durchgesetzt und ist am Ziel angelangt, das er sich gesteckt hatte. Er kann ein guter Freund sein, aber er erwartet von seinen Freunden, daß sie ihm mit der gleichen Hilfsbereitschaft entgegenkommen, die er ihnen gewährt. Manchmal freilich dauern für ihn Freundschaften auch nur so lange, wie sie ihm selber Nutzen bringen können. Nicht, daß es dann zum großen Krach käme — ein echter Stier-Mann macht das eleganter, zieht um und ward nicht mehr gesehen.

Er schließt nicht allzu schnell Freundschaften, und auch in der Liebe wägt er, bevor er sie für gut befindet. Das Mädchen seiner Wahl aber wird er solange beknien, bis es ihn erhört. Die Frau seiner Träume kannte ihn manchmal noch gar nicht so recht, als er sie schon für seinen künftigen Haushalt verplant hatte. Oft schickte er ihr Blumengrüße, und es machte ihm gar nichts aus, daß sie über den »lästigen Vogel« schimpfte: Eines Tages traf man sich, und die Umworbene mußte gestehen, daß der Stier-Mann eigentlich der einzig Richtige sein könnte.

Hat seine Herzallerliebste endlich ja gesagt, wird sie nicht mehr so leicht von dem Stier loskommen: Er ist treu und verfolgt das Prinzip, daß man sich vom einmal Erworbenen nicht trennen sollte. Er braucht eine Geliebte, eine Mutter seiner Kinder, aber auch ein Mädchen, das Geld oder gute Beziehungen mit in die Ehe bringt und das andere wegen seiner Gescheitheit bewundern.

In der Ehe kann die Dame an der Seite ihres Stier-Mannes den Himmel auf Erden haben, wenn sie Hausfrauentugenden und gesellschaftlichen Schliff zeigt. Er mag, daß seine Frau bewundert wird (es fällt ja Glanz auf ihn selbst dabei ab), aber werden die bewundernden Blicke zu intensiv, wittert er Nebenbuhler. Neben dem Skorpion-Mann ist der Stier-Mann das eifersüchtigste Geschöpf unter dem Sternenhimmel. Er kann seine Ehefrau tagelang zu Hause einsperren, nur weil ein kleiner Flirt seinen Argwohn erregte.

Frauen, die selbst in der Ehe herrschen möchten, werden bald davon absehen: Er mag eine gescheite Frau, aber sie sollte nicht unbedingt gescheiter sein wollen als er. Er mag auch eine Frau, die im Berufsleben Sprosse um Sprosse höher klettert, aber sie sollte eine Sprosse auf der Erfolgsleiter unter ihm stehen bleiben.

Der Stier-Mann dürstet nach Freiheit; das heißt aber nicht, daß er den Durst anderer unbedingt auch stillen möchte. Beleidigt man ihn, kann er wie ein Eisklotz reagieren, aber auch wie ein Stier, dem man das rote Tuch zeigte.

Das brachte ihn im Berufsleben schon mal um eine bessere Stellung. Meist aber zügelt er sein Temperament, weil er eine feste Position zu schätzen weiß. Man sollte ihm Verantwortung geben, ihn in eine leitende Stellung versetzen. Dort wird er seinen Mann stehen, und seinen Untergebenen Vorbild sein, dem keine Arbeit zu viel ist. Möglicherweise ist einer unter seinen Mitarbeitern gescheiter als er, aber niemand ist ein solcher Dauerbrenner wie der Stier-Mann.

Auch am Arbeitsplatz liebt er den Frieden, doch ein schiefes Wort schon kann aus dem Dauerbrenner einen Dauerrenner machen: Mancher Stier-

Mann wechselt so lange die Stellung, bis ihm eine endlich paßt, wo er getreu bis zur Pensionierung bleiben kann.

Als Chef ist der Stier-Mann freundlich und geduldig, so lange seine Mitarbeiter fleißig sind und ihre Arbeit zum Wohl der Firma korrekt erledigen. Er wird sogar über gelegentliches Faulenzen hinwegsehen. Dauerfaulenzer aber sollten sich hüten: Ihr Stier-Chef wird sich das Spielchen einige Zeit anschauen, ohne dabei seine sprichwörtliche Freundlichkeit zu verlieren, bis sie verwundert per Einschreiben mit Rückantwort den blauen Brief ins Haus bekommen.

Ein Stier-Chef ist nicht unbedingt der fortschrittlichsten einer. Er hat viele Ideen, aber sie sind alle auf Sparsamkeit gerichtet. Sein Wahlspruch lautet: »Was nützt mir eine teure neue Maschine, wenn's eine gebrauchte alte auch tut!« Er will seinen Besitzstand mehren, aber nicht um den Preis der Sicherheit des bereits Erarbeiteten.

Er ist eigensinnig und möchte in allem die letzte Entscheidung haben, aber er hält auch eigensinnig an den Leuten fest, die er einmal eingestellt hat. Dieses geduldige Beharren macht den Stier-Mann nicht nur als Chef so liebenswert.

Müde Männer mag die Stier-Frau nicht

Venus war ihre Taufpatin und schenkte ihr die Attribute echter Weiblichkeit: Bei der Stier-Frau versteht man, warum ihr Sternbild trotz des männlichen Wappentieres zu den weiblichen gezählt wird. Die lateinische Göttin der Schönheit und der Liebe gab ihrem Liebling alles mit, wonach sich Männer sehnen: viele Sexbomben wurden unter dem Stier-Zeichen geboren.

Mancher müde Mann könnte an ihrer Seite aufgemöbelt werden, wenn nicht ein Hindernis im Wege stünde. Müde Männer mag die Stier-Frau nicht. Obwohl sie gern das Sagen in der Familie haben möchte, will sie doch neben sich einen Mann, zu dem sie aufschauen kann. Und mag die Stier-Frau noch so verliebt sein, sie wird bei allen leidenschaftlichen Gefühlen, derer sie fähig ist, doch immer auch die Vernunft walten lassen: Die Kasse muß stimmen, und die Zukunft einigermaßen abgesichert sein.

Ansonsten ist es einer Stier-Frau gleichgültig, ob ihr Herzensmann ein Adonis ist: Er muß nur ihr treu ergeben sein und kein Wandervogel, der von einem Nest zum anderen fliegt. Sie liebt die Natur und weiß, daß auf krummgewachsenen Bäumen oft die schönsten Früchte wachsen.

Das Stier-Mädchen hat viel Geschmack; es wird seine Wohnung mit exquisiten Möbeln und echten Perserteppichen ausstatten wollen. Das kommt teuer. Auch auf schicke Kleidung nach der letzten Mode legt sie Wert, und um ihren Hals herum muß es blitzen von echtem Geschmeide.

Die Stier-Frau liebt das ruhige Leben. Unfriede stört ihren ganzen Körperhaushalt. Sie überlegt sich manchmal nicht, daß sie selbst oft Grund zu Streit und Zank gab: Ein schiefes Wort und sie ist auf einhundertachtzig, schmollt, trotzt und weint vor Zorn.

Sie hat ein weiches Herz. Wenn ihr Mann die Stellung verliert, wird sie sich, ohne viele Worte zu verlieren, eine Arbeit suchen, um die Familie über Wasser zu halten, bis Vater wieder was gefunden hat. Sie verlangt keinen Dank dafür — Hauptsache, man kommt wieder aus dem Schlamassel!

Ihren Kindern ist sie eine herzensgute Mutter. Aber wenn die Kleinen ins schulpflichtige Alter kommen, möchte sie Leistung sehen. Auf Faulheit kann sie erbarmungslos hart reagieren. Da die Stier-Mutter aber pädagogisches Talent besitzt, wird die Härte zum Nutzen der Kinder anschlagen, und sie werden keinen seelischen Schaden nehmen.

Stier-Frauen sind meist exzellente Köchinnen. Man sollte sie in der Küche allein werkeln lassen, denn Topfgucker sind ihr ein Greuel. Obwohl sie langsam wirkt, wird sie jede Arbeit erfolgreich abschließen. Ihr ist nichts zuviel, wenn es nur mit Bedacht durchgeführt werden kann.

Auch in der Liebe liebt sie das Behutsame. Sie möchte noch ein wenig Romantik ins Eheleben retten. Gute Musik kann sie in Stimmung bringen, aber auch ein zärtliches Wort. Das Vorspiel ist ihr oft wichtiger als der leidenschaftliche Abschluß.

Nur wenige Stier-Frauen bleiben allein. Wer sie je enttäuschte, lädt eine große Schuld auf sich: Eine verlassene Stier-Frau wird sich entweder kopflos in ein Abenteuer stürzen oder auf Bewerber um ihre Gunst von nun an mißtrauisch reagieren. Und oft dehnt sie dieses Mißtrauen auf jeden aus, der in ihre Nähe kommt. Findet sie doch noch einmal ins Ehejoch, wird sie nach getrennten Schlafzimmern und jährlich einmal nach Ferien vom Ich verlangen.

Der beste Beruf, den eine Stier-Frau ausüben könnte, wäre der einer Hausfrau. Die vielseitigen Anforderungen erfüllt sie vollkommen. In jedem anderen Beruf übt sie oftmals harte Selbstkritik nach dem Sokrates-Wort: Ich weiß, daß ich nichts weiß! Das macht sie zur guten Wissenschaftlerin oder Lehrerin. Auch in der Modebranche kann sie Überragendes leisten.

Stier-Frauen arbeiten gern und übernehmen auch geduldig Vertretungen für andere. Sie sind nicht immer die Schnellsten, aber was sie anpacken, hat Hand und Fuß. Oft schießen sie über das Ziel hinaus, und dann kommt es zu Zusammenbrüchen, die mehrere Spezialärzte auf einmal beschäftigen können. Vielleicht findet erst ein Psychotherapeut das Mittel, das helfen kann.

Obwohl die Stier-Frau im allgemeinen gegen jede Krankheit ankämpft, bedient sie sich ihrer auch manchmal als Mittel zum Zweck: Manches Stier-Mädchen, das vor einer Prüfung stand, bekam schon hohes Fieber, aus Angst, trotz der vielen vorher schlaflos durcharbeiteten Nächte schlecht abzuschneiden. Die Hysterie, in die sich einige Stier-Frauen vor entscheidenden Ereignissen hineinsteigern können, bewirkt zwangsläufig echte Krankheitszustände.

Die Mädchen aus dem Sternzeichen Stier lieben lange Diskussionen, in denen sie meist den Ton angeben, weil sie sich schnell für eine Idee begeistern können, sie widersprechen gern, wenn sie sich im Recht glauben. Aber sie können sofort einlenken, wenn sie merken, daß sie auf dem Holzweg waren.

Und der schönste Zug an ihnen: Sie tragen nichts nach. Sie sind hart im Geben, aber auch im Nehmen. Manch einer hält sie für unverträglich, dann hat er aber nicht bemerkt, daß sie in Wirklichkeit nicht gern ihr eigenes Ich vor anderen Leuten ausbreiten möchten.

Wer einer Stier-Frau öffentlich widerspricht, bekommt Zunder, daß ihm Hören und Sehen vergeht. Jeder sollte daher den Kontakt unter vier Augen suchen und er wird merken: Es gibt keinen, der so offen eigene Fehler bekennen kann wie die Stier-Frau.

Wie erzieht man Stier-Kinder?

Am Anfang steht der Eigensinn: Ein im Tierkreiszeichen Stier geborenes Kind spuckt alles aus, was ihm nicht behagt. Wenn es nicht will, will es nicht — da helfen keine guten Worte und schon gar nicht Schläge, die den Eigensinn nur noch verstärken könnten.

In der Schule erscheint das Stier-Kind manchmal ein wenig denkfaul. Dem ist nicht so: Während andere Kinder des Lehrers Weisheit nachplappern, nimmt sie das Stier-Kind in sich auf; Gelerntes bleibt ein Leben lang sitzen.

Das Stier-Kind braucht ausgeglichene Eltern, die nicht gleich die Ruhe verlieren, wenn es gerade wieder einmal bockt. In Wirklichkeit ist es sehr verträglich und der beste Spielkamerad für die Geschwister. Es wird, ob Bub oder Mädel, der Mutter im Haushalt zur Hand gehen. Sein Taschengeld wird es zum Teil ins Sparschwein stecken, zum anderen Teil in Naschereien anlegen.

Die Partnerinnen des Stier-Mannes

* Die Widder-Frau bringt Unruhe mit
Der Stier-Mann träumt vom gemütlichen Heim, von gesicherten Verhältnissen und sich mehrendem Besitzstand. Die Widder-Frau aber bringt Unruhe in sein Leben. Wenn er die traute Zweisamkeit pflegen möchte, will sie zu Freunden, auf Gesellschaften. Erst wenn er bemerkt, daß solch gesellschaftliche Verpflichtungen auch finanziellen Nutzen abwerfen können, wird er sich ohne Murren mit seiner Frau in den Trubel stürzen. In den rosaroten Stunden der Liebe ist die Widderin dem liebeshungrigen Stier eine ebenbürtige Partnerin. Nur im Finanziellen kann es zu Meinungsverschiedenheiten kommen, dann nämlich, wenn die Widderin das vom Stier sauer verdiente Geld zu schnell wieder unters Volk bringen möchte.

* Wechselschritt mit der Stier-Frau
Wenn's um Geld verdienen geht, sind sich Stier-Mann und Stier-Frau einig: Beide haben ein Gespür für günstige finanzielle Transaktionen. Auch in der Liebe müßten die Venuskinder schnell zusammenfinden. Aber bei gleichen Sternzeichen ist das oft so eine Sache: Der anfängliche Gleichschritt geht nur zu bald in einen Wechselschritt über. Und dann merkt der eine, wenn er von Liebe spricht, daß der andere gerade ans Materielle denkt. So kommt es zu Dissonanzen, welche die eheliche Harmonie stören können. Der angeborene Eigensinn tut ein übriges, und so bockt man und macht sich gegenseitig das Leben so schwer wie nur möglich. In diesem Fall sollte die Stier-Frau beweisen, daß Frauen doch die besseren Diplomaten sind, und sich scheinbar ihm unterordnen. Der Stier-Mann wird's ihr mit treuer Liebe danken.

* Die launischen Einfälle der Zwillinge-Frau
Was der Stier-Mann nicht hat, das hat die Zwillinge-Frau in besonderem Maße. Und umgekehrt. So könnte es eigentlich zu einer fröhlichen, abwechslungsreichen Ehe kommen. Aber man muß zuvor ein paar Abstriche machen: Der Stier-Mann wird nervenstärkende Mittel gebrauchen, denn seine Zwillinge-Frau hat immer wieder neue launische Einfälle, die den schwerfälligeren Stier in stets neue Unruhe stürzen. Die Zwillinge-Dame sollte ihren angeborenen Drang zu wenn auch harmlosen Flirts mäßigen: Ihr Stier-Mann könnte das mißverstehen und blind vor Eifersucht Gleiches mit Gleichem zu vergelten trachten.

* Von der Krebs-Frau träumte er
An der Seite der Krebs-Frau findet der Stier-Mann endlich, was er sich erträumte: ein gemütliches Heim. Sie wird ihn und die gemeinsamen Kinder bemuttern und stets mit dem Haushaltsgeld auskommen. Geld ist für ihn etwas Erstrebenswertes, für sie Mittel zum Zweck. Und auf dieser Ebene treffen sich ihre materiellen Wünsche. In der Liebe vermag sie ihm viel zu geben, wenn er zärtlich ist und stets neu um sie wirbt. Ein schiefes Wort — und sie könnte den Rückwärtsgang einschalten, der ja bekanntlich dem Krebs zu eigen ist. Kleinigkeiten waren es oft nur, die eine Stier-Krebs-Ehe auseinanderbrachten.

* Die Löwe-Frau liebt den Luxus
Was der Stier-Mann will, wird er auch durchführen. Bei der Löwe-Frau ist es genau so. Leider treffen sich die beiden meistens nicht in gemeinsamem Wollen; dann zieht der eine nach rechts und der andere nach links, und jeder vertritt mit Vehemenz seinen eigenen Standpunkt. Außerdem möchte die Löwin in der Ehe gern herrschen, und das macht den Stier-Mann bockig. In der Fürsorge für ihre Familie treffen sie sich wieder, und im Sexuellen gibt es für die beiden sowieso keine Schwierigkeiten. Auch den Luxus, den der Stier mit seinem Gespür für Geld und Besitz sich im Laufe der Jahre erarbeitet, verachtet die Löwin nicht.

* Mit der Jungfrau zum Wohlstand
Jungfrau und Stier sind Realisten; sie wollen gemeinsam ihr Häuschen bauen und der Familie zu Wohlstand verhelfen. Im Materiellen verstehen sie sich perfekt: Was der Stier-Mann erarbeitet, legt die Jungfrau-Dame in sicheren Werten an. In der Liebe geht es nicht allzu leidenschaftlich zu; denn die Jungfrau-Geborene ist eher kühl und reserviert, wenn sie auch dem Liebesverlangen des Stiers willig entgegenkommt. Das könnte die sonst gute Verbindung zwischen Jungfrau und feurig veranlagtem Stier leicht stören.

* Eine Waage-Frau verlangt Zärtlichkeit
Zwei Venuskinder haben sich mit Stier-Mann und Waage-Frau gefunden. Doch die Venus des Stiers ist recht diesseitiger Art, während der Waage Venus mal himmelhochjauchzend und dann wieder zu Tode betrübt ist. Möglichst schon vor der Ehe sollte der Stier sich einen höheren Lebensstandard gesichert haben; denn mit leichter Hand gibt die Waage-Dame aus, was er schwer erarbeitete. Sie schenkt ihm dafür ein gemütliches, mit allerlei teuren Kostbarkeiten ausgestattetes Heim. Die Ent-

scheidungsgewalt (Stiefkind unter der Waage!) nimmt er ihr ab, und sie ist ihm dankbar dafür. Der Stier-Mann sollte zärtlich zu ihr sein und sein Ungestüm bremsen; denn sie ist eine Romantikerin, die noch das Liebesspiel bei Kerzenschein schätzt.

* Die Skorpionin steht in Opposition
Stier und Skorpion stehen, astrologisch gesehen, in Opposition zueinander. Aber meistens ziehen sie sich unwiderstehlich an, was für beide Leiden mit sich bringen kann. Den Oppositions-Aspekt überwinden Stier-Mann und Skorpion-Frau am besten, wenn sie sich auf ihre vielen Gemeinsamkeiten besinnen: Beide lieben ein gepflegtes Heim, beide auch das Geld und den Wohlstand, den man sich dafür kaufen kann. Im Sexuellen haben sie die gleichen leidenschaftlichen Gefühle. Wenn der Stier sich also dazu überwinden könnte, den Herrn im Haus in den ehelichen Kleiderschrank zu hängen, und die Skorpion-Dame ihren nimmermüden Giftstachel nur zum Besprühen anfälliger Pflanzen verwendet, könnte der Ehestand von Dauer sein.

* Reinfall mit der Schütze-Frau?
Man kann es ruhig sagen: Der Stier ist auf die Schützin hereingefallen. Ob es aber ein Reinfall wird, kann erst in der Ehe entschieden werden, weshalb viele Stiere noch einige Zeit abwarten, bevor sie mit der Schütze-Geliebten vors Standesamt treten. Der Schützin ist das nur recht; denn die Freiheit geht ihr über alles. Sie plappert gern, und er muß das Zuhören lernen. In der Ehe nimmt sie die Hausarbeit nicht allzu ernst. Das stört ihn, weil er viel Sinn für ein gepflegtes Heim hat. Außerdem mag er nicht, wenn seine Frau auch seine Sachen in irgend einen Winkel verräumt. Völlige Harmonie herrscht im Sexuellen, aber die Gefühle bleiben meist an der Oberfläche.

* Schicksalspakt mit der Steinbock-Frau
Die Verbindung zwischen Stier und Steinbock ist die beste Sparkasse. An der Seite der Steinbock-Frau kann der Stier-Mann sich alle hochgeschraubten materiellen Wünsche erfüllen. Meist werden die beiden »aus Vernunftgründen« noch ein wenig mit der Hochzeit warten wollen, um sich schon vor der Ehe durch und durch kennenzulernen. Aber es wird nicht allzu lange dauern, bis Stier und Steinbock merken, daß man schon in der Verlobungszeit zur echten Schicksalsgemeinschaft zusammengewachsen ist. In der Ehe schätzt er an seiner Steinbock-Frau den Sinn fürs Praktische, sie an ihrem Stier-Mann den nimmer erlahmen-

den Ehrgeiz nach Geld und Besitzstand. Und da sie auch auf sexuellem Gebiet nicht übereinander zu klagen haben, könnte der Stier-Mann mit seiner Steinbock-Frau eine nahezu ideale Ehe führen.

* Die Wassermann-Frau mag keinen Pascha
Die Wassermann-Frau wird des Stier-Mannes Ausschließlichkeitsanspruch mit einem Lächeln zur Kenntnis nehmen, aber nie und nimmer anerkennen. Sie schätzt zwar sein Streben, ihr jeglichen Luxus zu bieten, aber da die Wassermann-Frau Geistiges dem Materiellen stets vorzieht, läuft der Stier-Mann hier gewissermaßen ins Leere. Trotzdem macht sie ihm Mut, sein »Hobby«, finanzielle Werte zu schaffen, erfolgreich weiter zu betreiben, und er dankt's ihr mit treuer Anhänglichkeit. Nur wenn er daheim den Pascha spielen will, sieht die Wassermann-Frau rot. Dann kommt es zu jenen handfesten Ehekrächen, die die ganze Nachbarschaft unterhalten können. Am Ende ist die Wassermann-Frau der nachgebende Teil, aber der Stachel sitzt von Mal zu Mal tiefer.

* Die Fische-Frau leidet im stillen
Obwohl die Fische-Frau unter der herrischen Art des Stier-Mannes manchmal leidet, wird eine Ehe zwischen diesen eigentlich recht gegensätzlichen Sterntypen meist harmonisch verlaufen. Die Fische-Dame paßt sich nämlich an, auch wenn sie im stillen leidet. Sie bewundert des Stieres direkte Art, seinen Sinn für erfolgversprechende Unternehmungen. Und er macht ihr, der Unentschlossenen, Mut. Wenn er krank ist, legt sie sich voller Mitleid zu ihm ins Bett und wird dabei kränker als er. Fische-Frauen können niemanden leiden sehen. Sie sehnen sich nach den Streichelkünsten eines zärtlichen Mannes. Man mag bezweifeln, ob ein Stier-Mann da der richtige ist.

Zwillinge

(21. Mai bis 21. Juni)

Die Sonne steht vom 21. Mai bis 21. Juni im Tierkreiszeichen Zwillinge. Die Natur wechselt vom heiter-beschwingten Frühling in den Sommer. Aus zarten Blüten bilden sich Fruchtansätze, die in der Sonne Glut reifen. Menschen, die in dieser Naturwende geboren wurden, tragen zwei Seelen, ach, in ihrer Brust. Mal sind sie himmelhochjauchzend, dann zu Tode betrübt. Ihre Entscheidungen kommen schnell, aber sie sind ebenso schnell wieder umgestoßen und oft gar ins Gegenteil verkehrt. Der Regent der Zwillinge ist der Merkur, der sie mit Vernunft begabte, aber auch nicht gegen ihre Natur ankommt: Zwillinge-Menschen lassen in entscheidenden Augenblicken ihres Lebens stets das Herz sprechen, auch wenn Vernunftgründe dagegen stehen. Ihre Versprechungen und Vorsätze sind ernst gemeint, aber sie werden oft nicht eingehalten. Sie wollen stets auf dem kürzesten Weg zum Erfolg gelangen, und in ihrem Eifer rennen sie darum gegen manches Hindernis an, statt es elegant zu überspringen oder zu warten, bis es ein anderer für sie wegräumt. Das kostet Nerven, und die Nerven sind darum auch des Zwillinge-Menschen schwächster Teil neben den Atmungsorganen. Die Farbe des Luft- zeichens ist hellgelb, das Glücksmetall Quecksilber (was auch auf der Zwillinge Temperament schließen läßt), ihre Glückssteine sind Gold- beryll (der Stein der Reisenden), Bergkristall, Goldtopas und auch der Aquamarin.

Der Zwillinge-Mann läßt sich nicht anketten

Der Zwillinge-Mann ist tolerant, ein Mann des Wortes, das er freilich nicht immer hält, ein glänzender Redner, der andere zu überzeugen weiß. Er kann analysieren und kommt meist auf den Kern der Sache, die es gerade zu behandeln gilt. Seine Gegner werden manchmal schimpfen, er drehe ihnen das Wort im Munde herum und benutze die Lüge als Mittel höherer Diplomatie, aber sie übersehen dabei ganz, daß der Zwilling seine »Lügen« glaubt.

Er wird seine Talente als Journalist oder Schriftsteller, als Lehrer oder Erzieher, vor allem aber auch als Politiker an den Mann bringen können. Als Bankier könnte man sich ihn denken, aber auch als Scheckbetrüger, wenn die schlechten Aspekte seiner Nachtseele durchschlagen sollten. Als Händler wird er im guten wie im schlimmen Sinne in Erscheinung treten. Trotz dieser Zwiespältigkeit in seinem Wesen: Man unterstelle ihm nie eine böse Absicht — verschlungen sind halt die Pfade, auf denen er den Erfolg um jeden Preis sucht.

Unstet ist oft sein Leben. Er wird viel unterwegs sein, um Neues, Interessantes zu erfahren. Der Zwillinge-Mann läßt sich nicht gern anketten. Er sucht zwar die Begegnung mit dem anderen Geschlecht, aber er möchte auch in der Ehe seine Freiheit nicht verlieren. Trotzdem bindet er sich erstaunlich oft an Frauen, die rechte Hausmütterchen, seinem Typ also scheinbar völlig entgegengesetzt sind. Das machen die zwei Seelen in seiner Brust: Im Grunde sehnt er sich nach Ruhe am häuslichen Herd, sein Temperament jedoch drängt nach außen, in die weite Welt, in Gesellschaften, wo er seine Diskutierwut voll ausspielen kann. Es ist kein leichtes Leben an der Seite dieses Mannes, auf dessen Launen und launige Reden man sich täglich neu einstellen muß.

Der Zwillinge-Mann ist ein charmanter Plauderer, er versteht etwas von der Liebe und von den Frauen. Manche mögen ihn leidenschaftlich, aber verstehen wird ihn kaum eine. Zu schillernd ist sein Charakter: Einmal kann er am Kaminfeuer die heißesten Liebesschwüre leisten, dann wieder bekrittelt er scheinbar ohne Grund alles, was die Herzallerliebste an sich hat.

Er wird nie lange einer Frau nachweinen, die er einmal geliebt hat; denn er hat Angst vor dem Alleinsein. Darum bindet sich der Zwillinge-Mann immer wieder neu, auch wenn die letzte Bindung schief gelaufen war. Ein Zwilling kann es, wenn sein Aszendent nicht mildernd auf seinen zwiespältigen Charakter einwirkt, mindestens auf drei Frauen bringen. Eine liebende Frau sollte auf die Eigenarten des Zwillinge-Charakters eingehen und ihm ein wenig Freiheit lassen. Sie müßte vor allem geistig mit ihm harmonieren und verstehen lernen, daß er nun mal gern hübschen Mädchenbeinen hinterherschaut. Und sie sollte auch bedenken, daß Liebesabenteuer, von denen ihr Zwilling spricht, meist dichterisch-gekonnt ausgeschmückt sind: Das Lächeln einer Schönen verwirrte ihn so, daß er sich schon mit ihr im aufreizendsten Liebesspiel sah. Nur sagen sollte die gescheite Ehefrau einem Zwilling nie, daß sie seine Geschichten von amourösen Abenteuern nicht glaube — er würde in Zukunft schweigen und zur Tat schreiten: Der werde ich's jetzt mal zeigen! Der Zwillinge-Mann ist ein guter Kamerad, der geduldig die Querelen seiner Freunde anhört und immer Rat weiß. Seinen Kindern ist er kein allzu strenger Vater; er wird ihnen viel Nützliches beibringen und sie unmerklich auf den Weg lenken, von dem er annimmt, daß es der rechte ist. Kinder eines Zwillinge-Manns fühlen sich manchmal unverstanden, denn ihr Vater übt oft scharfe Kritik, um im nächsten Moment freilich in überschwengliches Lob zu verfallen. Das einzige, was sie ihm wirklich vorwerfen könnten, ist, daß er sie eigentlich zu sehr verwöhnt.

Als Chef hält der Zwillinge-Mann nicht viel von Traditionen, sondern urteilt mehr nach der Nützlichkeit seiner Mitarbeiter. Er ist ein Meister schneller Entschlüsse, die er aber ebenso schnell wieder verwerfen kann. Gute Vorschläge seiner Mitarbeiter übernimmt er und münzt sie in eigene Pläne um. Er ist zu jedermann verbindlich, aber hinter dieser Verbindlichkeit steckt oft etwas Abweisendes. Mitarbeiter, die mit persönlichem Kummer zu ihm kommen, wird er als lästig empfinden, aber er wird ihnen trotzdem zu helfen versuchen. Er braucht den Betrieb, die Unruhe, und das brachte schon manche Firma eines Zwillinge-Chefs an den Rand des Ruins. Nur gut, daß ein echter Zwilling, dank seines Verstandes, immer wieder rasch einen Ausweg aus prekären Situationen findet.

In untergeordneten Stellungen sollte man des Zwillinge-Manns Redetalent richtig einsetzen: Seine Überzeugungskraft macht ihn zum perfekten Verkäufer. An den Schreibtischstuhl gefesselt wird er nur halb so viel leisten; er fühlt sich beengt und — selbst in einem Großraumbüro mit hundert Angestellten — einsam. Und er beginnt zu träumen, von den hübschen Mädchen, von einem Fußballspiel oder von einer Beethoven-Sonate. Derweil bleibt die Arbeit liegen — mögen sie andere tun! Es ist der wache Verstand, der Zwillinge-Männer schnell aus untergeordneten Stellungen nach oben bringt. Wenn sie ein Ziel vor Augen haben, werden sie schuften können wie keiner. Aber ihre Schaffenskraft erlahmt schnell, wenn sie sehen, daß ihre Leistung nicht so recht anerkannt wird.

Die Geheimwaffe der Zwillinge-Frau

Meist sind sie zierlich: Zwillinge-Frauen halten auf Linie. Sie können sich zu asketischer Lebensweise zwingen, aber es fällt ihnen schwer, von Genußmitteln loszukommen, wenn sie sich einmal daran gewöhnt haben.

Ihre Geheimwaffe ist der Flirt. Sie kann Männer glauben machen, sie wäre leicht zu haben. Meistens bleiben sie bei diesem Glauben; denn — geschickt, wie sie ist — entzieht sie sich den allzu Stürmischen mit weiblicher Schläue.

Die Zwillinge-Frau probiert viel, aber sie kann sich schlecht entschliessen. Wer meint, er hätte sie erobert, dem zeigt sie plötzlich die kalte Schulter: Im Grunde genommen möchte sie es sein, die erobert, und nicht die brüchige Festung, die ein Rittersmann leicht in seine Gewalt zwingen kann. Man sollte meinen, bei solcher Charakteranlage müßte es sich schwer leben neben einem Zwillinge-Mädchen — nichts da! Bei aller

Forschheit ist es ein weicher Typ, eine Romantikerin auf der Suche nach der großen Liebe.

Der Mann ihrer Wahl müßte perfekt sein. Glaubt sie ihn gefunden zu haben, kommen die Zweifel: Das kann er nicht und das auch nicht — ist er wirklich der Richtige? Zunächst schwelen solche Zweifel noch im Untergrund, doch keine Zwillinge-Frau kann lange etwas für sich behalten. Schon sprudelt das Plappermäulchen über. Und dann kann beißende Ironie und heftige Kritik beenden, was einst in rosaroter Liebe begann.

Wer sie zum Altar führt, sollte sie zur gleichberechtigten Kameradin machen, sie überallhin mitnehmen, zum Sport, in die Ferien und sogar auf Geschäftsreisen. Er sollte ihre angeborene Flirtneigung übersehen — im Grunde sucht sie über den Flirt doch nur den Mann ihres Herzens. Die Zwillinge-Frau möchte zu ihrem Mann aufsehen können. Aber die zwei Seelen in ihrer Brust können sich oft nicht entscheiden: Sie mag seine Musikalität — aber muß es immer Oper sein? Ballett wäre ihr lieber! Es gibt Tage, an denen man ihr nichts, aber auch gar nichts recht machen kann, und andere, da fließt sie über vor zuckersüßen romantischen Gefühlen, und das ausgerechnet dann, wenn ihr Herzensmann das größte berufliche Chaos zu ordnen hat.

Der Mann glaubte eine einzige Frau zu heiraten und gewann mit der einen Zwillinge-Dame einen ganzen Harem — eine Frau fürs Herz, eine fürs Streiten, ein ewig plapperndes Gänslein und eine perfekte Gesellschafterin, eine zu Tode Betrübte und eine, die immer lacht und alles lächerlich findet. Es gibt noch eine ganze Reihe Nebenfrauen — und doch ist es immer die Eine.

Ihre Kinder wird sie zu unabhängigen Menschen erziehen, sie wird ihnen die Lehre auf den Lebensweg mitgeben, daß Fröhlichkeit und Lachen in allen Lebenslagen besser sind als Griesgram und Tränen. Die Zwillinge-Mutter wird sich nicht unbedingt allzu sehr um ihre Kinder bemühen — dafür hat sie selbst vielzuviele Probleme. Aber sie wird in entscheidenden Augenblicken für ihre Kinder da sein.

Schade nur, daß der Unabhängigkeitsdrang vieler Zwillinge-Frauen so groß ist, daß sie einfach nicht den Richtigen finden wollen, der Vater ihrer Kinder werden könnte. So bleibt ihnen oft die Mutterschaft verwehrt. Aber die Gefühle bleiben, wenn nicht für Kinder, dann für Katzen oder anderes Hausgetier: man muß ja was zum Schmusen haben! Und es bleibt auch der Beruf, den sie in der Ehe nur ungern aufgibt, wenn sie sich nicht für die geborene Hausfrau hält (was ja auch immerhin ein ernstzunehmender Beruf ist!). Sie wählt am liebsten einen Job, in dem sie unabhängig bleiben kann: Schriftstellerin vielleicht oder Journalistin, Lehrerin oder auch Handelsvertreterin, in dem sich ihre Zungenfertigkeit voll entfalten kann.

Wie der männliche Zwilling strebt sie nach oben, und es gelingt ihr, manchen Kollegen aus dem Rennen zu werfen, wenn es um eine höhere Position geht: Sie kann die Ellenbogen benutzen und manchmal sehr unfein sein, wenn es gilt, mit List und Tücke Erstrebtes zu erreichen. Aber sie ist auch die gutherzige Kameradin, die jedem die Arbeit abnimmt, die jede Vertretung übernimmt, nur damit die Kollegin oder der Kollege ein paar Ruhestunden mehr haben. Auch im Beruflichen steckt die Zwillinge-Dame voller rätselhafter Widersprüche.

Hat sie sich einmal ganz nach oben gearbeitet, wird sie die herzensgute Chefin spielen. Sie hält zwar den Finger aufs Geld, aber wenn ihr Mitarbeiter hervorragende Leistungen zeigt, wird sie ihm wahrscheinlich sogar außer der Reihe Lob und Gehaltserhöhung geben. Sie wird sich schnell entscheiden, aber Entscheidungen ebenso schnell zurückziehen, wenn ihr von irgendeiner Seite eingeflüstert wurde, sie sei etwas zu weit gegangen. Sie ist zu harter Kritik vor versammelter Mannschaft fähig, aber sie hält, möglicherweise im selben Augenblick, auch nicht mit höchstem Lob zurück.

Manch einem erscheint die Zwillinge-Frau wankelmütig — sie ist es nicht. Sie läßt sich nur zu leicht zum Spielball ihrer Launen machen. Sie ist ein unruhiges Wesen mit dünnen Nervensträngen, weshalb Nervenärzte und Psychotherapeuten viele Zwillinge-Damen zu ihren Kunden zählen. Die Unruhe treibt sie oft in die Ferne — justament in dem Augenblick, als man glaubte, sie sei endlich seßhaft geworden. Den guten Willen, sich in diesem oder jenem Fall zu bessern, kann ihr niemand absprechen. Aber da der Weg der Besserung oft ein sehr weiter ist, kommt sie nur zu schnell von ihm ab.

Es gibt keine Frau, die soviel und so gern — oft über die unsinnigsten Dinge — lacht. Man sollte zeitweilig mit ihr lachen, dann könnte man ihr Herz leichter erobern. Aber im rechten Moment sollte man auf Ernsthaftigkeit umschalten können, denn Frohsinn und Ernst wachsen für die Zwillinge-Frau nahe beieinander.

Wie erzieht man Zwillinge-Kinder?

Man sollte den Eltern eines Zwillinge-Kindes gratulieren: Sie haben einen Sprößling bekommen, der anders ist als alle anderen Kinder. Schon der kleine Zwilling versucht hinter die Dinge zu kommen; man erzähle ihm nicht das Märchen vom Storchenteich, sonst läßt er sich anderwärts aufklären. Er hat viel Phantasie, die er oft so ausspinnt, daß weniger gefühlvolle Geschöpfe ihn der Lüge zeihen könnten.

In der Schule lernt er mit, aber manchmal vergißt er die Schularbeiten; sein Zeitsinn ist nicht sehr entwickelt. Die höchsten Bäume sind ihm nicht zu hoch, weshalb er — auch wenn der Sprößling eine »Sie« ist — oft mit zerschundenen Beinen und zerrissenen Kleidern nach Hause kommt. Das Zwillinge-Kind stolpert manchmal über seine eigenen Füße, aber seltsamerweise weint es nicht wie andere Kinder, sondern es lacht über seine Tollpatschigkeit.

Man sollte diesem Kind nicht mit zuviel Zwang kommen, eher mit guten Argumenten. Und schon gar nicht sollte man ihm einen bestimmten Beruf vorschreiben wollen; ehe man den Rücken gewendet hat, wird es einen anderen ergreifen. Auf Liebe und Güte ist dieses Kind ansprechbar, Strenge läßt es trotzen.

Die Partnerinnen des Zwillinge-Mannes

* Mit der Widder-Frau auf Reisen
  Wenn Zwillinge-Mann und Widder-Frau es sich leisten können, sind sie ständig auf Reisen; denn hier kommt Unruhe ins Eheleben, die sich einen gemeinsamen Kanal sucht. Der Zwillinge-Mann ist begeistert von der Widderin hochstrebenden Plänen, weicht aber geschickt aus, wenn sie ihn unter ihren Willen zwingen will. Unbewußt sehnen sich beide nach einem gepflegten Heim, aber sie nehmen auch mit einem Wohnwagen vorlieb, der sie in weite Fernen entführen kann. Oft macht die Widder-Frau an der Seite dieses Mannes Karriere, und er läßt sie, weil zwei Einkommen mehr sind als ein einziges, berechnend gewähren. Als Hausfrau wird die Widder-Frau nicht unbedingt glänzen, aber sie kann dem Hauswesen als perfekte Gastgeberin vorstehen. Auch im Sexuellen werden sich die beiden gut verstehen. Wenn nur nicht des Zwillings Launen und der Widderin Eigenwillen wären...

* Die Stier-Frau will ihn für sich allein
  Wenn die Stier-Frau dem Zwillinge-Mann beweisen will, daß sie auch auf geistigem Gebiet überlegen ist, wird er das Weite suchen. Kein Zwilling mag das. Meist aber bewundert die Stier-Frau den geschliffenen Geist ihres Zwillinge-Ehemanns, und das gründet den Bestand dieser Ehe. Sie wird seine vielen Ideen auf ein gesundes Maß zurückschrauben und ihm beim Durchsetzen des Restes helfen. Die Stier-Frau ist sparsam und häuslich. Sie wird ihren Mann für sich allein besitzen wollen — das

schmeichelt dem Zwilling zunächst, doch nur zu bald wird's ihm lästig. Dann bricht er aus der Ehe aus und macht getrennten Urlaub. Da sich die Stier-Frau aber meist vor der Ehe durch einen Ehevertrag abgesichert hat, läßt sie ihn gewähren und bucht für ihr Erspartes eine Reise in ferne Länder. Sie weiß: ihr Zwilling kommt zu ihr zurück.

* Hitzige Debatten unter Zwillingen
In einer Zwillinge-Ehe wird viel gesprochen und über alles Mögliche hitzig debattiert. Hier lebt man von den Launen des anderen und pflegt die eigenen. Beide, Zwillinge-Mann und Zwillinge-Frau, haben immer wieder neue Ideen, von denen sie viele zum eigenen und der Familie Nutzen verwerten. Die Liebe ist für sie eine wichtige Nebensächlichkeit, die mit viel Gefühl aufbereitet werden muß. Ihr stets gepflegtes Heim wird zum Mittelpunkt ihres großen Bekanntenkreises werden. Wenn beide die ihnen eigene Unstetigkeit bekämpfen, wird das Zusammenleben bis ins hohe Alter abwechslungsreich sein.

* Die mütterliche Krebs-Frau
Sie scheinen wie geschaffen füreinander: der Zwillinge-Mann, sein Leben lang ein großer Bub (und wenn er sich auch noch so männlich zeigt), und die Krebs-Frau, an der er vor allem das Mütterliche schätzt. Sie schenkt ihm das gemütliche Heim, wenn er von Reisen oder unstetem Berufsleben nach Hause kommt; sie ist auch für die Gäste, die er anschleppt, eine selbstlose Gastgeberin. Und sie kann zuhören, wenn er von seinen Erfolgen spricht, obwohl ihr eigentlich Selbstbeweihräucherung ein Greuel ist. Er schenkt ihr Liebe, die sie, die Sensible, ihm doppelt zurückzahlen kann. Leider sind beide oft launisch und haben keine Nerven wie Drahtseile. So kommt es zu Spannungen, und es geht oft so weit, daß er Götz von Berlichingen zitiert und mit Vehemenz die Tür hinter sich zuknallt. Worauf seine Krebsin sauer reagiert und tagelang kein Wort mehr mit ihm spricht.

* Bewunderung für die Löwe-Frau
Man ist sich sympathisch, man liebt sich — aber oft nur ein Machtwort zwingt den Zwillinge-Mann und die Löwe-Frau in eheliche Zweisamkeit. Sie wird dann die Treueste sein, und auch er muß treu sein, obwohl sie ihm Großzügigkeit vorgaukelt, die in Wirklichkeit mit handgeschmiedeten Kerkerketten gleichzusetzen ist. Wenn er gescheit ist (und das ist der Zwillinge-Mann immer), wird er von Zeit zu Zeit zu ihr aufschauen, ihre Kochkunst oder ihr Geschick, mit dem Geld umzugehen, bewundern.

Sie sollte lernen, ihm zuhören zu können, zu übersehen, daß er auch einmal gern nach hübschen Beinen anderer Evas sieht, ohne sich dabei gleich etwas zu wünschen.

* Die Jungfrau-Geborene mäkelt gern
Zwillinge-Mann und Jungfrau-Geborene sind beide geistig interessiert. Doch liebt er witzige Randbemerkungen, die sie ihm krumm nimmt, und sie mäkelt gern an allem herum. Das birgt Konflikte, die eine Ehe scheitern lassen können. Aber soweit braucht es nicht zu kommen. Schließlich haben der Zwilling und seine Jungfrau Köpfchen! Und so geht man aufeinander ein: er nimmt ihre ehelichen Pflichtübungen und sie seine Bewunderung für ihre hausfraulichen Qualitäten für echte Liebesbeweise hin. So baut man sich mit Hilfe der jungfräulichen Sparsamkeit ein Haus und lebt nebeneinander her — eine Ehe wie tausend andere.

* Verliebt in die Waage-Frau
Man ahnt gar nicht, wieviele Zwillinge-Männer sich in Waage-Frauen verlieben. Und da beide von einem gepflegten Heim träumen, sind sie schneller auf dem Standesamt als manche andere. In der Ehe geht dann der Honigmond weiter; denn Zwilling und Waage bilden eine geistige Interessengemeinschaft. Da überdies der Zwillinge-Mann sein unstetes Herumwandern bei der Waage-Frau vergißt, und sie hinwiederum ihre Flirtbereitschaft von nun an nur auf ihn konzentriert, kann eigentlich an dieser Ehe nichts schiefgehen, wenn günstige Aszendenten das Ihre zum Gelingen beitragen.

* Ungleiche Verbindung mit der Skorpion-Frau
Vom Zwillinge-Mann sagt man, erst seine dritte Ehe sei haltbar. Aber die Statistik beweist, daß unter den dritten Ehepartnern des Zwillings kaum eine Skorpion-Frau zu finden ist. Das mag vor allem darauf zurückzuführen sein, daß der Skorpion schon in der ersten Ehe den Zwillinge-Mann an Zucht und Ordnung gewöhnt. Trotzdem: Wenn die Skorpion-Frau und der Zwilling viel gegenseitiges Verständnis füreinander aufbringen, wird diese etwas ungleiche Verbindung zwischen einem beweglichen und einem festen Zeichen Bestand haben können. Bei der Skorpionin darf der Zwilling kein leeres Stroh dreschen, sondern nur ernsthafte Gespräche führen. Das kommt seiner Karriere zugute. Da überdies seine Skorpion-Frau sehr viel von der Liebe versteht, wird er am Ende einsehen, daß sie trotz allem eine passende Partnerin ist.

* Zweckbündnis mit der Schütze-Frau
Schütze-Frau und Zwillinge-Mann sollten sich am besten erst dann zu-
sammentun, wenn sie finanziell unabhängig geworden sind. Dann
nämlich sind ihre Wünsche auf den gemeinsamen Nenner zu bringen,
auf Gesellschaften zu glänzen, die Welt zu bereisen und vergnügt in den
Tag hinein zu leben. Ob das freilich am Ende dann reicht, wird sich erst
erweisen müssen. Meist vergeht nach der ersten Leidenschaft schon die
große Liebe und macht einem Zweckbündnis Platz, das durch ständige
Streitereien, oftmals nur über Winzigkeiten, zu scheitern droht. Da überdies Statistiker Zwillinge-Männern und Schütze-Frauen die höchste
Scheidungsziffer zuschreiben, ist hier die eheliche Zweisamkeit stets in
Gefahr, wenn nicht beide durch negative Erfahrungen vor der Ehe zur
besseren Einsicht kamen.

* Die Steinbock-Frau gibt Halt
Die Steinbock-Frau ist für den Zwillinge-Mann der Antriebsmotor auf
dem Wege zu Ruhm und Ehren. An ihrer Seite bekommt der etwas
flatterhafte Zwilling jenen Halt, den er für sein ganzes Leben braucht,
um oben mitmischen zu können. Die Steinbock-Dame sorgt dafür, daß
das Bankkonto wachsen kann. Nur in der Liebe sollte der Zwilling nicht
allzu sensibel reagieren, wenn seine Steinbock-Frau ihre Gefühle nicht
so zeigen kann, wie er sich das wünscht. Das könnte in dem sonst kaum zu
zerstörenden Schutz- und Trutzbündnis zwischen Zwilling und Steinbock-Frau den Schlußpunkt setzen.

* Die gesellige Wassermann-Frau
Meist war es Liebe auf den ersten Blick, die einen Zwillinge-Mann und
eine Wassermann-Frau zusammenführte. Beide haben die gleichen
Ideale, beide die witzigen Einfälle, die ein Leben verschönern können.
Zwilling und Wassermännin flirten gern, aber sie essen dann meistens zu
zweit zu Hause. Das Schöne an dieser Verbindung: Eifersucht wird kaum
aufkommen, weil man doch immer wieder zueinander findet. Der
Zwilling kann sich auf neue Ideen seiner Partnerin sehr schnell einstellen.
Und er tut gut daran: Eine Wassermann-Frau ist kaum von einem einmal
als richtig erkannten Entschluß abzubringen. Da sie gesellig ist, lernt er
an ihrer Seite viele Menschen kennen, die er später einmal für Referen-
zen gebrauchen kann.

* Der Eigensinn der Fische-Frau

Wenn er redet, bleibt sie stumm wie ein Fisch: Der Zwillinge-Mann hat dann das Gefühl, bei seiner Fische-Frau gegen eine Wand zu reden. Vor der Ehe reizte ihn ihr Eigensinn; denn der Zwilling ist neugierig und bereit, selbst die stärkste Festung im Sturm zu erobern. Das ist das Männliche, das die Fische-Dame an dem Zwilling so liebt. Für sie müßte der Honigmond ein Leben lang anhalten; sie möchte alles mit Gefühl. Sie braucht auch einen gewissen Halt im Leben, den ihr der etwas wankelmütige Zwilling nur dann geben kann, wenn er seinen Willen hier und da einmal dem Willen der Fische-Frau unterordnen könnte. Aber welcher Zwilling kann das schon?

Krebs (22. Juni bis 22. Juli)

Die Sonne erreicht ihren höchsten Stand, wenn sie von den Zwillingen in das Tierkreiszeichen Krebs wechselt. Nun beginnt der Sommer, die Reifezeit der Natur. Länger werden wieder die Nächte, in denen der Mond am meist wolkenlosen Himmel regiert. Er ist auch der Regent des Zeichens Krebs. Wie Ebbe und Flut reagieren die Menschen dieses Zeichens in rätselhafter Weise auf die Mondphasen. Mal sind sie heiter wie ein sonnenbestrahlter Sommertag, dann wieder launisch wie der Mond, der seine Gestalt scheinbar immer wieder wechselt, obwohl nur der Erdschatten sein Spiel mit ihm treibt. Krebs-Geborene sind Empfindungs- und Erkenntnismenschen. Sie sind leicht zu beeinflussen, auch wenn sie sich gegenüber ihrer Umwelt innerlich abkapseln. Sie sind oft unentschlossen und gehemmt, auf der anderen Seite aber sehr von sich überzeugt. Kritik können sie schlecht ertragen, Lob nur als Bestätigung dessen, was sie selbst schon wußten. Ärger fressen sie meist in sich hinein, woraus die erstaunlich große Zahl magen- und darmkranker Krebs-Menschen resultiert. Trotzdem sind sie widerstandsfähig und erreichen meist ein hohes Alter. Ihre Farbe ist silberweiß, aber auch grün wird von ihnen bevorzugt. Ihr Glücksmetall ist das Silber und ihr Glücksstein der grüne Smaragd.

Krebs-Mann — Wanderer zwischen zwei Welten

Es ist nicht Eigensinn, der den Krebs-Mann manchmal so herrisch und streng erscheinen läßt, eher ein Panzer, den er gegenüber allem trägt, das in sein Ich eindringen möchte. Aber unter der festen Schale trägt er einen dünnhäutigen Kern. Man kann ihn leicht verletzen, weshalb er sich aus reinem Selbsterhaltungstrieb gegenüber der harten, der falschen Welt abkapselt.

Seine lebhafte Phantasie gaukelt ihm eine andere, eine Traumwelt vor, aus der er nie ganz zu lösen ist: immer wieder möchte er seine Träume in die Wirklichkeit versetzen — was bleibt, ist dann oft ein angekratztes Gemüt.

Er träumt auch von der idealen Frau an seiner Seite, aber die Frau seiner Träume findet er eigentlich nie; er stellt zu hohe Ansprüche an sein Ideal. Das hindert den Krebs-Mann nicht daran, in der jeweiligen Freundin zunächst das Traumbild zu sehen, das er sich selbst vorgaukelt. Aber wie seine Stimmungen und Launen werden auch die Freundinnen wechseln: Ein schiefes Wort kann vermeintliche Liebe zerstören. Dabei ist er durchaus ein großartiger Liebhaber, der sogar seine angeborene Scheu vergißt, wenn er die Richtige gefunden zu haben glaubt. Die Frau, die den Krebs-Mann erobern will, müßte nur das ewige Wechselspiel zwischen Ebbe und Flut hochherrschaftlicher Launen mitmachen, um ihn im rechten Moment um den Finger wickeln zu können. Gelingt es ihr nicht, ist der Krebsmann wieder einmal enttäuscht, und es wird ihm nicht in den Sinn kommen, daß die Verflossene auch von ihm enttäuscht sein könnte.

Ist er endlich das Wagnis Ehe eingegangen, wird er treu und häuslich sein. Seine Ehefrau muß sich allerdings damit abfinden, daß er ihr nicht alles erzählt, was ihn bewegt: Niemand kann sich rühmen, je ganz in das Seelenleben eines Krebs-Mannes eingedrungen zu sein. Er ist gutmütig und höflich, dann wieder mürrisch und verschlossen — das wechselt von einer Minute auf die andere.

Seinen Kindern ist er eigentlich eine zweite Mutter, die umsorgt und verhätschelt. Seine Liebe zu den Kindern ist vor allem Besitzerstolz: sie sind sein zweites Ich, das sich von dem eigenen ersten um Gottes willen nicht zu trennen versuchen sollte. Manche Frau, die von ihrem Krebs-Ehemann enttäuscht war, fand schon auf dem Umweg über die gemeinsamen Kinder zu ihm zurück; denn die Familie geht ihm über alles. Niemand in der Familie soll es schlecht haben; dafür sorgt schon des Krebses gute Beziehung zu Geld und festen Werten. Obwohl er recht sentimental sein kann, ist er, was die Finanzen angeht, ein sehr geschickter Taktiker. Er wird zwar immer klagen, wie schnell ihm das Geld durch die Finger gleitet, dabei jedoch verschweigen, daß er einiges auf Sparkassenbücher eingezahlt hat. Schließlich braucht ein Krebs Sicherheit! Jeder Chef sollte sich glücklich schätzen, einen Krebs-Mann zum Angestellten zu haben. Der kann wühlen und schuften! Auf Überstunden kommt es ihm nicht an, wenn sie nur gut bezahlt werden. Der Krebs-Mann ist ausdauernd und zielbewußt. Sein Arbeitseifer steigt ständig, sein Gehalt müßte es auch. Er gibt so schnell keine Tätigkeit auf, weil er nichts gern aufgibt, an das er sich einmal gewöhnte. Aber wenn er seine Arbeit unterbezahlt glaubt, macht er schneller Schluß, als manchem Prinzipal lieb ist. Kann er jedoch monatlich etwas beiseitelegen, vergißt er seine Karriere und bleibt bis zur Pensionierung.

Bei den Kollegen ist er nicht unbedingt beliebt: Er kapselt sich ab, was ihm als Arroganz ausgelegt werden könnte, und er arbeitet wie ein Berserker, was für manchen auf Strebertum schließen läßt. Dabei sind ihm Ruhm und Anerkennung egal, wenn er nur vor sich selbst bestehen kann. Er ist ein Einzelgänger, der in der Gemeinschaft Sicherheit sucht.

Dem Gestern ist der Krebs-Mann mehr zugekehrt als dem Morgen. Von der Vergangenheit weiß er, was sie brachte, die Zukunft aber liegt im Nebelhaften, aus dem Gefahr droht. Er klebt am Althergebrachten; seine Entscheidungen schließen das Wagnis aus. Darum bleibt er oft lieber Angestellter, als selbst Chef zu werden.

Wenn er den Sprung ins für ihn Ungewisse schließlich doch wagt, dann nur um Geld zu verdienen, sehr viel Geld. Er ist ein guter Chef, der seine Mitarbeiter am Verdienten teilhaben läßt, wenn sie dafür etwas leisten. Er ist nicht knauserig und schon gar nicht habgierig. Er kann sogar sehr großzügig sein: Der Erfinder des dreizehnten Monatsgehaltes muß ein Krebs-Chef gewesen sein: Wie sein Wappentier macht er lieber einen Schritt zurück, bevor er zwei Schritte voransetzt; so verfolgt er ausdauernd sein Ziel, von dem ihn auch gelegentliche Rückschläge nicht abbringen können.

Was Krebs-Männer am meisten hassen, ist Zwang. Sie tun, wenn auch bedächtig, alles gern freiwillig. Sie setzen, wo sie nur können, ihren Willen durch. Wer sie kritisiert, mag sich auf einen Gegenangriff gefaßt machen, bei dem die Fetzen fliegen. Oder aber auf eisiges Schweigen des schnell Beleidigten.

Der Krebs-Mann hat nur wenige gute Freunde, aber die können sich glücklich schätzen, von ihm ausgewählt zu sein. Er liebt den kleinen Kreis, in dem man dezent diskutieren kann. Das Laute mag er nicht. Die Sehnsucht treibt ihn manchmal in die Ferne: er verreist für sein Leben gern, nur dürfen ihn die Reisen nicht zu lange vom Zuhause abhalten — nur zu schnell macht dem Fernweh ein noch viel größeres Heimweh Platz. Können Sie jetzt verstehen, warum manche Krebs-Männer bis ins hohe Alter an Mutters Rockzipfel hängen bleiben?

Rätselhafte Krebs-Frau

Sie ist ein Vollblutweib, was immer man positiv oder auch negativ dazu sagen kann. Nirgends unter dem Sternenhimmel wird man eine empfindsamere Frau finden als im Zeichen Krebs, nirgends aber auch eine, die empfindlicher reagieren kann.

Manche Männer mögen meinen, sie sei ein armes Hascherl, das man ein Leben lang beschützen müsse. Bis das »Hascherl« sie vom Gegenteil überzeugt: Am Ende ist man selber der Beschützte! Die Krebs-Frau steht fest mit beiden Beinen auf der Erde, auch wenn sie eine romantische Träumerin zu sein scheint. Sie weiß sich durchzusetzen — im Beruf wie in der Ehe, und wenn sie zu weiblicher List greifen muß; unter dem Krebs können die Tränen fließen, die andere zum Einlenken zwingen.

Die Krebs-Frau ist geschaffen für die Liebe, aber es ist möglich, daß sie unter Liebe etwas ganz anderes versteht als der Mann, der um sie wirbt. Gefühl ist bei ihr alles; man packe es in Watte, um es nicht zu verletzen. Sie schätzt den Kavalier der alten Schule mehr als den feurigen Liebhaber, der für sie wie ein Elefant im Porzellanladen wirkt. Die drei berühmten Wörter »Ich liebe dich« kommen nur schwer über ihre Zunge; denn sie meint, das brauche man nicht auch noch in Worten ausdrücken, man müsse es von selber spüren.

Das gibt der Krebs-Frau etwas Rätselhaftes, schier Unergründliches. Und gerade das ist es, auf das die Männer fliegen, wenn sie sich wieder einmal in männlicher Überheblichkeit als Eroberer einer Festung sehen. Viele Krebs-Mädchen wurden schon von den Männern enttäuscht. Aber sie ahnen nicht, daß sie sich manche Enttäuschung selbst zuzuschreiben haben: Nur zu oft mißverstehen sie die wahren Absichten eines Mannes. Sie warten jedoch immer erneut auf den Prinzen aus dem Märchenland, der sie auf sein Schloß entführt.

Das Schönste an dieser Frau: Ihr Prinz kann arm sein und das Schloß ein einziges Zimmer mit fließend Kaltwasser. Sie wird mit ihm durch dick und dünn gehen, wenn er nur ein bißchen zärtlich zu ihr ist, wenn er taktvoll übersieht, daß sie auch nur ein Mensch mit Fehlern ist. Rat an alle, die ein Krebs-Mädchen lieben: Streicheln Sie es, aber kritisieren Sie es nie. Es könnte die Kritik mißverstehen und gleich zurückschlagen. Zeigen Sie Ihrer Krebs-Frau, sollte sie einmal krank sein, ihr Mitgefühl — Mitleid mag sie nicht. Und sie mag noch manches andere nicht: Wer sich über die Krebs-Frau lustig macht, verletzt sie tief und wird zu Kreuze kriechen müssen, wenn er sie behalten will. Sie mag auch keine zweifelhaften Komplimente. Wer zu ihr sagt, sie sehe heute aber wirklich frisch und rosig aus, dem könnte sie beleidigt ins Wort fallen mit der Frage, ob sie denn gestern nicht vorteilhaft ausgesehen habe.

Die Krebs-Frau neigt dazu, manches negativ zu sehen. Das Positive überrascht und beglückt sie, aber sie will nicht so recht daran glauben. Wenn sie sich ein schickes Kleid kauft (und schick angezogen ist jede Krebs-Frau!), dann wird sie ein dutzendmal an der Boutique, in der sie das Kleid nach langem Überlegen erstand, vorbeilaufen und all die anderen Kleider schöner finden. Sie ist nicht unzufrieden, aber sie muß sich an alles erst gewöhnen. So wird denn das neue Kleid monatelang im Schrank hängen, und sie wird die alten Kleider anziehen, weil sie diese gewöhnt ist. Sie hängt auch an den alten Hausschuhen so lange, bis die Zehen herausschauen; erst dann wird sie neue erstehen.

Die Krebs-Frau fühlt sich oft unverstanden. Ihre Wünsche wird sie nie offen aussprechen — man muß sie erraten, erahnen, aus losen Wortfetzen mosaikartig zusammentragen, um sie erfüllen zu können. Aber sie ist verletzt, wenn man auf diese ihre heißen, verschlüsselten Wünsche nicht eingeht.

Die Ehe mit dieser Frau scheint so gesehen problematisch zu werden. Kaum hat sie jedoch vor dem Standesamt ja gesagt, entpuppt sie sich als das, was sie eigentlich gar nicht sein will: als perfekte Hausfrau. Sie versteht etwas vom Kochen und vom Führen eines Haushaltsbuches. Ihr Mann kann sich glücklich schätzen: Sie kennt seine Leibgerichte und bereitet sie besser als der Meisterkoch im Fernsehen.

Sie ist bei kleineren Gesellschaften in den eigenen vier Wänden (größere sind ihr zu laut) eine perfekte Gastgeberin. Und sie ist auch die beste Mutter, die man sich denken kann. Wenn der Mann ihres Herzens nur ein wenig auf ihre durch den Mond bedingten Stimmungsumschwünge (zweimal am Tag oder löffelweise) Rücksicht nimmt, könnte es eine glückliche Ehe geben, zumal sie sehr viel Mutterwitz mitbringt und manchmal sogar über sich selbst lachen kann.

Die Krebs-Frau gibt denen, die sie liebt, mehr, als sie nimmt. Sie muntert ihren Mann auf, wenn er einmal im Beruf versagte, und sorgt dafür, daß genügend für Krisenzeiten auf der hohen Kante liegt.

Krebs-Frauen, die nicht den richtigen Mann fürs Herz bekamen, brauchen nicht traurig sein: Sie finden statt in der Liebe auch im Berufsleben Erfüllung. Pflichtbewußt bis zum Äußersten, verschenken sie an den Beruf ein bißchen Herz und können so sehr darin aufgehen, daß für Privates nicht mehr viel Zeit übrig bleibt. Das macht sie zur idealen Chefin; sie fordert viel von ihren Leuten, aber sie hat auch viel Verständnis für ihre Sorgen und Nöte.

Die Krebs-Frau arbeitet gern und möchte ihre Arbeit anerkannt sehen. Schon mancher Ehemann, der die Hausfrauen-Tätigkeit seiner Krebs-Frau in einem Fragebogen als Berufslosigkeit bezeichnete, war fürbaß erstaunt, daß sie sich plötzlich einen Job nahm und ihm bewies, das sie sehr wohl auch dort etwas zu leisten vermag.

Wie erzieht man Krebs-Kinder?

Das Krebs-Kind braucht viel Liebe. Es hat ein zartes Seelchen, das manches bekümmert, was andere Kinder als gegeben hinnehmen. Die Tränen sitzen ihm locker, aber auch das Lachen. Sein bester Spielkamerad ist die Mutter, ersatzweise der Vater. Sonst spielt es oft allein und ist stillvergnügt dabei.

Man sollte diesem Kind die Angst nehmen, denn es fürchtet sich vor allerlei: vor dem dunklen Raum, in dem es schlafen muß und vor dem Dackel von nebenan. Und man sollte es öfter mal loben — nicht überschwenglich, weil es dahinter Falschheit wittern könnte, sondern nur so. In der Schule wird das Krebs-Kind gut lernen, wenn es nicht durch etwas anderes abgelenkt wird. Es versteht den elterlichen Spruch: Erst die Arbeit, dann das Vergnügen! Und später wird es seinen Eltern ewig dankbar sein für alles, was sie für es taten.

Es wird immer wieder nach Hause zurückfinden, auch wenn es längst eine eigene Familie gegründet hat. Und es wird die Eltern an dieses oder jenes schöne Erlebnis aus seiner Jugendzeit erinnern können, das diese längst vergaßen. Denn ein echter Krebs vergißt nie, wenn man ihm Gutes tat.

Die Partnerinnen des Krebs-Mannes

* Karriere mit der Widder-Frau

Mit der Widder-Frau kommt in des Krebses Haus Unruhe. Das liebt er nicht. Und darum werden Ehen zwischen Krebs-Männern und Widder-Frauen nur sehr selten geschlossen, weil die so gegensätzlich veranlagten Tierkreistypen oft schon in der Verlobungszeit erkennen, daß sie nicht zueinander passen. Ist es aber doch zur Hochzeit gekommen, so möchte der Krebs-Mann seine Filzpantoffeln anziehen und am heimischen Kachelofen Ruhe und Frieden finden. Das paßt der stürmischen Widder-Frau kaum in den Kram: Wenn ihr Krebs zwei Schritte rückwärts macht, geht sie drei voran. Und so ist es stets ein Ziehen und Drängen, das der sensible Krebs nervlich kaum verkraften kann. Die beiden werden zwar nicht unbedingt ein in allen Teilen harmonisches Familienleben finden, aber sie wird ihm das Tor zur beruflichen Karriere weit aufstoßen.

* Die häusliche Stier-Frau

Gleich beim ersten Kennenlernen finden sich Krebs-Mann und Stier-Frau sympathisch, aber es ist nicht unbedingt die Liebe auf den ersten Blick. Erst wenn sie bemerken, daß sich ihr gemeinsamer Sinn für Häuslichkeit in eine dauerhafte Verbindung ummünzen ließe, gehen sie zum Standesamt. Der Gleichklang im Häuslichen hält in der Ehe an: Die Stier-Frau wird den Krebs aufmuntern, so er wieder einmal den Rückwärtsgang eingelegt hat und sie wird dafür sorgen, daß die Kasse stimmt. Nur sollte er seine Überempfindlichkeit und sie ihren Eigensinn unterdrücken.

* Lebenslustige Zwillinge-Frau
Wenn der Krebs-Mann sich in sein Haus zurückzieht, reagiert seine
Zwillinge-Frau manchmal sauer: Sie hat zwar für ihre Familie und ein
gepflegtes Heim sehr viel übrig, möchte aber auch hier und da einmal
ganz groß ausgeführt werden. Vor der Ehe hat sie des Krebses Drängen
nach Zweisamkeit noch als die große Liebe gewertet. Nun aber, unter die
Haube gekommen, sieht sie ihn als sturen Familiendespoten, der ihr,
der Lebens- und Reiselustigen, nichts, aber auch gar nichts gönnt. Der
Krebs-Mann, mit Geschenken nicht knauserig, sollte in dieser Beziehung
ebenso seine Großzügigkeit beweisen. Die Zwillinge-Frau wird es ihm
danken.

* Passivität mit der Krebs-Frau
Krebs und Krebsin haben sich auf der gleichen Wellenlänge gesucht
und gefunden, auf Häuslichkeit, auf friedvollem Familienleben. Aber
die große Gefahr besteht, daß sie allzu passiv hinterm Ofen hocken
bleiben und darüber vergessen, daß zum Wohlstand etwas getan werden
muß. Wenn erst einmal die großen Gefühle dem häuslichen Alltag ge-
opfert werden, mag in dieser Krebsverbindung Langeweile aufkommen.
Und das könnte ihr Ende bedeuten.

* Kraftprobe mit der Löwe-Frau
Der Krebs-Mann ist ein durchaus friedliebender Typus, aber er möchte
auch der Herr im eigenen Hause sein. Hier wird die erste Kraftprobe
zu bestehen sein, wenn er eine Löwe-Frau zum Standesamt geführt hat.
Die Löwin, weiß man, will selber herrschen und mag es so gar nicht,
wenn ihr der Mann in die Töpfe guckt. Sie will auch in der Kinderer-
ziehung die erste Geige spielen. Es wäre vernünftig, wenn ihr der Krebs-
Mann das Feld daheim überläßt und sich auf den materiellen Zuwachs im
Arbeitsleben draußen beschränkt. Er sollte überdies sie öfter loben:
Eine Löwin will gestreichelt sein, dann gelingt es umso leichter, sie zu
zähmen. Und der Krebs sollte sie ab und zu einmal am gesellschaftlichen
Leben teilhaben lassen, wo sie als große Dame glänzen kann.

* Der Jungfrau-Verstand
Der Krebs-Mann macht's immer mit Gefühl, die Jungfrau-Dame setzt
mehr auf den Verstand. Oft bleibt sie kühl, wenn er stürmt und drängt.
Und dann fühlt er sich von der eigenen Frau unverstanden. Trotzdem
finden sich Krebs und Jungfrau immer wieder zusammen: Sie lieben ihre
Familie, ihr Heim und die Geborgenheit. Beide haben auch einen Hang

zur Sparsamkeit, und der wird ihnen mit der Zeit Wohlstand, wenn auch nicht übermäßigen Reichtum bescheren. Beide nörgeln aber auch gern an dem anderen herum. Der Krebs reagiert dann mit Launen, die Jungfrau mit schneidender Kälte. Zur Überwindung solcher Eheschwierigkeiten sollte sie, die sonst so Vernünftige, den Frieden stiften.

* Krebsgang bei der Waage-Frau
Er lebt nach innen, sie nach außen, und so ist es schwierig für den Krebs-Mann und die Waage-Frau, die rechte Harmonie zu finden. Zwar streben beide auf der Erfolgsleiter nach oben, aber die Waage-Frau, selbst zu unentschlossen, vermag dem Krebs-Mann kaum den rechten Antrieb zu geben. In der Liebe haben sie sich viel zu geben. Der Krebs-Mann möchte ein Hausmütterchen heiraten, das ihm die eigene Mutter, an der er zeit seines Lebens hängt, ersetzen kann. Die Waage-Frau versteht sich zwar vortrefflich auf die Hauswirtschaft, sie möchte sich dabei aber nicht die gepflegten Hände kaputt machen. Schließlich will sie im gesellschaftlichen Leben große Dame spielen.

* Die Skorpion-Frau treibt an
Schon vor der Hochzeit zaudert der Krebs-Mann, eine Skorpion-Frau zu heiraten. Hat er sie zum Standesamt geführt, sieht er seine Zweifel bestätigt: Die Skorpionin will ihn von nun an ganz für sich allein haben. Sie gibt ihm Halt, wenn er mal wieder auf dem Nullpunkt angekommen ist, sie treibt ihn nach oben, wenn er schon nicht mehr an ein berufliches Vorwärtskommen glaubt. Und wenn er seine Launen zeigt, nimmt sie diese Unart des Krebses erst gar nicht zur Kenntnis oder reagiert so gereizt, daß er lieber seine Launen von selbst vergißt. Denn mit der Zeit hat er gelernt, daß es nichts Schlimmeres gibt, als die Skorpionin zu reizen. Überdies weiß er, welch eine ideale Partnerin die Skorpion-Frau für ihn im Sexuellen ist, und sie wird sich für einen so gefühlvollen Partner wie den Krebs-Mann dankbar erweisen.

* Schütze-Frau reagiert gereizt
Wenn die Schütze-Frau redet und redet, hört ihr der Krebs-Mann geduldig zu und schweigt. Das bringt sie in Rage, und schon scheint die Ehe in eine Krise zu geraten, bis sie erkennt, daß der Krebs-Mann der zärtlichste Partner sein kann. Und in der Liebe ist die Schütze-Frau immer ansprechbar. Ihre Unternehmungslust ist dem Krebs-Mann ein Dorn im Auge; sie verspürt bei ihm des öfteren Langeweile. Nichts kann sie mehr reizen als die Launen des Krebses; dann reagiert sie ebenfalls gereizt,

und manchmal sucht sie sich jemanden, an dessen Brust sie sich ausweinen kann. Er sollte öfter Gäste nach Hause einladen, damit sie als Gastgeberin glänzen kann. Sie müßte auch hier und da einmal schweigen können.

* Die Steinbock-Frau heizt an
Bei der Steinbock-Frau herrscht Zucht und Ordnung, die sie auch auf den im Grunde immer ein Kind bleibenden Krebs-Mann übertragen möchte. Er sucht in jeder Frau die eigene Mutter, die er bei der Steinböckin nicht unbedingt findet. Trotzdem wird sie ihn, den oftmals Zaudernden, immer wieder zu neuen Taten anheizen: Sie läßt ihn Bewerbungen schreiben, die ihn auf der beruflichen Erfolgsleiter nach oben bringen können. Sie wird die Liebe als Pflicht empfinden, während er das Gefühl sucht, die tiefe Zuneigung. Beiden aber geht ein harmonisches Zusammenleben über alles, obwohl sie zu konträren Sternzeichen gehören. Krebs und Steinböckin zögern sehr lange, bis sie einen Ehevertrag unterschreiben, sollten sich dann aber sehr bald Kinder anschaffen; in der Liebe zu ihnen finden sie sich immer wieder!

* Die Wassermann-Frau liebt die Freiheit
Im Grunde brauchen Wassermann-Frau und Krebs-Mann gar nicht zu heiraten; manche »wilde« Ehe stand schon unter diesen beiden Zeichen. Während der Krebs zögert, wo er nur kann, möchte die Wassermann-Frau ihre Freiheit behalten, die sie am heimischen Herd des Krebses zu verlieren droht. Beide hängen an ihrer Familie. Aber während er Kinder und Frau am liebsten daheim um sich hat, will sie aus diesem Kreis gerne hier und da ausbrechen. Und so kommt es zu heftigen Szenen in dieser Ehe. Doch schon nach dem Donner scheint wieder die Sonne: Krebs und Wassermann finden immer wieder in Liebe zueinander.

* Ideal-Verbindung mit der Fische-Frau
Beide machen's mit Gefühl; der Krebs-Mann und die Fische-Frau scheinen wie geschaffen füreinander. Bei ihr kann der Krebs die Launen vergessen, die er sich gern leistet. Und die Fische-Dame vergißt die Tränen, die sie sonst so leicht vergießt. Beim Krebs wird sie optimistisch: Er hat die gleiche Einstellung zum Leben wie sie. Man versteht sich auch, ohne viel Worte zu machen. Zu Hause fühlen sie sich am wohlsten. Doch die Geborgenheit nützt nichts im Leben, wenn nicht auch ein bißchen Erfolg dabei ist. Viel gegenseitige Antriebskraft kann man leider den beiden sich so Liebenden wahrhaftig nicht bescheinigen. Hier liegt das Negative in dieser sonst so vortrefflichen Verbindung.

Löwe

(23. Juli bis 23. August)

Das Tierkreiszeichen Löwe durchläuft die Sonne vom 23. Juli bis 23. August. Sie leuchtet vom blauen Himmel mit voller Kraft. Auch die Menschen, die in diesen Sommertagen geboren wurden, sind von seltsamer Kraft. Ihr Auge blitzt, ihr Schritt dröhnt. Sie nehmen die Herausforderung Leben an: Ihr Selbstbewußtsein ist durch nichts zu schmälern. Sie haben viel Temperament, aber sie sind auch gutmütig und hilfsbereit. Die Mitmenschen sollten zu ihnen aufschauen, denn das königliche Zeichen färbt auf den Charakter des Löwe-Menschen ab, der sehr großzügig, aber auch sehr egoistisch sein kann. Die unter diesem Feuer-Zeichen Geborenen sind robuste Naturen, aber da sie viel arbeiten, sind sie anfällig für die sogenannten Manager-Krankheiten, wie Herz- und Kreislaufschwäche oder Bandscheiben-Schäden. Wie alle Menschen, die rechte Kraftprotzen sind, kann sie oft die kleinste Erkältung umwerfen (auch Hypochonder fand man schon unterm Löwen). Der Regent des Zeichens ist die Sonne, deren leuchtendes Orange den Löwe-Geborenen als Farbe besonders gefällt. Gold ist das Glücksmetall, und der Rubin ihr Talisman, aber auch Bernstein soll ihnen Glück bringen.

Seine Majestät, der Löwe-Mann

Der Löwe-Mann ist eine Persönlichkeit, der Bewunderung gezollt werden sollte. In seinem Auftreten liegt etwas Königliches, selbst wenn seine Figur schon etwas entgleist ist. Wie ihre Wappentiere brüllen Löwe-Männer für ihr Leben gern: Sie wollen sich bemerkbar machen um jeden Preis. Charakterlich schwächere Löwen brüllen dabei meist lauter als ihre charakterstärkeren Brüder. '
In Gesellschaften möchten sie möglichst im Mittelpunkt stehen. Wenn sie nur am Rande mitgehen, versuchen sie durch Diskutierfreudigkeit auf sich aufmerksam zu machen. Immer wieder werden sie das Wort an sich reißen. Das läßt sie arrogant und anmaßend erscheinen. In Wirklichkeit sind sie es nicht; sie können nur nicht im Schatten stehen. Er möchte alles aus sich heraus tun: Wenn er Hilfe gewährt, sollte er nicht darum gebeten worden sein. Er will freiwillig sozial sein. Seine Freunde sucht er in jenen Kreisen, die ihm beim beruflichen Aufstieg nützen können; aber wenn sie ihm nicht mehr nützlich sind, läßt er sie möglicherweise fallen — es sei denn, sie werden seine Vasallen. Man muß es den Löwen lassen: sie haben Charme und wissen sich zu benehmen. Das erkennen auch liebebedürftige Damen, die diesen königlichen Liebhaber umschwirren wie die Motten das Licht. Sie sind klug

beraten, wenn sie ihn anbeten und ihm nie und nimmer widersprechen. Widerspruch reizt den Löwen dazu, seine angeborene Ritterlichkeit zu vergessen und großes Geschütz aufzufahren gegen jene, die sich zu opponieren erdreisteten.

Einen Löwen fängt man am sichersten bei Kerzenlicht und zärtlicher Musik ein. Er ist für Stil und schließt von der Atmosphäre auf guten Charakter. So kommt es, daß Löwen manchmal von Jägerinnen gefangen werden, die ihm in der Ehe einen Käfig bauen, in dem er — gezähmt — Männchen macht.

Der Löwe-Mann wurde unter einem Feuerzeichen geboren, und von daher schwelt die Glut, die sich bei ihm stets zum Liebesbrand entfacht. Er ist ein galanter Liebhaber, der immer ein Objekt haben muß, dem er zugetan ist, das er mit seiner Liebe und manch teuren Geschenken überschütten kann. Frauen, die ihn lieben, sollten nur stets bedenken, daß er auch in der Ehe gewisse Freiheiten haben will.

Nicht, daß er die Auserwählte wie eine Sklavin hält. Im Gegenteil, er wird sie in die teuersten Restaurants führen und sich in ihrem Glanze sonnen, wenn sie feurige Blicke aus fremder Männer Augen treffen. Er wird ihr Gold und Geschmeide schenken, denn seine ständige Begleiterin will er zu seiner Königin erhöht sehen, sie sollte nur noch zu ihm und sonst zu niemandem aufschauen.

Seine Großzügigkeit verführt den Löwen allerdings auch manchmal dazu, in der Stammkneipe eine Lokalrunde nach der anderen zu schmeissen und als Bezahlung das Geld zu nehmen, das eigentlich für den neuen Wintermantel der Frau gedacht war. Er will auch bei seinen Stammtischbrüdern als der Größte erscheinen. Am nächsten Tag schon wird er versuchen, durch harte Arbeit hereinzuholen, was der Leichtsinn verspielte. Und lassen Sie es sich gesagt sein: Er wird es schaffen! Sein Typ ist gefragt bei denen, die gute Manager und vor allem Praktiker brauchen. Er kann vieles reparieren, was andere für hoffnungslos kaputt hielten. Eigentlich wäre er der geborene Revolutionär, der sich gegen die Obrigkeit auflehnt, weil er die Massen hinter sich weiß. Aber wenn ihm die Obrigkeit den Posten gibt, der ihn über die Massen stellt, wird er bedingungslos das Lied der Mächtigen singen.

Er ist ein guter Ehemann, doch wenn er zu lange vom selben Tisch gegessen hat, fällt es ihm schwer, nicht auch mal das Menü zu wechseln. Nicht alle Löwen sind unbedingt treu. Sie grasen in fremden Jagdgebieten, um zu wildern. Nur kommt man ihnen selten auf die Schliche, weil sie alle Schleichwege kennen.

Frauen, die ihn erwischten, kehrten doch zu ihm zurück: Der Löwe-

Mann wird dem Abenteuer abschwören, und sie wird ihm glauben — bis zum nächstenmal. Außer diesen wenigen Ausflügen in die freie Wildbahn wird er auf ein glückliches Familienleben Wert legen und auf viel Harmonie, für die allerdings die nachgebende Gattin sorgen muß.

Im Beruf sind die Löwe-Männer pflichtbewußt. Sie streben nach Mitteln, mehr aber noch nach Titeln, die sie auch meistens erlangen. Löwen, die unten bleiben, sind selten: Sie spielen dann den Haustyrannen und sich ersatzweise für ausgebliebenen Ruhm daheim auf.

Obwohl die Löwe-Männer nicht unbedingt die intelligentesten in der Sternenskala sind, werden sie es im Durchschnitt weiterbringen als ihre Kollegen von anderen Tierkreiszeichen. Sie wissen ihrem Gehabe das Flair zu geben, nach dem die Großen dieser Welt lechzen. Und so werden sie gefördert und hochgepriesen, bis sie auf dem ersehnten Chefstuhl landen. Auf ihm kann der Löwe-Mann endlich den Alleinunterhalter spielen: Seine Monologe vor versammelter Mannschaft sind berühmt. Zweifellos bringt ein Löwe-Chef Schwung in den Laden. Endlich kann er die anderen für sich arbeiten lassen — das Organisieren wird er besorgen. Er wird auch bedenkenlos Ideen, die seine Mitarbeiter haben, als die eigenen ausgeben; schließlich ist man ja ein Team und er der Chef, der alles verantwortet.

Man sollte ihm nicht widersprechen oder seinen Widerspruch vorher mit einer Lobrede auf den einzigartigen unter allen Chefs beginnen. Schmeichler haben es bei ihm oft leichter als jene, die keinen Speichel lecken können. Am Ende aber werden letztere doch triumphieren: Ein Löwe behält immer die gute Portion Menschenverstand, auch wenn der manchmal von Weihrauchschwaden umwölkt ist.

Die Löwe-Frau steht immer oben

Die Löwe-Frau ist eine Dame vom Scheitel bis zur kleinen Zehe. Wenn sie geht, schreitet sie, das Rückgrat durchgedrückt, die Brust heraus. Sie spricht mit niemandem — sie gibt eine Audienz, hört sich huldvoll an, was der andere sagt, dann bildet sie sich ihre Meinung, und bei der bleibt sie, mag der Gesprächspartner noch so gute Argumente dagegen haben.

Mancher schätzt diese Art der Diskussion nicht, bei der Löwe-Dame muß er sich daran gewöhnen. Sie meint es nie so hart, wie sie es manchmal akzentuiert, aber sie kann nun mal nicht anders. Ihre herablassende Freundlichkeit brachte schon manchen auf die Palme. Und er blieb oben — was tut man, wenn unten eine ausgewachsene Löwin steht? Ganz richtig ist das eben gezeichnete Bild nicht; bei ihr ist immer oben.

Und eigentlich kann man ihr gar nichts krumm nehmen. Sie strahlt soviel Wärme aus, ist so humorvoll und charmant, daß sie jeder lieb haben müßte.

Bei der Löwin muß man andere Maßstäbe anlegen als bei anderen Sternentöchtern. Sie hat Sex-Appeal, ist aber nie eine Sexbombe. Sie ist im landläufigen Sinne schön, aber ihre Schönheit ist kaum die eines Pin-upgirls: Sie kommt von innen und strahlt nach außen.

Zweifellos ist sie klug, aber manchmal tappt sie daneben, wenn sie über Dinge diskutiert, von denen sie nichts versteht. Behandeln Sie die Löwe-Frau dann immer noch als Dame und wechseln Sie das Thema. Sie wird es Ihnen danken. Nur stellen Sie diese Dame um Himmels willen nicht bloß — sie würde es Ihnen irgendwann einmal heimzahlen, wenn Sie selber gar nicht mehr daran denken.

Männer, die solch königliches Geschöpf eroberten, können sich glücklich schätzen. Sie haben ein Juwel gewonnen, das man in Gold und Edelsteine fassen muß, denn Löwe-Damen kommen teuer. Sie lieben Schmuck, schicke Kleider und Luxusrestaurants, in denen sie repräsentieren können. Doch machen sich solche Anlagen auch bezahlt — der Gegenwert, den eine Löwin bietet, übertrifft die kühnsten Erwartungen. Sie wird dem Haus vorstehen, eine gute Hausfrau sein, die beste Mutter der Kinder. Sie wird den Ehemann zu Taten anstacheln, die er allein nie gewagt hätte. Ihre Ratschläge führen nach oben.

Wie aber, wenn die Löwe-Frau ausgerechnet auf jemanden »hereinfällt«, der ihr keinen Luxus bieten kann? Dann sollte der Mann vernünftig sein und auf die gute Hausfrau zeitweilig verzichten: Mit Wonne wird die Löwe-Frau die nötigen Brötchen dazu verdienen, die der Mann nicht beibringen konnte. Auch so kann man auf einen grünen Zweig kommen. Und überdies hat die Löwin das Gefühl, ein bißchen Freiheit ins Eheleben gerettet zu haben.

Die Löwe-Frau möchte in der Ehe etwas zu sagen haben, aber sie wird niemals ihren Mann zum Pantoffelhelden degradieren. Es würde ihr Selbstgefühl stören, wenn ihr Gatte kein richtiger Mann wäre. Er soll die letzte Entscheidung als Familienoberhaupt treffen. Sie will nur gleichberechtigt ihre Meinung sagen.

Die Löwe-Frau sieht auf Anstand und Sitte. Sie kann ausgelassen und fröhlich sein, wenn nur die Form gewahrt bleibt. Nicht auszudenken, wenn ihr Mann einmal unrasiert an den Frühstückstisch käme! Sie wird ihn ja auch nicht mit Lockenwickeln erschrecken.

Ihre Kinder dürfen vieles, was Kinder bei anderen Müttern nicht dürfen; sie läßt ihnen viel Freiheit, weil sie selbst die Freiheit über alles liebt. Sie wird, wegen anderweitiger Beschäftigung, meist wenig Zeit zum Abhören der Schularbeiten haben. Den Einser in Rechnen wird die Löwe-Mutter gut honorieren, den Fünfer in Englisch aber mit der lakonischen Bemerkung abtun: »Da siehst du, wie weit man kommt, wenn man nicht fleißig genug ist!« Nach außen hin sind ihre Kinder trotz schlechter Noten freilich immer die besten, die klügsten – die Fünf kann am Lehrer liegen, der das Kind nicht mag. Sie gibt den Kleinen meist ein überdurchschnittliches Taschengeld und verwöhnt sie, wo sie nur kann. Sie wäre die beste Mutter unter dem Sternenzelt, wenn ihr die Kinder die Güte und Großzügigkeit nicht manchmal anders danken würden, als sie erhoffte; verzogene Kinder kommen als Erwachsene oft nicht im Leben zurecht.

Die Berufswahl ist für die Löwe-Frau ein schwieriges Kapitel. Sie möchte eigentlich nicht unten anfangen. Und so wird sie manches versuchen, um nach oben zu kommen, zur Not den Beruf wechseln, wenn es in dem bisherigen nicht klappte. Chefs, die eine Löwin zur Sekretärin haben, können sich glücklich schätzen: Von nun an wird sie den Laden auch ohne ihn schmeißen. Er sollte ihr hier und da einmal ein persönliches Geschenk machen, damit sie auch wirklich bleibt.

Immer wird die Löwe-Frau aus ihrer jeweiligen Position das beste machen und sich wegen ihrer Tüchtigkeit manche Freiheiten herausnehmen können, die man bei anderen nicht duldet. Sie wird stets die Aufmerksamkeit auf sich lenken. Und wenn niemand von ihr spricht, wird sie sich in einen Krankheitszustand retten, um zu zeigen, wieviel man vermissen muß, wenn sie nicht im Geschäft ist.

Selbständige, die eine Löwe-Dame zur Frau haben, sollten ihr ruhig Verantwortung geben; denn als die Chefin ist die Löwe-Frau am rechten Platze. Sie ist ihren Untergebenen gegenüber gerecht, aber streng. Nichts läßt sie durchgehen, was die Firma schädigen könnte.

Eine Löwin müßte reich zur Welt kommen, die Armut macht sie krank. Nur gut, daß Löwe-Frauen in der Lage sind, mit Hilfe ihres Einfallreichtums und ihrer Durchsetzungskraft sich und ihrer Familie ein Plätzchen an der Sonne zu erarbeiten.

Wie erzieht man Löwe-Kinder?

Schon kurz nach der Geburt war das Löwe-Kind Mittelpunkt der Familie. Es wurde verhätschelt und verwöhnt. Und wenn man es vernachlässigte, begann es zu brüllen, daß die Wände einzustürzen drohten. Man sollte nichts zu unterdrücken suchen, was an Talent in diesem Kind steckt. Und schon gar nicht sollte man junge Löwen zu etwas zwingen wollen, das ihnen nicht behagt. Das könnte tiefe Wunden hinterlassen.

Mit anderen Kindern sind die kleinen Löwe-Geborenen weniger zimperlich: Die Geschwister daheim sollen auf ihr Kommando hören, und auch bei den Spielkameraden wollen sie tonangebend sein. Man sollte hier versuchen zu mildern, was da an allzu großem Machthunger leidet: Löwe-Kinder sind sehr einsichtig, wenn man sie als vollwertigen Gesprächspartner behandelt.

In der Schule wollen sie glänzen. Sie erreichen das Klassenziel fast immer, weil sie einsehen, daß nur über einen guten Schulabschluß das ermöglicht wird, wonach sie streben.

Löwe-Kinder brauchen viel Liebe. Die Eltern dieser Kinder sind nicht zu beneiden: Sie stehen vor einem Erziehungsproblem, das nie ganz zu lösen sein wird.

Die Partnerinnen des Löwe-Mannes

* Widder-Frau zwischen Krieg und Frieden
  Wenn es der Widder-Frau gelingt, ihren Löwe-Mann stets zu bewundern, ihm das Gefühl zu geben, er sei für sie der Größte, dann hat sie schon die halbe Eheschlacht gewonnen: Der Löwe wird sich kraulen lassen und wohlig dabei schnurren. Ganz leicht wird es für die Widderin nicht; auch sie möchte gerne herrschen, und wenn er das merkt, beginnt der Krieg, und dann kann der Löwe, sonst gegenüber Damen ein echter Gentleman, recht ungalant sein. Löwe und Widderin sollten sich deshalb nicht allzu früh für einander entscheiden; sie müßten ihre Erfahrungen in die Ehe mitbringen, um diplomatisch reagieren zu können. Im Sexuellen sind beide ganz groß; da ist nur Gemeinsamkeit, und das sollten die beiden aufs ganze Leben übertragen. Der Widderin gelingt's am ehesten: Sie möchte gerne einen echten Mann neben sich, der stärker ist als sie, die einem männlichen Sternbild entstammt.

* Auch die Stier-Frau läuft ihm hinterher
  Kein anderer versteht es besser als ein Löwe-Mann, eine Frau von seinen Vorzügen so zu überzeugen, daß sie ihm willig aufs Standesamt hinterherläuft. Auch die Stier-Frau unterliegt seinem männlichen Charme. Das könnte ein ganzes Leben lang anhalten, wenn nicht manche Unstimmigkeiten wären: Der Löwe möchte seine Meinung jedem anderen aufzwingen, wenn er sie einmal als richtig erkannt hat; die Stier-Frau glaubt sowieso, daß eine einmal von ihr gefaßte Meinung die richtige sei. Und schon kann die Sicherung durchbrennen und das Haus verdunkeln. Solange aber das Feuer der Liebe noch lodert, werden die bei-

den immer wieder zueinander finden. Im Grunde schätzt der Löwe bei der Stier-Frau den guten Sinn fürs Materielle, ihre Anhänglichkeit und ihre Treue. Sie sollte weise darüber hinwegsehen, daß er das Sagen haben will.

* **Die Zwillinge-Frau will's mit Gefühl**
In der privatesten Sphäre zucken manchmal die Blitze: Wenn der Löwe-Mann sich als rechter Draufgänger beweisen will, möchte es seine Zwillinge-Frau mehr mit Gefühl. Im launischen Spiel erst finden die beiden zusammen. Und dann kann es eine dauerhafte Harmonie bleiben. Die Zwillinge-Dame gleicht vieles mit dem Verstand aus, was der Löwe mit männlicher Kraft erreichen will: Sie läßt ihn herrschen und denkt sich ihr Teil. Haben Löwe und Zwillinge-Frau zu echter Kameradschaft gefunden, können sie Berge versetzen, und er wird an ihrer Seite auch im Berufsleben Stufe für Stufe emporsteigen.

* **Die Krebs-Frau und ihr Patriarch**
Die Krebs-Frau ist anhänglich, sie will nicht unbedingt in ihrer Ehe regieren. Solche Einstellung mag der Löwe-Mann, der sich für die geborene Führernatur hält. Die Krebs-Frau ist eine gute Mutter, und schon um des lieben Friedens willen erzieht sie ihre Kinder so, daß sie zum Vater emporschauen können. In dieser Verbindung kann sich der Löwe also wie ein Patriarch aus dem Mittelalter fühlen. Die Krebsin nimmt ihm auch die vielen Extratouren nicht krumm, die er außerhalb des häuslichen Kreises unternimmt — schließlich kehrt er immer wieder zu ihr und zu den Kindern zurück, herrscht, tut aber im allgemeinen doch nur das, was die Krebsin will. In diesem Zusammenhang fragt sich, wer der eigentliche Herr im Hause ist.

* **Demokratie unter Löwen**
Unter Löwen sollte man sich gegenseitig bewundern, das gibt Ansporn zu großen Taten. Man sollte die Kameradschaft pflegen und die Demokratie. Schwierig wird es nur, wenn Löwe-Mann und Löwe-Frau jeder für sich allein auf den eigenen egoistischen Zielen beharren. Sie sollten sich an ihre hohen Ideale erinnern und sie gemeinsam verfechten. Oft kommen in einer Löwen-Ehe die Kinder zu kurz, obwohl sich Löwe-Frau wie Löwe-Mann bemühen, gute Eltern zu sein; das kommt daher, weil sie zu sehr mit sich selbst beschäftigt sind.

* Die Jungfrau-Geborene ärgert sich
Eine Jungfrau-Geborene bekommt gegenüber einem echten Löwe-Mann manchmal Minderwertigkeitskomplexe, und das ärgert sie. Und sie mag auch nicht, daß ihr Löwe allzu großzügig anderen gegenüber sein kann, nur um sich in ein besseres Licht zu stellen. Sie läßt ihn übrigens gern zu Hause herrschen, wenn er nur die nötigen »Kröten« beibringt, die der Familie finanzielle Sicherheit gewähren. Der Löwe wird bald einsehen, daß sie recht daran tut, wenn sie seinen Drang zum Geldausgeben hemmt. Doch sollte der stürmische Löwe-Liebhaber bedenken, daß der Jungfrau Sex etwas unterkühlt ist; man sollte ihn langsam erwärmen.

* Holde Waage-Frau
Ein Löwe-Mann schmückt sich gern mit einer hübschen Frau, wenn ihm daraus noch mehr Bewunderung erblüht. Die Waage-Frau kann alle Attribute holder Weiblichkeit bieten. Das wird er zu Hause genauso merken wie in der Gesellschaft. Aber die Waage-Dame reagiert sensibel, wenn er den Kraftprotz spielen will. Überdies möchte sie ihn ganz für sich allein besitzen, und das paßt dem Löwen nicht: Er will unters Volk und sich von ihm huldigen lassen. Nicht unbedingt kommen Waage-Frau und Löwe-Mann auf einen grünen Zweig; denn er ist großzügig, und auch sie neigt manchmal zur Verschwendungssucht.

* Die Skorpion-Frau herrscht daheim
Über die Liebe auf den ersten Blick fanden sie sich zu einer schnellen Hochzeit. Und eigentlich müßten jetzt Löwe-Mann und Skorpion-Frau ein ganzes Eheleben lang glücklich und zufrieden sein. Doch nach den Flitterwochen beginnt es schon zu rumoren: Die Skorpion-Frau läßt sich daheim nichts dreinreden — das macht der feurige Mars in ihrem Gestirn. Zwar funkt die Sonne im Löwen gewaltig dazwischen, aber meist triumphiert der rote Planet. Der Löwe ist in dieser Ehe nun keinesfalls ein Pantoffelheld, aber er wird sich zu Hause sagen lassen müssen, was er zu tun und zu lassen habe. Im Beruf redet ihm die schlaue Skorpion-Frau freilich nicht drein. Hier bezieht er von ihr das Lob, das ihm so schmeichelt. Von hier aus könnte er auch vergessen, daß sie sein Führertum nicht anerkennt.

* Seelengemeinschaft mit der Schützin
Löwe und Schützin waren gleich von einander begeistert. Er brauchte sie gar nicht zu verführen — willig lieferte sie sich ihm aus. Und bald schon sprach man von Hochzeit. Die Flitterwochen danach dauerten

länger an als bei anderen Sternenverbindungen. Hier ist eine Seelengemeinschaft, die in fast allen Punkten des täglichen Lebens Übereinstimmung erzielt. Die Schützin beflügelt den Löwen sehr oft zu Großtaten, die ihm Erfolg und Anerkennung und außerdem finanziellen Zugewinn bringen. Sie ist allerdings mit dem großzügigen Löwen auch bereit, das sauer verdiente Geld in kürzester Frist wieder zu verjubeln — auf Reisen, auf Gesellschaften, in Modeboutiquen.

* **Bei der Steinbock-Frau unter Kuratel**
Die Steinbock-Frau läßt den Löwen in der Ehe regieren, verwaltet die Finanzen und stellt seine Großzügigkeit unter Kuratel. So müßte eigentlich das Glück in der Ehe begründet sein, zumal das Bankkonto wächst und wächst. Aber ausgerechnet in den zwischenmenschlichen Beziehungen kann es zum Eklat kommen: Der Löwe ist ein feuriger Liebhaber, der mit Vehemenz auf das Objekt seiner Liebe zugeht, die Steinbock-Frau dagegen — vorsichtig gesagt — zurückhaltender. Hier kann der Konfliktstoff gegeben sein, der die sonst so fest gegründet erscheinende Ehe ins Wanken bringt.

* **Die Wassermann-Frau braucht keinen Führer**
Um es gleich vorwegzunehmen: Sexuelle Schwierigkeiten kennen weder Löwe-Mann noch Wassermann-Frau. Die Nachteile dieser Verbindung liegen auf einem anderen Sektor; die Wassermann-Frau will ein Quentchen Freiheit auch mit in die Ehe nehmen, sie möchte kameradschaftlich mit ihrem Partner zusammenleben. Der Löwe will herrschen. Die Wassermann-Frau hält jedoch nichts von bewundernden Augenaufschlägen — sie nimmt die Menschen, wie sie sind. Vielleicht wäre es klüger, wenn sie dem Löwen die Führerschaft in ihrer Ehe anvertrauen würde. Das aber kann eine Wassermann-Frau, wenn sie ehrlich ist, nie und nimmer.

* **Die schüchterne Fische-Frau**
Mit der Fische-Frau hat der Löwe-Mann eine Partnerin an der Angel, die sich von seiner mit Grandezza vorgeführten Männlichkeit nur zu schnell einschüchtern läßt. Dementsprechend kann die Ehe werden, er als Grandseigneur und sie als schüchternes Gänslein. Die Fische-Frau ist zwar etwas labil, aber wenn sie den rechten Zuspruch hat, dann blüht sie auf. Wie aber sollte ein Löwe, der ja ichbezogen denkt, solche Aufmunterung parat haben? So versucht sie es mit Schmeicheln und auch mit Tränen; erst dann wird der Löwe weich, und läßt ihr den Willen.

Jungfrau (24. August bis 23. September)

Der Sommer geht zu Ende, wenn die Sonne das Tierkreiszeichen Jungfrau durchläuft. Die letzten Früchte reifen auf den Feldern. Ist es verwunderlich, daß Menschen, die in dieser Zeit geboren wurden, sehr erdverbundene Naturen sind? Von klein an wollen sie alles ganz genau wissen; Jungfrau-Menschen sind neugierig, um sich weiterbilden zu können. Sie sind pflichtbewußt und hilfsbereit, oft aber übergenau; ein Stäubchen auf dem Fußboden schon kann sie stören. Ihre Kritiklust macht sie manchmal unbeliebt, zumal sie selbst keine Kritik zu vertragen scheinen. Ihr wacher Verstand könnte sie zur Spitze führen, aber viele Jungfrau-Menschen bleiben unten hängen, weil sie glauben, nur an dem Platz, an den sie gerade gestellt sind, das Beste leisten zu können. Der Verdauungstrakt ist bei den Jungfrau-Menschen besonders gefährdet (das macht der viele Ärger, den man mit seinen Mitmenschen hat). Ihr Sternbild beherrscht Merkur (von daher kommt ihr Finanzgenie). Die Farbe des Zeichens ist hellbraun, Bronze ihr Glücksmetall. Und ihre Glückssteine sind der Jaspis, der Topas und auch der Smaragd.

Der Jungfrau-Mann mit dem Ordnungssinn

Es gibt Menschen, die halten den Jungfrau-Mann für gefühlskalt. Sie haben Unrecht; das Gefühl des Jungfrau-Geborenen wurde nur gebändigt von einem scharfen Verstand, der ihm sagte, daß man mit Gefühl keine Häuser bauen kann.

Vom Intellekt her sind die unter dem Zeichen Jungfrau Geborenen zweifellos die begabtesten. Ihr Ordnungssinn ist sprichwörtlich. Kein Jungfrau-Mann würde sich setzen, ohne seine Bügelfalten zurechtgestreift zu haben, oder unrasiert am Frühstückstisch erscheinen. Die Pingeligkeit macht seiner Begabung zu schaffen: Nur wer großzügig denkt und plant, wird es weit bringen. Und so bleibt der Jungfrau-Mann oft Untergebener, obwohl er vielleicht klüger ist als alle jene, die ihm vorgesetzt sind.

Er ist zuverlässig, ein treuer Freund, wenn er einmal Zuneigung zu jemandem gefaßt hat. Er macht nicht viel Worte, doch wenn man seine Hilfe braucht, ist er da. Viele Jungfrau-Männer bleiben ihr Leben lang Junggesellen: sie suchten das Idealbild und fanden es nie.

Sie sind wählerisch, leider aber auch leicht unterkühlt. Sie sind keine stürmischen Liebhaber, denen das Wort "Ich liebe Dich" nur so über die Lippen sprudelt. Sie sezieren den Charakter der Auserwählten und finden dann meist, was sie vor einer Ehe zurückhalten kann.

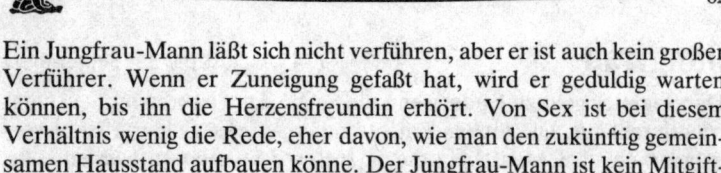

Ein Jungfrau-Mann läßt sich nicht verführen, aber er ist auch kein großer Verführer. Wenn er Zuneigung gefaßt hat, wird er geduldig warten können, bis ihn die Herzensfreundin erhört. Von Sex ist bei diesem Verhältnis wenig die Rede, eher davon, wie man den zukünftig gemeinsamen Hausstand aufbauen könne. Der Jungfrau-Mann ist kein Mitgift-Jäger, aber wenn seine Frau etwas in die Ehe mitbringt, ist es ihm nur recht.

Seine Beziehung zum Geld ist durchaus realistisch. Viele sagen ihm nach, er sei geizig. Aber das ist er auf keinen Fall; er ist nur sparsam, möchte sich und die Seinen gesichert sehen. Wenn einer seiner besten Freunde in Not ist, wird er ihm selbstlos helfen, selbst wenn dabei die Ersparnisse draufgehen. Er wird jedoch nur dann solch großzügige Hilfestellung leisten, wenn das Objekt seiner Großzügigkeit diese auch verdient. An verlotterte Playboys wird er keinen Pfennig verschenken.

Der Jungfrau-Mann ist ein guter Ehemann, obwohl er seine Frau zur Weißglut reizen kann, wenn er wieder einmal mit dem Zeigefinger in irgendeiner Ecke der Wohnung nach Staub sucht. Die Gattin müßte eine perfekte Hausfrau sein, die auch das Führen eines Haushaltbuches versteht. Von gemeinsamen Konten hält der Jungfrau-Geborene wenig: Was das Geld angeht, ist er mißtrauisch gegen jedermann. Trotzdem wird sich die Gattin über das Monatsgeld nicht zu beklagen haben; es ist seinem Gehalt prozentual angepaßt – mehr wäre beim besten Willen nicht drin, zumal ja auch noch monatlich etwas zurückgelegt werden muß für Notzeiten.

Scheidungen gibt es unter der Jungfrau wenig. Ihm sind einfach die Anwälte zu teuer. Und überdies ist er Manns genug, seine Frau zur Räson zu bringen, wenn sie ihn enttäuschen sollte. Der Jungfrau-Mann selbst leistet sich schon aus Sparsamkeit keinen Seitensprung. Wenn aber Schluß gemacht werden muß, dann zögert er keinen Augenblick – wetten, daß seine Frau der schuldige Teil ist?

Soweit läßt es der echte Jungfrau-Mann aber kaum kommen, vor allem dann nicht, wenn Kinder da sind. Er steckt eher zurück, als diesen zu zeigen, daß es um die Ehe mit ihrer Mutter schlecht bestellt sei. Die Kinder haben es gut bei ihm; er hilft ihnen bei den Schularbeiten und gibt ihnen auch ein leidliches Taschengeld, das sie freilich nicht für Schnickschnack ausgeben dürfen.

Der Jungfrau-Mann wäre vielleicht einer der besten im Tierkreis, wäre nicht seine Lust am Kritisieren. Nichts entgeht seinen wachen Augen, überall findet er irgend etwas Negatives. Seine Frau sollte dieses ständige Kritisieren mit einem Lächeln zur Kenntnis nehmen und zur Tages-

ordnung übergehen. Nur so kann sie die Lust des Jungfrau-Geborenen
ein wenig abbremsen. Sie sollte auf keinen Fall ihn nun ihrerseits kritisieren; ein Jungfrau-Mann sieht sich nicht gern bloßgestellt.

Bewundernswert ist das phänomenale Gedächtnis aller Jungfrau-
Geborenen: keinen Geburtstag werden sie vergessen und schon gar nicht
die wichtigsten Telefonnummern. Aber dieses Erinnerungsvermögen ist
gleichzeitig auch eine Schwäche: er gilt als nachtragend.

Chefs können sich glücklich schätzen, einen Jungfrau-Mann unter ihren
Angestellten zu haben. Er ist der ruhende Pol; seine Pingeligkeit wird die
Firma vor manchem Schaden bewahren helfen, seine Gründlichkeit dafür
sorgen, daß selbst versteckte Fehler endlich gefunden werden. Man sollte
ihm bald schon eine Gehaltserhöhung geben und ihn langsam aber stetig
befördern. Ginge es zu schnell vorwärts, würde der Jungfrau-Mann
wahrscheinlich irgendetwas Negatives dahinter wittern.

Chef will er meistens gar nicht werden; er hat Zweifel, ob er auf dem
Chefstuhl mehr leisten könnte denn als Angestellter. Hat er aber den
Sessel des Managers eingenommen, wird er auch hier sein Letztes geben.
Wahrscheinlich wird sich der Jungfrau-Chef einige Leute heranbilden,
die ihm die Entscheidungen tragen helfen. Nicht, daß er sich vor der Verantwortung scheut — ein echter Jungfrau-Mann handelt immer verantwortungsbewußt. Er will einfach sicher sein, daß seine Entschlüsse
krisenfest sind.

Wer gut bei ihm arbeitet, wird das bald am steigenden Gehalt merken;
denn geizig ist der Jungfrau-Geborene nicht. Er will nur für sein gutes
Geld den realen Gegenwert erhalten. Und das ist doch verständlich.

Die Jungfrau-Geborene und ihre Moral

Die Jungfrau-Geborene kann ein Leben lang jungfräulich bleiben: Sex
ist für sie nicht das Wichtigste. Viel wichtiger ist ihr ein kleiner, aber
treuer Freundeskreis, der sich gegenseitig hilft, wenn Not am Mann (oder
an der Frau) ist. Sie kann auch stolz die ledige Mutter sein, die ihren
Geliebten verließ, weil er zum Vater ihres Kindes nicht getaugt hätte.
Oder sie verläßt ihren angetrauten Ehemann und die Kinder, um einem
anderen in die Wüste zu folgen.

Drei verschiedene Jungfrau-Charaktere? Es gibt deren noch mehr; denn
so ganz zu enträtseln ist dieses von der Natur her mit besonderen Gaben
ausgestattete Mädchen nie. Scheu zieht es sich zurück, wenn jemand
versucht, sein Innenleben zu erforschen. Es ist abweisend gegen die
Zudringlichen, die immer alles ganz genau wissen wollen.

Die Jungfrau-Geborene hat eine sehr moralische Lebensauffassung, so daß manche sie als prüde verschreien. Beinahe stur geht sie auf dem Weg weiter, den sie für richtig hält. Man mag nun darüber geteilter Meinung sein, ob die Jungfrau, die ihren Mann verließ, um einem anderen in die Wüste zu folgen, noch »moralisch« zu nennen sei. Aber es ist ja auch keine bürgerliche Moral, die eine Jungfrau-Dame zu ihrem Leitbild erhebt. Ihre Moral heißt: Verlogenes ist Verlorenes!

Es dauert lange, bis sich die Jungfrau-Geborene für diesen oder jenen entscheidet. Sie muß immer wieder neu die Qualitäten ihres Favoriten kennenlernen, bevor sie mit ihm aufs Standesamt geht. Manchem schon zeigte sie kurz vorher die kalte Schulter, der sich ihrer sicher glaubte. Jungfrau-Geborene sind nicht gefühlsbetont, sie können jedoch sehr herzlich sein. Der Mann, der sie heiratet, wird nicht über die Nichterfüllung ehelicher Pflichten zu klagen haben, aber er wird sich manchmal vorkommen wie jemand, der etwas nahm, was ihm eigentlich gar nicht gehört. Ein Eisberg, meint er dann, könne schneller dahinschmelzen als seine Jungfrau: Sex, sagten wir, ist nicht das wichtigste im Leben einer Jungfrau.

Wichtiger ist ihr, daß die Familie gut versorgt ist, daß man nicht leichtsinnig vergeudet, was gut angelegt werden könnte. Sie ist ordentlich und kleidet sich sauber, aber die letzte Mode macht sie aus finanziellen Gründen nicht mit. Sie trägt lieber dunkle Farben als grelle; sie möchte in der Menge so wenig wie nur möglich auffallen.

Im eigenen Heim wird bei der Jungfrau alles glänzen und blinken. Machen Sie sich nichts daraus, wenn sie selbst das blankeste Silber noch einmal nachpoliert — es wird ein winziges Stäubchen darauf gewesen sein. Sie ist bestimmt eine gute Köchin, aber sie wird Ihnen weniger einen fetten Schweinebraten vorsetzen, eher schon ein zartes Filet, und einen mit Joghurt angemachten grünen Salat: Sie weiß, was gesund ist — Völlerei ist ihr verhaßt.

Blitzblank sind auch ihre Kinder herausgeputzt. Sie werden vor lauter Respekt die Schuhe schon vor der Haustür ausziehen, um die Jungfrau-Mutter nicht zu erzürnen. Manche mögen das als allzu große Pingeligkeit und Strenge ansehen, Kinder von Jungfrau-Müttern aber wissen, wie gütig und hilfsbereit diese sein können.

Auch der Mann hat nichts zu klagen. Wenn er abends von der Arbeit nach Hause kommt, wird er die vorgewärmten Pantoffeln (Hausschuhe schonen ja die Teppiche) und einen mit Blumen geschmückten gedeckten Tisch vorfinden. Die Jungfrau liebt das Stilvolle; mit Romantik hat das alles nichts zu tun, eher mit Ästhetik.

Obwohl die Jungfrau-Geborene manchmal unnahbar erscheint, sehnt sie sich nach Wärme und Zärtlichkeit. Da sie aber ausgesprochene Hemmungen auf dem sexuellen Sektor hat, macht sie sich manches selbst kaputt. Man sollte sie nehmen, wie sie ist, als treusorgende Gattin und Mutter, die sich in das Abhängigkeitsverhältnis zu einem Mann begab, weil sie nicht mehr allein sein wollte (von Liebe spricht sie in solchen Fällen nicht gern, das würde ja einen Teil ihres Seelenlebens bloßlegen!). Die Jungfrau kann natürlich sehr wohl ihr Leben auch auf eigene Füße stellen. Sie wird bei ihren Chefs als zuverlässige Angestellte geschätzt, die Betriebsgeheimnisse für sich behalten kann. Sie ist der Firma treu, solange sie sich gut bezahlt sieht, wobei ihr das Tarifgehalt reicht, wenn sie damit die Ausgaben eines im Konkurrenzkampf stehenden Unternehmens verringern helfen kann.

Manche Kolleginnen mögen sie als »Radfahrer-Natur« beschimpfen, aber das ist sie sicherlich nicht: In ihr Ordnungsprinzip gehört der Prinzipal, dem man zu folgen hat, wenn er anordnet. Und wenn die Jungfrau-Angestellte mal jemanden beim Chef anschwärzt, so tut sie es wahrhaftig nicht, um sich selbst damit ins bessere Licht zu rücken — sie konnte wahrscheinlich nicht anders, weil der Bloßgestellte wirklich nichts für die Firma taugte.

Chefinnen aus dem Jungfrau-Zeichen sind wenig bekannt. Bei ihnen gilt dasselbe verstärkt, was über die männlichen Jungfrau-Chefs bereits gesagt wurde. Sie wird die Finanzen ihrer Firma in Ordnung halten, aber den Groschen zehnmal umdrehen, bevor sie sich in Spekulationen einläßt. Denn eine Jungfrau-Dame strebt nach Sicherheit. Alles, was sie plant, ist darauf abgestimmt.

Wie erzieht man Jungfrau-Kinder?

Das erste, was am Jungfrau-Kind auffällt, ist sein fester Wille. Wenn es sich einmal etwas in den Kopf gesetzt hat, ist es so leicht nicht davon abzubringen.

Die zweite erstaunliche Feststellung: Dieses Kind setzt seinen Willen nur dann ein, wenn es verstandesmäßige Gründe für den Einsatz hat. Wenn es mit den Eltern zum Beispiel nicht spazieren gehen will, dann wird es wohl daran liegen, daß es seine Schularbeiten machen muß. Oder die Suppe ist versalzen, und darum will es sie nicht essen.

Die dritte überraschende Feststellung: Trotz seines starken Willens ist es ein liebes, anhängliches Kind, das seinen Eltern kaum Scherereien macht. Es räumt den Tisch ab und spült brav das Geschirr. Es ist gehorsam, aber es wird den kleinsten Fehler seiner Eltern sofort korrigieren.

Man sollte es dann nicht gleich tadeln, zumal es mit seiner Kritik meist recht hat.

Jungfrau-Kinder sind nicht allzu sehr von ihrem eigenen Können überzeugt. Man sollte sie daher des öfteren loben, damit sie wissen, auf welchem Gebiet sie etwas leisten können. Lob macht sie nicht übermütig, sondern stärkt ihnen das Rückgrat.

In der Schule wird dieses pflichtbewußte Wesen kaum größere Schwierigkeiten haben. Intelligent genug ist es. Klassenkameraden freilich werden es tadeln, weil es manchmal dem Lehrer zu sehr schmeichelt. Damit will es nicht mehr als die anderen erreichen: Es erkennt nur den Lehrer als Obrigkeit an, ein charakteristischer Wesenszug der Jungfrau-Geborenen.

Die Partnerinnen des Jungfrau-Mannes

* Die Widder-Frau macht Mut

Wenn Verstand und Energie sich paaren, kommt im allgemeinen etwas Nützliches dabei heraus. Den Jungfrau-Mann zog vor allem das Dynamische im Wesen seiner Widder-Frau an. Sie ist eine der wenigen, die dem oft Zaudernden, auf Sicherheit Bedachten Mut zu neuen Taten gibt. Sie schätzt seine Klugheit, aber wenn er zu kritisieren beginnt, hält sie sich die Ohren zu. Der Jungfrau-Mann ordnet sich gern den Wünschen seiner Frau unter, wenn sie nur im Rahmen seiner finanziellen Möglichkeiten bleiben. Nur in der Liebe hapert es manchmal. Das macht das kühle Wesen des Jungfrau-Mannes, der sich auf die feurige Spritzigkeit seines Widder-Weibes nur recht schwerfällig einzustellen vermag.

* Bei der Stier-Frau stimmt die Kasse

Ein Jungfrau-Mann ist klug genug, das starre Beharrungsvermögen und den Eigensinn einer Stier-Frau von Anfang an zu übersehen. Die Liebe zwischen den beiden hat etwas Nützliches: Sie ist wie in einem Haushaltsbuch aufgeschrieben; man sieht zu, daß Soll und Haben stimmen. Das Sparkassenbuch stimmt sowieso. Meist springt ein Eigenheim heraus, wo das Stier-Mädchen Hausmütterchen spielen kann und der Jungfrau-Mann den alles überdenkenden und umsorgenden Familienvater. An eines freilich muß sich die Stier-Frau bei dem Herrn aus der Jungfrau gewöhnen: er ist nicht nur sparsam in finanziellen Dingen, sondern auch in leiblichen Genüssen. Sie, die so gern gut und manchmal auch übermäßig ißt, wird an seiner Seite enthaltsamer sein müssen.

* Ironische Zwillinge-Frau
Die Zwillinge-Frau wird schon bald erkennen: Aufregend ist das Leben an der Seite eines Jungfrau-Mannes wahrhaftig nicht. Wenn sie mal ins Theater möchte, auf Gesellschaften oder zum Tanz, will er Auslagen für solch unnötige Veranstaltungen lieber auf die hohe Kante legen. Der Jungfrau-Mann schätzt der Zwillinge-Frau geistvolles Wesen (er ist ja selbst ein Verstandesmensch), aber ihre beißende Ironie klingt für ihn beleidigend. Und sie kann seine ewige Nörgelei auf den Tod nicht ausstehen. Er ist für absolute Geradlinigkeit, möchte in allem die Wahrheit hören, mit ihr geht jedoch manchmal das Rednertalent durch, und dann entstellt sie unabsichtlich ein wenig die Wahrheit.

* Auch die Krebs-Frau ist leicht verletzt
Wir sagten es schon: der Jungfrau-Mann hat eine besonders ausgeprägte finanzielle Ader. Und in dieser Hinsicht wird ihn die Krebs-Frau immer unterstützen, weil sie auf die Sicherstellung ihrer Familie größten Wert legt. Beide haben ein empfindsames Gemüt, beide sind leicht verletzt. Sie übersehen meist, daß sie auch dazu neigen, andere zu verletzen. Und das gibt den Konfliktstoff in dieser Ehe. Auch in erotischer Beziehung scheint nicht alles im Lot: Sie schätzt mehr den feurigen Liebhaber, denn den Mann, der das Sexuelle nur als notwendiges Beiwerk in einer Ehe ansieht. Auf beiden Seiten müßte schon sehr viel Verständnis aufgebracht werden, um diese Kluft zu überwinden.

* Die Löwin bringt Geld unter die Leute
Mit der Löwe-Frau hat sich der Jungfrau-Mann eine Dame zugelegt, die er herzeigen kann, die ihn aber teuer zu stehen kommt. Die Löwin hält zwar viel von Wohlstand und Sparbüchern, sie möchte aber das Geld auch zum eigenen Vergnügen unter die Leute bringen. Dem Jungfrau-Mann nützt das Bremsen nichts: Er muß seine Herzenskönigin mit modischer Eleganz ausstaffieren und zusätzlich zu ihr aufsehen. Das fällt ihm noch am leichtesten, weil es nichts kostet. Auf der anderen Seite gibt sie ihm, dem Zaudernden, ein wenig Selbstbewußtsein. Sie unterstützt ihn auch, die Familie in finanzielle Unabhängigkeit zu bringen. Wenn er doch nur nicht so leidenschaftslos wäre!

* Diät unter Jungfrauen
Jungfrauen können oft kleinlich sein. Wenn sie sich verbünden, kann diese Kleinlichkeit ins Kraut schießen. In einer solchen Ehe lebt man aus dem Reformhaus. Man achtet auf Diät, koste es, was es wolle, wenn es

nur nicht zuviel kostet. An Luxus hängt weder der Jungfrau-Mann, noch die Jungfrau-Geborene. Dafür wächst der beiden Sparkassenbuch Monat für Monat. Die gemeinsamen Kinder haben es gut, es fehlt ihnen an nichts. Aber ihr Taschengeld muß auch für die Beschaffung von Schulheften reichen. Die ehelichen Pflichten erfüllen die beiden aus dem Jungfrau-Zeichen nach Plan. Doch manchmal scheint es, als würde dieser Plan in einer Tiefkühltruhe aufgehoben.

* Das dezente Waage-Mädchen
Sie glauben gar nicht, wie sparsam ein Waage-Mädchen bei einem Jungfrau-Mann werden kann. Dieser aber ist dann beschämt und greift tief in die Tasche für das liebreizende Wesen, das er da geheiratet hat. Waage-Frau und Jungfrau-Mann kleiden sich beide dezent elegant. Kein Stäubchen darf auf dem kleinen Schwarzen oder dem dunkelblauen Anzug zu sehen sein! Man will es nicht nur sauber, sondern rein. Über die kleinen Schwächen seiner Frau oder über das, was er dafür hält, über ihre Eitelkeit und Selbstgefälligkeit, sieht der Jungfrau-Mann im allgemeinen hinweg. Und die Waage-Frau, um ausgleichende Wirkung bestrebt, läßt seine Nörgeleien demütig über sich ergehen. So kommt man miteinander aus — keine himmelhochjauchzende Ehe, aber sie hält.

* Skorpion-Frau mit Pfeffer
Jungfrau-Mann und Skorpion-Frau sollten ihre Ehe auf eine geistige Basis stellen. Beide sind mit einem scharfsinnigen Verstand ausgestattet. Aber das bringt auch Gefahren mit sich. Da ist einmal die Kritiksucht des Jungfrau-Geborenen, die bei der Skorpionin auf Granit stößt. Da ist zum andern die Charakteranlage des Skorpions, jedem Menschen unverblümt die Meinung zu sagen, ob er sie nun wissen will oder nicht. Die Skorpion-Frau legt sich gern mit jemanden an, und sei es nur, um zum Beispiel ihrem Jungfrau-Mann zu beweisen, wieviel Pfeffer sie mit in die Ehe brachte. Manchmal rüstet sie ihn dabei um; aber die Leidenschaft, die er dann auf sexuellem Gebiet zeigt, ist meist nur gespielt. Trotzdem erschien dieses Gespann bisher am wenigsten vor dem Scheidungsrichter.

* Lebenslustige Schütze-Frau
Welten trennen Jungfrau-Mann und Schütze-Frau. Sie ist ein lebenslustiges Persönchen, das mal hierhin und mal dorthin flattern möchte; er sitzt lieber daheim über den Büchern und predigt Enthaltsamkeit. Sie könnte in Blue Jeans Gäste empfangen und trotzdem wie eine große

Dame auftreten, und er würde sich ihrer schämen. Auch in der Liebe legt sie sich keine Hemmungen auf, ist ungestüm und möchte ihn an ihren bewährten Praktiken teilhaben lassen. Er wirkt distanziert und schüttelt allenfalls über das seltsame Gehabe seiner Schütze-Ehepartnerin den Kopf. Manchmal geht es aber trotzdem mit Jungfrau-Mann und Schütze-Frau gut.

* Wohltätige Steinbock-Frau
Oft kennen sie sich schon einige Zeit, bevor Jungfrau-Mann und Steinbock-Frau den Entschluß fassen, sich fürs Leben zusammenzutun. Und dann lebt man nicht in einem rosaroten Himmel der Liebe, sondern eher in einem graugestrichenen Vorzimmer zum Glück. Beide meinen, wenn die Kasse stimmt, braucht man nicht noch groß Fortuna. Man hat Achtung füreinander: er für ihre gute Haushaltsführung, sie für seine Korrektheit und Sparsamkeit. Kommt man zu Geld, wird man manchen Pfennig davon für einen wohltätigen Zweck spenden. Nicht allzu viel, aber immerhin. Von Leidenschaft wird in dieser Ehe wenig gesprochen.

* Wassermann-Frau gegen Pedanterie
Charakterlich haben Jungfrau-Mann und Wassermann-Frau wenig gemeinsam. Auf intellektuellem Gebiet aber verständigen sie sich. Der geschliffene Geist des Jungfrau-Mannes erregt der Wassermann-Frau Bewunderung. Umgekehrt ist er von der Wassermann-Frau hohem Ziel, sich caritativ für andere einzusetzen, sehr angetan. In dieser Ehe kann man noch miteinander sprechen — über gute Bücher, über Forschung und Wissenschaft. Es ginge alles gut, wenn nicht dem Freiheitsstreben der Wassermann-Frau das pedantische Beharrungsvermögen des Jungfrau-Mannes entgegenstünde.

* Die Traumwelt der Fische-Frau
Wenn ein Jungfrau-Mann eine Fische-Frau erwählt, so hat er vor der Hochzeit gründlich nachgedacht. Für sie war's vielleicht Liebe auf den ersten Blick, für ihn ein Abwägen. Schließlich denkt er real und kauft keine Katze im Sack. Er schätzte der Fische-Frau Anhänglichkeit und hoffte, daß sie an seiner Seite etwas selbständiger werde. Doch in der Ehe blieb die Traumwelt, in der die Fische-Frau manchmal gefangen ist. Sie wird durch seine realistischen Reden nicht davon überzeugt, daß die Wirklichkeit ganz anders ist. Außerdem mag er ihre Art nicht, aufzuräumen — da bleibt zuviel liegen. Die Fische-Frau hatte mal wieder an anderes als an den Haushalt gedacht.

Waage (24. September bis 23. Oktober)

Der Herbst hält seinen Einzug, wenn die Sonne in das Zeichen Waage tritt. Die auf- und absteigenden Naturkräfte gleichen sich aus. Die Ernte wird eingebracht, und die Felder werden für den Winter ein letztes Mal gepflügt. Ein neuer Wein ist herangereift. Die im Tierkreiszeichen Waage geborenen Menschen haben viel von dem Naturrhythmus zwischen Werden und Vergehen mitbekommen: Sie sind für den Ausgleich, auch wenn sie manchmal hin- und herschwanken; sie können schaffen, gleich darauf aber auch faulenzen wie sonst niemand. Sie sind wie der junge Wein in einem ständigen Reifeprozeß befangen, der sie durch Höhen und Tiefen führen kann, aber sie haben auch etwas von dem Frohsinn und der stets guten Laune mitbekommen, die der Wein schaffen kann. Ihr Zeichen ist die Waage, deren Schalen mal nach der einen, dann nach der anderen Seite sich senken und selten ausgeglichen sind. Auch dieses Bild läßt auf den Charakter der Waage-Menschen schließen, die für ihr gesundheitliches Wohlbefinden vor allem Harmonie benötigen. Ärger führt bei ihnen zu Steinbildungen, die Nieren und Harnwege sind deshalb am meisten gefährdet. Der Regent ihres Zeichens ist die Venus, ihre Farbe ein zartes Rosa. Ihre Glückssteine sind der Aquamarin, der Stein der Liebenden, aber auch der Edeltopas, Beryll und Diamant. Kupfer ist das bevorzugte Metall.

Der Optimist aus der Waage

Waage-Männer sind unverbesserliche Optimisten. So leicht wirft sie nichts um. Obwohl sie ein starkes Streben nach Unabhängigkeit haben, passen sie sich schnell an. Grundsätzlich gehen sie Konflikten aus dem Wege.

Der Waage-Mann ist friedfertig und hilfsbereit. Wer ihn um Rat fragt, wird immer eine passable Antwort bekommen. Sein diplomatisches Geschick wird gerühmt, aber es kann sein, daß er mit seiner Lebensstrategie in einer Sackgasse landet, aus der er sich nur befreien kann, weil er die Hoffnung nie aufgibt.

Leider sind die Waagschalen seines Zeichens nicht immer so ausgeglichen, daß die eben geschilderten guten Eigenschaften zum Tragen kommen. Nur zu oft pendeln sie hin und her, Sinnbild für den unsteten Charakter des Waage-Mannes, der zwar das beste will, aber nur zu oft über das Ziel hinausschießt oder es erst gar nicht erreicht.

Er wägt zuviel, bevor er sich entscheidet. Das mag sein Gutes haben, meist aber wird ihm die Entscheidung von anderen abgenommen. Und dann steht er im Abseits, weil jedermann glauben mag, wer gar zuviel bedenke, würde auch wenig leisten. Dabei leistet der Waage-Mann Überdurchschnittliches. Wenn er sich einmal in eine Arbeit festgebissen hat, kommt er solange nicht von ihr los, bis sie erfolgreich beendet wurde. Ebenso sehr können aber seine Kräfte schnell erlahmen.

Auch in der Liebe pendeln die Waagschalen hin und her: Er kann so schlecht nein sagen. Waage-Männer heiraten aus diesem Grunde oft früh, gleich die erste, die ihnen über den Weg läuft. Wenn sie die Richtige gefunden zu haben glauben, werden sie diese schleunigst zum Standesamt führen, damit sie ihnen kein anderer abnimmt: Was man hat, das hat man.

Manchmal siegt der Rivale. Waage-Männer buchen das auf das Konto Erfahrung ab und gehen danach zur Tagesordnung über: Nur wenige Waage-Männer trauern verflossenen Liebschaften nach. Glauben sie nun ja nicht, daß er die Verflossene nicht bis in die letzte Faser seines großen Herzens geliebt hätte. Des Waage-Mannes Gefühle sind immer tief und echt. Aber er hat die Gabe, schnell über etwas negativ Verlaufenes hinwegzukommen. Er verschließt vor den schlimmen Seiten des Lebens am liebsten die Augen.

Viele halten den Waage-Mann für den Erfinder der Liebesaffären, weil er das Bäumchen-wechsel-dich-Spiel aufs Beste versteht. Er wechselt nur deshalb immer wieder, weil die Frauen ihn und seine idealistischen Ziele nicht verstehen wollen. Ein Waage-Mann ist nie schuld — er wird es Ihnen in wohlgesetzten Worten erklären, die freilich von seinen Gesprächspartnern oft als die reinsten Wortverdrehungen empfunden werden.

Diese charmanten Burschen aus dem Venuszeichen sind eine Heirat wert, weil man immer neue Seiten ihres Charakters kennenlernt. Sie sind so einfühlsam, so freundlich und aufmerksam, daß niemand unter dem Sternenhimmel mit ihnen zu vergleichen wäre. Sie sind taktvoll, aber sie können auch mit der sanftesten Stimme die größten Unverschämtheiten aussprechen. Ihre Ironie bringt jeden auf die Palme. Eigene Fehler kreiden sie nur zu gern anderen an. Sie sind gerade heraus, ecken aber mit der nackten Wahrheit oft an, weil sie diese im völlig falschen Moment zum besten geben können.

Waage-Männer sind treu; jedenfalls sind sie so gescheit, sich nicht erwischen zu lassen. Und sie verlangen auch von ihren Frauen absolute Treue. Sie praktizieren Toleranz und werden darum nicht zugeben, daß sie im Grunde ihres Herzens auf jeden eifersüchtig sind, der ihrer Herzallerliebsten mal näher treten könnte.

Jeder Waage-Mann ist besitzergreifend: Die Frau, die er geheiratet hat, muß in erster Linie für ihn da sein. Nie dürfte sie ihm die Kinder vorziehen (bei ihm kommen ja schließlich die Kinder auch erst an zweiter Stelle!). Ein Waage-Mann führt demokratische Gesetze in die Familie ein, er wird seine Kinder freiheitlich erziehen, doch im stillen wünscht er sich, als Patriarch anerkannt zu werden.

Er hat gern Gäste um sich, aber er wird nur den Empfangschef und Alleinunterhalter machen — die Arbeit überläßt er seiner Frau.

Der Waage-Mann ist allergisch gegen Streit, aber es ist durchaus möglich, daß er ihn durch eine unbedachte Bemerkung vom Zaune bricht. Er wirft anderen dann ihre Überempfindlichkeit vor und reagiert noch empfindlicher: Niemand ist schneller gekränkt als ein Waage-Mann. Aber niemand lenkt nach einem Streit auch so schnell wieder ein und tut so, als sei nichts gewesen.

Der Waage-Mann ist sehr ordnungsliebend, aber er kann keine Ordnung schaffen (das Wegräumen überläßt er anderen!). Sekretärinnen von Waage-Chefs wissen, wieviel Makulatur auf seinem Schreibtisch zu finden ist. Und mitten drin in diesem Tohuwabohu aus Papier steckt meist ein wichtiger Brief, der auf Erledigung wartet.

Der Waage-Chef ist sehr aktiv, aber mit Entschlüssen scheint er es nicht eilig zu haben. Manches schiebt er auf die lange Bank, bis es sich von selbst erledigt. Er braucht Leute, die er bei wichtigen Entscheidungen um ihre Meinung fragen kann, aber auch dafür, ihnen die Schuld zuzuschieben, wenn etwas schief läuft. Das macht den Waage-Mann auch im Kollegenkreis nicht immer beliebt: Er wird das Lob einstecken, für den Tadel aber andere suchen.

Waage-Männer sind Künstlernaturen, eigentlich nicht geschaffen für den harten Job des Geldverdienens. Aber ihr vorbildlicher Arbeitseifer und ihre Freundlichkeit werden immer für Gehaltserhöhungen geneigte Chefs finden. Ihr diplomatisches Geschick wird auch manche Unstimmigkeit mit Kollegen aus dem Wege räumen können. In Wirklichkeit ist der Waage-Mann ja doch ein sonniger Typ.

Wählerische Waage-Frau

Man muß es den Waage-Damen lassen: Sie haben Charme und Esprit. Und sie verstehen die Männer so zu nehmen, daß diese von ihnen träumen: Die oder keine!

Männer, die solche Traumgebilde erstehen, wissen später, wie teuer sie kommen. Man muß sie in Samt und Seide verpacken. Um der Wahrheit die Ehre zu geben: Jeans stehen diesem Waage-Geschöpf genauso gut wie das elegante Abendkleid. Ihr Anmut tritt selbst dann noch zu Tage, wenn sie im Aschenbrödel-Look versteckt ist. Das macht die Venus, Geburtsherrscherin im Zeichen der Waage.

Die Waage-Dame weiß um ihre Vorzüge, sie glaubt, zu Höherem geboren zu sein. Und darum ist sie, was Männer angeht, sehr wählerisch. Es muß schon wer sein, dem sie das Jawort gibt, ein Akademiker vielleicht oder ein Unternehmer, auf jeden Fall jemand mit Geld. Und dann fällt dieses reizende Mädchen doch auf jemanden herein, der sich eigentlich eine solche Frau gar nicht leisten kann: Waage-Frauen vergessen bei allen Spekulationen nach Höherem oft ihr weiches Herz, das Liebe auch an scheinbar falsche Objekte verschenken kann.

Das ist das schönste an der Waage-Frau: daß sie aus jeder Lage das Beste zu machen versteht. Selbst die bescheidenste Hütte wird sie im Nu zu einem gemütlichen Heim ausstaffieren können.

Sie paßt sich den Verhältnissen an, aber auch den Menschen. Sie wird ihrem Herzensgemahl alles fernhalten, was ihn bedräuen könnte. Sie wird ihm helfen beim Aufstieg in eine andere Gesellschaftsklasse. Sie kann mit seinen Kumpanen am Stammtisch sitzen und über das letzte Fußballspiel palavern oder im gepflegten Salon über Einsteins Relativitätstheorie diskutieren — überall wird sie ein gern gesehener Gast sein, der ernst genommen wird.

Waage-Frauen zeichnet eine beinahe männliche Logik aus, die sie aber mit weiblicher Raffinesse an den Mann bringen können. Ihr Verstand wägt immer ab, aber sie sind schneller entschlossen als ihre männlichen Waage-Genossen.

Die Waage-Frau ist sehr hilfsbereit. Gegen alle Sorgen und Nöte hat sie brauchbare Rezepte. Sie liebt den Frieden über alles, und mischt sich darum auch manchmal als Schlichterin in Streitgespräche ein, die sie eigentlich gar nichts angehen. Sie drängt sich auf und wird darum oft als lästig empfunden.

Vor der Ehe verschenkte sie manchmal ihr Herz an untaugliche Objekte, die sie heiß und innig zu lieben glaubte, die ihr dann aber aus diesem oder jenem Grunde abhanden kamen. Sie trauert ihnen nie lange nach, aber möglicherweise hält sie sich zu ihren Verflossenen immer noch ein Hintertürchen auf. Man kann ja nie wissen.

Sie ist zur Einsiedlerin nicht geschaffen. Wenn sie einmal für kurze Zeit ohne Anhang ist, wird sie aussehen wie eine verwelkende Rose. Und sie kleidet sich auch danach. Aber kaum hat sie einen neuen Galan gefunden, blüht sie auf, wirft sich in Schale und ist zu jedermann charmant und nett.

Die Waage-Frau braucht die Liebe, um zu existieren. Und darum wird sie auch eines Tages (im Gegensatz zu ihren männlichen Tierkreiskollegen bindet sie sich meistens nicht allzu schnell) aufs Standesamt gehen, und der Mann, der sie heimführt, wird ihr Ideal sein, wie alle anderen vor ihm auch, denen sie genauso ins Ehejoch gefolgt wäre.

Daß die Ehe dauerhaft wird, dafür wird die Waage-Frau schon sorgen. Sie ist bedingungslos treu, wenn auch ihr idealer Ehemann treu ist. Klatschbasen, die ihr von seltsamen Beziehungen ihres Mannes mit anderen Schönheiten erzählen, wirft sie aus dem Haus: Wie kann man eine Waage-Frau betrügen! Und wenn es die ganze Stadt weiß − sie wird sich die Ohren zuhalten und den Liebesschwüren ihres Gatten mehr Glauben schenken.

Am liebsten möchte sie für ihren Mann immer da sein, ihn umsorgen und pflegen. Aber sie will gleiches mit gleichem vergolten sehen. Und da kommt es zu Komplikationen, weshalb viele Waage-Frauen in den ersten Ehejahren ihrem Beruf weiter nachgehen: Sie haben Wünsche, die ihnen der junge Ehemann nicht erfüllen kann. Überdies möchten sie dem Heißgeliebten keine Ungelegenheiten bereiten, wenn sie ihre Ansprüche gegen sein noch nicht sehr hohes Gehalt aufwiegen.

Waage-Frauen sind intelligent: Sie werden sich im Berufsleben zurechtfinden wie keine andere Frau. Was sie anpacken, gelingt ihnen. Wenn es darauf ankommt, sind sie die fleißigsten Mitarbeiterinnen, die man sich denken kann, aber sie können auch den Tag vertun, ihr Strickzeug mit ins Büro nehmen und vor Langeweile gähnen. Sie müssen Betrieb haben, um zu glänzen — eine müde Stellung ist für sie Broterwerb, sonst nichts.

Eine Waage-Frau arbeitet nicht nach Programm. Sie kann manchmal fünf gerade sein lassen. Unordnung stört sie nicht. Wenn die Arbeit mal liegenbleibt, mag sie liegen bleiben − es kommt schon wieder der Tag, da man alles aufarbeiten kann. Diese scheinbare Nachlässigkeit hat schon manchen Chef gestört.

Pünktlichkeit ist nicht unbedingt Sache der Waage-Mädchen, aber sie sind Erfinderinnen solch eleganter Ausreden, daß man ihnen nicht böse sein kann. Und überdies arbeiten sie alles irgendwann ja einmal auf.

Erstaunlich viele Waage-Damen kommen in höhere Stellungen oder werden gar selbst Chefs. Meistens haben sie dann einen Partner, der ihnen einige Entscheidungen abnimmt. Die Waage-Frau ist zwar entschlußfreudiger als ihr männliches Pendant, sonst wäre sie ja auch kaum so weit gekommen, aber sie wägt gerne ab und läßt dann den Partner das Richtige auswählen. Ihr Lächeln wird die Kunden anziehen, ihr Gerechtigkeitssinn die Belegschaft begeistern.

Eine Waage-Frau wird niemals Geschäftsgeheimnisse ausplaudern, die Post ihres Herzensfreundes wird selbst dann ungeöffnet bleiben, wenn ihr zarter Veilchenduft entströmt. Ihre Neugier entschärft sie mit dem landläufigen Spruch: Was ich nicht weiß, macht mich nicht heiß!

Wie erzieht man Waage-Kinder?

Eigentlich werden Eltern mit einem Waage-Kind kaum Kummer haben. Es ist ein treues Wesen, das alle durch sein Lächeln überzeugt. Es kann stillvergnügt ganz allein spielen. Und es wird immer wieder neue Spiele erfinden, die es von anderen Kindern unabhängig macht.

Aber es ist kein Einzelgänger. Es wird viele Freunde finden, die es manchmal ausnutzen werden, weil es sehr freigiebig ist. Man sollte diese Freigiebigkeit loben (Lob braucht jedes Waage-Kind!), aber doch ein wenig einzudämmen versuchen, sonst verschenkt es noch das letzte Weihnachtsgeschenk.

Waage-Kinder sind wahrheitsliebend und versuchen, gerecht zu sein. Harte Strafe macht sie verbittert, aber sie sehen eigenes Unrecht sehr schnell ein. Zu vielem muß man sie drängen, auch zu den Schularbeiten, denn sie können sich nicht so recht entscheiden, was sie im nächsten Augenblick machen sollen. Man sollte sie zu nichts zwingen – zur gegebenen Zeit werden sie schon selbst alles so machen, wie es die Eltern sich wünschen.

Die Partnerinnen des Waage-Mannes

* Widder-Frau mit Donnergrollen
Mit der Widder-Frau gerät der Waage-Mann an den Antipoden des Tierkreiszeichens. Beide Zeichen deuten auf Gegensätze hin, aber in diesem Falle hat das Sprichwort recht, daß Gegensätze sich auch anziehen können. Dabei ist der handelnde Teil zunächst meist die Widder-Frau, die dem zögernden Waage-Mann schon vor der Hochzeit die Leviten lesen muß, damit er bei der Stange bleibt. In der Ehe gibt es manches Donnergrollen, aber das legt sich, sobald der Waage-Mann eingelenkt hat. Dabei ist die Widder-Frau einsichtig genug, auch einmal nachzugeben. Ihr Vorwärtsdrang ist ansteckend: An ihrer Seite wird es der Waage-Mann zu manchen irdischen Glücksgütern bringen und doch nach Feierabend dem geselligen Leben frönen können.

* Der Stier-Frau Eigensinn
Waage und Stier regiert die Venus. Das heißt Liebe, Liebe und nochmals Liebe. Nebenbei richtet die Stier-Frau den Waage-Mann auf, versucht,

ihn für die harte Fron des Geldverdienens abzurichten; denn von den Finanzen versteht sie etwas. Manchmal freilich gibt sie der großzügigen Ader des Waage-Mannes nach. Dann wird angeschafft, der Besitz vergrößert, sich in Schale geworfen. Eines kann er aber nicht ausstehen: Manchmal kehrt sie das oberste zu unterst, dann ist Unordnung im Haus Trumpf! Und auch ihr Eigensinn lehrt ihn das Fürchten.

* Der Zwillinge-Frau muß man zuhören
Die Zwillinge-Frau liebt die galante Art, mit der sich ein Waage-Mann bei jedermann beliebt zu machen sucht. Auf Anhieb verstehen sich die beiden. Und wenn es gefunkt hat, kann es zur Blitzheirat kommen. Der Waage-Mann braucht eine Partnerin, die ihm den Topf hält, wenn er darin die Suppe rührt. Er, der sonst selbst gern sein Herz auf der Zunge trägt, lernt bei seinem Zwillinge-Weib das Zuhören. Ihn amüsiert ihre geistige Regsamkeit. Sie ihrerseits schätzt an dem Waage-Mann den stets adrett gekleideten Gentleman, der sich auf feuchtfröhlichen Parties ebenso zurecht findet wie auf Festbanketten. Zwillinge wie Waage wünschen beide ein gepflegtes Zuhause. Sie laden gerne Gäste ein und sind dann perfekte Gastgeber. In der Liebe haben sie sich viel zu bieten.

* Harmonie mit der Krebs-Frau
Er lebt nach außen und sie nach innen. Trotzdem können Waage-Mann und Krebs-Frau eine glückliche Ehe führen. Sie möchte Ruhe und Frieden, er viel Harmonie im Leben. Beide sind gefühlvoll und verstehen etwas von der Liebe. Der Waage-Mann weiß, daß seine Krebs-Frau das Haus in Ordnung hält und den Kindern die beste Mutter ist. Leider sind beide manchmal überempfindlich, und dann kann es zu Spannungen kommen. Meist gibt der Waage-Mann nach, denn Tränen kann er nicht ausstehen. Schließlich kommt es immer wieder zur Versöhnung, und wenn die Krebsin noch solange schmollt.

* Die Löwe-Frau, Tochter der Sonne
Es ist die Lebensfreude, die Löwe-Frau und Waage-Mann zusammengebracht hat. Sie schätzt seine geschliffenen Umgangsformen, die ehrliche Bewunderung, die er ihr, der Tochter der Sonne, entgegenbrachte. Er mag ihre großzügige Ader, ihr gewandtes Auftreten in der Gesellschaft. Löwin und Waage-Mann werden gemeinsam ihren Weg machen; ihrem sozialen Aufstieg steht nichts entgegen. Dafür sorgt schon die Löwe-Frau, die ihren manchmal trägen Waage-Partner zu Höchstleistungen anspornen wird. An ihrer Seite wird er ein wenig von dem Glanz der

Sonne abbekommen. Da er den Frieden über alles liebt, wird er ihre manchmal etwas herrische Art gelassen hinnehmen. Dafür wird sie ihm eine zärtliche Gattin sein.

* **Mäkelnde Jungfrau**
Die Jungfrau-Geborene liebt an ihrem Waage-Mann die Eleganz, mit der er sich zu kleiden versteht, aber sie mäkelt zu Recht an ihm herum, wenn er etwa einmal vergaß, sein Hemd zu wechseln. Sie wird gleich zu Beginn der Ehe ein Haushaltsbuch anlegen, in das auch er seine täglichen Ausgaben eintragen muß. So kommt scheinbar Ordnung in das Waage-leben. Aber im stillen legt sich der Waage-Mann eine Schmukasse zu, von der seine Jungfrau nichts weiß. Leider kommt sie ihm meist auf die Schliche, und dann muß er Farbe bekennen und sein Portemonnaie vor-zeigen. So gewinnt der Waage-Mann mit ihrer Hilfe ein Sparkonto. Und sie lernt an seiner Seite ein wenig das Leben genießen.

* **Gleichgestimmte Waage-Leute**
Die Verständigung zwischen zwei Menschen aus dem Waage-Zeichen klappt sofort. Sie haben dieselben Vorstellungen, wie sie ihr gemein-sames Leben gestalten werden. Sie scheinen unzertrennbar, und trotz-dem beweist die Statistik, daß es unter solchen Partnern sehr viele Ehe-scheidungen gibt: Der Gleichklang wird wohl auf die Dauer etwas lang-weilig. Wenn sie voneinander scheiden, werden sie gute Freunde bleiben. Nun führt nicht jede Waage-Waage-Ehe zu solchem Ende. Meist arran-giert man sich und lebt weiter miteinander unter dem Motto: Versöhnung ist das Schönste im Leben.

* **Die Skorpion-Frau legt Lunte an**
Über den nachbarlichen Zaun lernten sie sich vielleicht kennen, aber eigentlich trennen sie Welten: Der Waage-Mann möchte niemandem wehe tun, immer noch Kavalier bleiben, auch wenn mit dem gröbsten Geschütz gegen ihn aufgefahren wird. Die Skorpion-Frau versteht, Lun-te an dieses Geschütz zu legen. Sie ist verletzend direkt, und trifft empfindsame Waage-Naturen ins Mark. Auf der anderen Seite mag der Waage-Mann die Zielstrebigkeit der Skorpionin, ihre Anhänglichkeit an die Familie. Er selbst bedenkt gar oft zu viel und flunkert lieber ein wenig, wenn er dadurch einen Streit vermeiden kann. Merkt's die Skorpion-Frau, fliegen die Fetzen. Lernen die beiden, ihre gegenseitigen Fehler zu übersehen, kann aber auch diese ein wenig ungleiche Verbindung haltbar sein.

* Liebe zu der Schütze-Frau
Es war beim Waage-Mann Liebe auf den ersten Blick, und auch die Schütze-Frau wußte gleich: den oder keinen! Möglich, daß die Verlobungszeit danach etwas länger als üblich dauert; man möchte die Illegalität der Liebe im Verborgenen länger auskosten können. In der Ehe selbst scheint alles rosarot, wenn nur nicht die ewige Unruhe der Schützin wäre! Denn während der Waage-Mann gemütlich am Kachelofen sein Pfeifchen schmauchen möchte, drängt sie auf eine Party mit Leuten, die er nicht ausstehen kann. Möchte er mal Urlaub im eigenen Heim machen, will sie hinaus in die weite Welt. Über die Liebe finden sie sich wieder und bleiben sich — vielleicht — treu.

* Arbeitslustige Steinbock-Frau
Oft lernen sie sich im Geschäft kennen und schätzen, und meist kommt nur so eine Ehe zwischen Waage-Mann und Steinbock-Frau zustande. Zu ungleich ist beider Weltanschauung: Er liebt die Bequemlichkeit, das Behagliche — sie ist mehr für Betriebsamkeit und sich in klingende Münze umsetzende Arbeitslust. Er möchte das Leben genießen, sie aber kann nicht leiden, wenn er faul auf dem Sofa liegt und romantischen Träumen nachhängt. Er sollte schuften, damit man zu Haus und Grundstück und zu anderen Vermögenswerten kommt. Schafft das der Waage-Mann nicht, wird sie selbst wieder arbeiten gehen, und ihre Energie wird Bäume versetzen, aber auch die erste Mine legen, die selbst die ausgeglichenste Waage zum Explodieren bringt.

* Die Beinahe-Idealehe mit der Wassermännin
Wenn es in der Ehe zwischen Waage-Mann und Wassermann-Frau einmal blitzt, kocht sie ihm sein Leibgericht, und alles ist wieder im Lot. Er möchte sie am liebsten ein Leben lang auf Händen tragen, aber das mag sie gar nicht; da spielt sie das Kräutchen Rührmichnichtan. Und schon ist Unfriede in den eigenen vier Wänden. Im Grunde mag sie seine Zärtlichkeit, nur vor den Leuten sollte er mit seinen Liebesanwandlungen zurückhalten. Waage-Mann und Wassermännin könnten das astrologische Idealpaar sein, wenn sie nicht über Kleinigkeiten stolpern würden, die tagelang Mißstimmungen bringen können: Er wirft ihr zum Beispiel vor, sie könne nicht haushalten; sie packt ihn an der Ehre und meint, wer gar zuviel bedenke, könne nur wenig leisten. Im Grunde ist beides nur leeres Geschwätz: Man will Fehler suchen, wo eigentlich nur Liebe sein müßte.

* Argwöhnische Fische-Frau

Der Waage-Mann macht's mit viel Gefühl, und das liebt die Fische-Dame an ihm. Aber manchmal ist er ein rechter Märchenerzähler, versucht Unangenehmes in schöne Worte zu kleiden. Die Fische-Frau aber kann eines nicht ausstehen: Unaufrichtigkeit. Sie argwöhnt oft, daß es ihr Waage-Mann, der zweifellos Chancen beim anderen Geschlecht hat, mit der Treue nicht allzu genau nimmt, übersieht dabei aber, daß ihre Eifersucht ihn erst auf andere Gedanken bringen könnte. Denn im Grunde genommen ist er treu wie Gold und hängt wie seine Fische-Frau an Heim und Kindern.

Skorpion (24. Oktober bis 22. November)

Rauhe Winde fegen über die Landschaft und wirbeln die letzten Blätter von den herbstlichen Bäumen, wenn die Sonne das Tierkreiszeichen Skorpion durchläuft. Die Natur bereitet sich auf den Winter vor, aber im geheimen mobilisiert sie aus dem Vergehen neue Kräfte, die bereit sind zu frühlinghaftem Auferstehen. Die Menschen, die in dieser rauhen Jahreszeit geboren wurden, haben einen starken Willen, Neues zu schaffen, Altes abzubauen. Ihre Energie ist beispiellos. Sie schauen ihren Mitmenschen in die Augen und wissen dann, mit wem sie es zu tun haben. Sie lieben den Kampf. Das kommt vom Mars, der neben Pluto ihr Regent ist. Nach außen werden sie sich stets gelassen geben, aber sie wollen damit nur den tätigen Vulkan verdecken, der in ihrem Innern brodelt. Ihre Selbstbeherrschung und ihr Selbstbewußtsein sind bewundernswert. Aber manchmal bricht es aus ihnen mit elementarer Wucht hervor; dann können sie alles niederwalzen, was sich ihnen in den Weg stellt. Oder sie machen's mit List und Tücke, das kommt vom Giftstachel, den jeder Skorpion bei sich trägt. Skorpion-Menschen sind vor allem anfällig für Krankheiten der Unterleibsorgane; für viele besteht wegen ihrer ungestümen Art auch Verletzungsgefahr. Die Farben grau oder schwarz passen zu den geheimnisvollen Skorpionen am besten. Eisen ist ihr Glücksmetall, aber in Gold lassen sie am besten ihre Glückssteine fassen: den Granat, den Topas oder den Amethyst.

Skorpion-Männer lügen nicht

Bitten Sie nie einen Skorpion-Mann um seine ehrliche Meinung über Sie, wenn Sie zu den empfindsamen Menschentypen gehören. Er wird mit der ungeschminkten Wahrheit nicht hinter dem Berg halten und Sie sezieren — im Guten, aber auch im Bösen. Und daraus ergibt sich eine der schönsten Charakter-Eigenschaften, die Skorpion-Männer besitzen, die sie aber bei ihren Mitmenschen nicht sehr beliebt macht: Sie lügen nicht. Der Skorpion-Mann kann schroff reagieren, aber er kann auch von einer bezwingenden Liebenswürdigkeit sein. Er kommandiert gern, aber er wird auch Befehle bis ins letzte Detail ausführen. Obwohl er die Wahrheit über alles liebt, gehört Selbstkritik nicht unbedingt zu seinen starken Seiten. Er ist sehr nachtragend, wenn ihn jemand beleidigte, aber er vergißt auch nicht den, der ihm einmal Gutes erwiesen hat.
Der Skorpion-Mann ist sehr gesellig. Tafelfreuden schätzt er über alles. Er ist auch in der Liebe kein Kostverächter. Im frühen Mannesalter sucht er sich unverbindlich Gespielinnen, die ihm die Langeweile vertreiben.

Er ist da nicht sehr wählerisch, denn wenn er seine Freundinnen über hat, wird er sie mit einem Geschenk nach Hause schicken oder durch einen handfesten Krach vergraulen.

Nur scheinbar ist er ein echter Don Juan, der die Mädchen reihenweise vernascht. In Wirklichkeit ist er ein Sucher nach der Einen, die er mit Haut und Haaren besitzen will. Seine Favoritin müßte ein zärtliches Wesen sein, das sich ihm willig unterwirft. Nach dem Gang zum Standesamt dürfte sie keinen Eigenwillen mehr besitzen. Er wird ihr ein leidenschaftlicher Liebhaber sein, aber wehe sie schaut sich einmal nach einem anderen Manne um: Othello war, was die Eifersucht betrifft, gegen den Skorpion ein Waisenknabe. Seine Komplimente sind sparsam, seine Ehrlichkeit ist darum umso verblüffender.

Der Skorpion-Mann ist auch ein strenger Vater, der hohe Maßstäbe an die Leistungsfähigkeit seiner Kinder anlegt. Sie müssen Respekt vor ihm haben und zu gegebener Zeit kuschen, wenn sie nicht die Hölle daheim erleben wollen. Aber er wird sie beschützen in allen Lebenslagen und sie selbst dann noch lieben, wenn sie ihn scheinbar enttäuschten. Kinder von Skorpion-Männern werden vielleicht erst viel später feststellen können, daß ihr Vater trotz aller Strenge eigentlich der allerbeste war.

Dem echten Skorpion-Mann ist es völlig gleichgültig, was andere von ihm halten. Er geht seinen Weg nach eigenen Gesetzen (es ist erstaunlich, wieviel Gesetzesbrecher unter dem Skorpion-Zeichen geboren wurden). Er entscheidet, ohne erst andere zu fragen. Er glaubt, daß seine Absichten immer die besten seien, übersieht aber ganz, daß er bei soviel Eigenwillen und so wenig Selbstkritik notgedrungen mehr Fehler machen muß als andere.

Seine Neugier, hinter alle Geheimnisse zu kommen, macht ihn zum geborenen Forscher. Er wird aber auch in jedem anderen Beruf seinen Mann stehen und willig zum Wohle der Firma tätig sein, wenn man nur ein wenig seine Leistungen anerkennt. Er wird unbedingt loyal sein, falls man ihn als vollwertige Arbeitskraft respektiert. Wenn ihm aber irgend etwas nicht paßt, kann er ohne Zögern den ganzen Krempel hinschmeissen. Skorpion-Männer lieben die Sicherheit einer festen Anstellung nicht um jeden Preis. Sie können, wenn ihnen etwas wider den Strich geht, geradezu selbstzerstörerisch handeln.

Im allgemeinen aber wird der Skorpion-Mann ein nützliches Glied in jedem Betrieb sein. Er wird schnell und ohne viele Worte seine Arbeit tun und für viele das Vorbild eines rechtschaffenden Menschen abgeben. Der Skorpion-Mann ist ein ausdauernder Arbeiter, der kaum Ruhe-

pausen braucht. Man sollte ihn arbeiten lassen: Geschwätz am Arbeitsplatz macht ihn rasend, seine Privatangelegenheiten gehen die Kollegen
nichts an.

Viele Skorpion-Männer dienen sich nach oben. Und wer sie auf den
Chefstuhl setzte, hatte keinen schlechten Gedanken: An der Schaltzen-
trale der Macht kann der Skorpion-Mann das beseitigen, was seine Vor-
gänger falsch machten.

Er wird das Letzte aus seinen Mitarbeitern herausholen, er wird sie aber
auch entsprechend entlohnen. Man widerspreche ihm nur mit guten
Argumenten, er wird sie mit einem kleinen Anerkennungshonorar übernehmen. Sein Ziel verfolgt er beharrlich, aber er läßt niemanden in seine
Karten schauen: Es ist der Überraschungseffekt, der dem Skorpion-Chef
die größten Erfolge eintrug.

Gegner des Skorpion-Mannes, ob er nun als Unternehmer, Angestellter
oder als Privatmann auftritt, werden bald feststellen, daß ein im Skorpion
Geborener nicht unterzukriegen ist. Viele halten ihn für unbesiegbar
und freuen sich, zu seinen Freunden zu gehören. Sie sollten nicht zu stolz
darauf sein; denn der Skorpion-Mann wählt seine Freunde wie auch seine
Freundinnen recht zufällig aus.

Er ist ein Anhänger von Stammtischen, an denen es deftig zugeht, aber
auch von feinen Gesellschaften, bei denen exklusiven Tafelgenüssen ge-
frönt wird. Er ist für die Völlerei, auch wenn seine manchmal asketische
Figur über diese seine Einstellung hinwegtäuscht. Er liebt das Abenteuer, weil er die Gefahr nicht scheut. Er ist nicht unbedingt Anhänger
der Astrologie — nicht, weil er bei ihr als Typ zu schlecht wegkommen
könnte, sondern weil er selbst sein Glück und seine Zukunft bestimmen
möchte.

Die Skorpion-Frau trimmt sich den Mann zurecht

Was Männer so reizt an der Skorpion-Frau, ist ihr Sex-Appeal. Schon
mancher, der in ihre schönen großen Augen schaute, fühlte sich verhext.
Keine andere unter dem Sternenzelt kann so glutäugig schönste Hoffnungen erwecken wie sie. Playboys täuschen sich: Dieses Mädchen ist
nicht zum Spielen. Wenn die Skorpionin einen Mann anlockt, will sie ihn
ganz! Was ihre Augen und ihre Finger versprachen, hält sie: Sie wird keinen Mann enttäuschen, der ihre Liebe gewinnt. Sie ist eine leidenschaftliche Geliebte, und ihre Gefühle gründen in den lodernden Tiefen eines
Vulkans.

Wer sie hat, bekommt sie so leicht nicht mehr los. Sie kann aus Männ-
lein echte Männer machen, aber sie nimmt als Bezahlung Treue. Sie

schafft sich ihr Idealbild selbst, indem sie den Mann ihres Herzens ganz auf sich abstimmt. Da werden Fehler abgeschliffen, Korrekturen angebracht, gefeilt und gehämmert, bis es der Skorpionin endlich gefällt. Manche Männer fühlten sich in solcher Verbindung umfunktioniert zum Roboter, der nur nach den Wünschen seiner Erfinderin handelt.

Ganz so schlimm ist es nicht: Die Skorpion-Frau kann sehr herzlich sein. Sie möchte in der Ehe gar nicht das Sagen haben; ihr kommt es nur darauf an, einen männlichen Mann zu haben und keinen Waschlappen, der sich nicht durchsetzen kann. Ihr macht es nichts aus, wenn die Verbindung nicht vor dem Standesamt beurkundet wurde. Sie wird auch mit einem festen Freund ein nicht zu scheidendes Verhältnis haben — er ist ihr Mann. Bürgerliche Vorurteile kennt sie nicht.

Natürlich muß auch die Skorpion-Frau ihre Erfahrungen im Mai des Lebens machen. Oft schon verschoß sie ihre glutäugigen Blicke an einen Unwürdigen, der einfach nicht zu lernen bereit war, wie man sich an ihrer Seite verhalten muß. Und manches Klatschweib flüsterte in der ganzen Nachbarschaft von den vielen Liebesabenteuern und den immer neuen Freunden des Skorpion-Mädchens. Klatschtanten können nicht ahnen, wie es um die Seele eines solch leidenschaftlichen Mädchens bestellt ist, das ja nur das Ideal unter einer Vielzahl von Angeboten aussuchen möchte.

Männer, die eine Skorpion-Frau verließen, nennen sie eine Hexe. Sie kommen auch nach der Trennung kaum von ihr los. Dafür sorgt schon der Giftstachel der Skorpionin, der mal hier und mal da piekt. Am besten, solche Männer suchen das Weite und hinterlassen die Nachricht: Unbekannt verzogen!

Eine Skorpion-Frau ist sehr eifersüchtig, aber ihr sexy Verhalten in aller Öffentlichkeit gibt ihrem Partner durchaus ebenfalls Grund zur Eifersucht. Dabei ist sie, wenn sie einmal den Richtigen gefunden hat, bei aller Flirtbereitschaft kompromißlos treu!

Sie stellt hohe Ansprüche an den Mann ihres Herzens; er muß ihre heiße Liebe noch leidenschaftlicher erwidern und sich verausgaben in Sachen Sex. Aber er sollte auch intelligent sein und geistvolle Gespräche am Kamin führen können. Sie will zu ihm aufschauen können.

In der Ehe mit einer Skorpion-Frau gibt es oft Krach. Und dann wirft sie dem Mann ihrer Wahl Wahrheiten (sie ist ja grundehrlich!) an den Kopf, daß er meinen möchte, er sei ein erbärmlicher Nichtsnutz, der dieses himmlische Wesen gar nicht verdient. In aller Öffentlichkeit aber wird sie nur zu ihm aufschauen und der erstaunten Mitwelt kundtun: Seht her, welch Bild von einem Mann ich geheiratet habe. Sollte er angegriffen werden, wird sie ihn bis aufs Messer verteidigen. Und möglicherweise kracht's dann in den eigenen vier Wänden wieder: Die Skorpionin muß ihr Bild von einem Mann noch ein wenig zurechtstutzen.

Auch ihren Kindern darf man nichts zuleide tun, sie wird sich bedingungslos vor sie stellen. Die Kinder haben viele Freiheiten. Die Skorpion-Frau meint nämlich, man müsse sich schon in frühester Jugend allein zurechtfinden können. Sie schließt damit von sich auf andere, bedenkt aber nicht, daß es auch weichere Charaktere gibt, die mehr zärtliche Liebe und vor allem mehr die Mutter brauchen.

Die Skorpion-Frau kann Geheimnisse, die man ihr anvertraut, ein ganzes Leben lang für sich behalten. Viele ihrer eigenen Geheimnisse wird sie niemandem, selbst dem eigenen Ehemann nicht, verraten. In ihrer Wohnung steht von Jugend an ein Möbelstück, in dem sie manches verschlossen hält, das nur sie angeht. Männer, die sich einen Nachschlüssel machen lassen, um hinter das Geheimste im Leben einer Skorpionin zu kommen, werden von ihr in Stücke gerissen.

Sie ist sehr gerecht, aber wer einmal ihre Rache spürte, wird bestätigen, daß sie im Zorn auch ihr ausgesprochenes Gerechtigkeitsgefühl vergißt. Aber sie vergißt auch nicht Menschen, die ihr einmal Gutes taten.

Skorpion-Frauen werden kaum lange in der Ehe noch nebenbei einen Beruf ausüben, wenn sie nicht einsehen, daß es besser für den gemeinsamen Haushalt ist, ein wenig hinzuzuverdienen. Überhaupt scheinen sie nicht unbedingt für das Erwerbsleben geschaffen zu sein.

Sie sind zwar sehr pflichtbewußt, aber allzu große Abhängigkeit von fremden Leuten mögen sie nicht. Sie brauchen auch einen Kollegenkreis, der ein wenig Wärme ausstrahlt. In einem nüchternen Großraumbüro werden sie sich einsam fühlen. Und Einsamkeit kann eine Skorpion-Frau nie und nimmer ertragen. Sie fühlt sich am wohlsten, wenn sie auf eigenen Füßen steht — als freie Künstlerin (sie hat ja Geschmack), als Ärztin (sie ist ja fürsorglich), astrologische Fachberaterin (sie hat den sechsten Sinn für die Zukunft) und im ältesten Gewerbe der Welt.

Die Skorpion-Frau ist übrigens eine großartige Chefin, die sich intensiv um ihre Mitarbeiter bemüht. Vielleicht wird mancher Untergebener einer Skorpion-Frau über sie schimpfen, weil sie einen gar zu eisernen Willen hat, aber er muß letztendlich gestehen, daß sie ihren Willen nur da einsetzt, wo es unbedingt nottut.

Nehme man alles in allem: Wer die Skorpion-Frau hat, sollte sie nicht loslassen; sie ist ein Juwel, das man nur richtig fassen muß. Denn trotz all ihrer zur Schau gestellten Selbständigkeit träumt auch die Skorpion-Frau gar zu gern vom Wolkenkuckucksheim.

Wie erzieht man Skorpion-Kinder?

Bringt Ihr Skorpion-Kind oft Schrammen und Beulen nach Hause? Fragen Sie es nicht: das kommt von den Händeln, die es mit seinen Spiel- und Schulkameraden aus purer Lebensnotwendigkeit austragen muß. Man sollte es dazu erziehen, daß es auf Schwächere Rücksicht nimmt — die Lehren, die ihm die Stärkeren geben, merkt es von selbst. Das Skorpion-Kind ist gelehrig, aber es braucht die starke Hand, die seinen übermäßigen Eigenwillen in die richtigen Kanäle lenkt. Es wird oft zornig reagieren, aber ein strenger Blick der Mutter oder des Vaters kann es zur Räson bringen. Prügel würden seinen starren Sinn verhärten, und was das bedeutet, werden Eltern erleben, wenn es als Erwachsener auf die schiefe Bahn kommen sollte.

Nein, dieses Kind braucht neben der festen Hand (die aber nicht zum Schlagen ausholen sollte) mehr Liebe und Fürsorge als alle anderen Kinder. Es zahlt solche Aufmerksamkeit doppelt zurück.

Die Partnerinnen des Skorpion-Mannes

Auch die Widder-Frau ist vom Mars

* Zwei Mars-Typen kommen mit Widder-Frau und Skorpion-Mann zusammen. Das funkelt und zischt und kracht manchmal in der Ehe, aber es verspricht auch perfekte Harmonie. Am besten bildet man eine Kampfgemeinschaft und teilt die Ressorts im Eheleben auf. So bekommt man vor den Fähigkeiten des anderen Respekt, redet sich nicht mehr drein. Irgendwo muß schließlich doch die beiderseitige Aggressivität raus, und dann kann es heiter werden. Was die Liebe betrifft, kann nichts schiefgehen; denn Skorpion wie Widder-Frau sind leidenschaftlich. Vielleicht laden sie etwas Zündstoff hier ab; dann könnte es zu einer dauerhaften, glücklichen Verbindung kommen.

* Die Reize der Stier-Frau
  Zunächst war der Skorpion-Mann für die Stier-Frau ein rotes Tuch. Er wußte ihre Reize zu schätzen, aber ihre manchmal allzu selbstbewußte Art brachte ihn zur Weißglut. Damit ist für die Ehe zwischen den konträren Sternenkindern alles gesagt: Nur nicht reizen! Im Materiellen finden sie sich wieder. Man kommt auf einen grünen Zweig. In der Liebe will er mit Leidenschaft, was sie mit viel Gefühl beantwortet. Oft nistet aber der Argwohn in dieser Ehe, denn Skorpion-Mann wie Stier-Frau sind nicht von Eifersüchteleien frei. Man sollte dem Partner nicht den geringsten Grund geben — ein schiefer Blick schon genügt zur Krise.

✶ Gut aufgelegte Zwillinge-Frau
Eines sollte sich die Zwillinge-Frau sagen lassen, wenn sie sich mit einem
Skorpion-Mann zusammentut: Mit ihrer Neigung zu Flirts ist es Schluß.
Er will sie mit Haut und Haaren besitzen, sonst bohrt nagende Eifersucht
an seinen leidenschaftlichen Gefühlen zu der stets zu Späßen aufgelegten
Zwillinge-Frau. Oft haben beide die gleichen Steckenpferde, auch im
Geistigen liegen sie nahe beieinander. Nur verliert die Zwillinge-Dame
oft die Lust am schönsten Spiel, das der Skorpion weiterspinnen möchte.
Und bei aller Bewunderung für seine Energie könnte das bei ihr
Lethargie hervorrufen. Ihre witzig-gemeinten spitzen Bemerkungen
können dann ein Übriges tun, um des Skorpions Giftstachel in Kampf-
stellung zu bringen.

✶ Beschützer der Krebs-Frau
Der Skorpion-Mann ist der geborene Beschützer der etwas labilen
Krebs-Frau, die sich nur zu gern in ihr Haus zurückzieht und im stillen
Winkel über die ach so böse Welt nachdenkt. Der Skorpion läßt die
Krebsin nur eine Weile schmollen, dann lockt er sie aus der Reserve, ganz
der verstehende Liebhaber. Über den gegenseitigen Empfindungen
vergessen sie Not und Streit. Nur ihren Mutterkomplex kann er nicht
ausstehen, und so weist er gut gemeinte Ratschläge der Krebs-Frau oft
schroff zurück. Sie sollte weise darauf reagieren und ihm sein Selbstgefühl lassen. In der körperlichen Liebe wissen sich Skorpion-Mann und
Krebs-Frau viel zu geben. Und da außerdem beide an ihrer Familie
hängen, hat diese Ehe meistens Bestand.

✶ Die Löwin muß man schnurren lassen
Beim ersten Male sah der Skorpion-Mann zu der Löwe-Frau auf, und das
schmeichelte ihr so sehr, daß sie mit ihm aufs Standesamt ging. Leider
blieb es bei diesem einen einzigen Mal, denn ein echter Skorpion möchte
selbst gern die Zügel in die Hand nehmen und sich nicht bevormunden
lassen. In der Liebe gibt es die gleichen Leidenschaften; hier ist der Filter
zu suchen, das man dringend bei anderen Gelegenheiten braucht, soll die
Ehe Bestand haben. Der Skorpion-Mann müßte seiner Löwin ab und an
ein wenig schmeicheln, das läßt sie schnurren und vielleicht vergessen,
daß er so gern Beschützer, aber auch Gebieter in der Ehe sein möchte.

✶ Die vernünftige Jungfrau
Vor der Ehe ist oft abgrundtiefe Abneigung zwischen der Jungfrau-
Geborenen und dem Skorpion-Mann. Sie mag seine Selbstherrlichkeit

nicht, er nicht ihre pingelige Art, selbst auf dem eben polierten Fußboden noch ein Stäubchen zu finden. Lernen sie sich dann ein wenig besser kennen, finden sie plötzlich gemeinsame Wesenszüge: Man hat gern Besitz, eine vernünftige Einstellung zum Materiellen und könnte ein Team bilden. Mit anderen Worten: Die Ehe zwischen Jungfrau und Skorpion wird am besten auf Vernunftgründen aufgebaut — von Liebe wird sowieso nicht allzu viel gesprochen, wenn auch dem Skorpion-Mann nicht unbedingt behagt, daß seine Jungfrau nicht allzu leidenschaftlich am Sex beteiligt ist.

* Der Egoist und die Waage-Frau
Im Nu war der Skorpion-Mann für die Reize der Waage-Dame empfänglich, in der Ehe stört ihn manches, was seine Waage-Frau für erstrebenswert hält: ihre Putzsucht (oder was er dafür hält), ihre geringe Entscheidungsfreudigkeit. Sie hat vor ihm manchmal Angst, wenn er betont männlich einherschreitet und rücksichtslos seinen Egoismus auslebt. Er liebt seine Waage-Frau heiß und innig, aber tief in seinem Innersten sitzt der Stachel der Eifersucht. Mag sie mit viel Diplomatie diese Nachtseite seiner Seele herunterzuspielen versuchen, es wird ihr nie ganz gelingen, den nagenden Zweifel des Skorpions an ihrer Treue zu beseitigen. Am ehesten ginge es, wenn der Skorpion seinem Waage-Weib ein Heim bieten könnte, das es mit viel Geschmack ausstaffieren dürfte. In solchem Nest vergäße sie, daß es draußen in der Welt noch Freunde gibt, die man auf Parties allzu gern wiedersehen möchte.

* Skorpione auf dem Pulverfaß
Skorpione verkehren behutsam miteinander; jeder weiß um den Stachel des anderen! So kann es zu einer echten Lebensgemeinschaft kommen, die — trotz aller egoistischen Vorstellungen und Wünsche — das Wir in den Vordergrund stellt. So ganz schlau wird ein Skorpion aus dem anderen freilich nie, denn beide halten mit manchem hinter dem Berg. Bündeln sie ihre Energie, kommt Nützliches dabei heraus, vor allem Reichtum, Ansehen und Wohlstand. Geben aber Skorpion-Frau und Skorpion-Mann dem eigenen Dickkopf nach, könnte die Ehe zum Pulverfaß werden, das schon ein kleiner Funke zur Explosion bringt.

* Die Schütze-Frau zog an
Die reizende Weiblichkeit der Schützin zog den leidenschaftlichen Skorpion-Mann unwiderstehlich an. Doch nach dem ersten Getändel will der Skorpion bereits zur Sache kommen, wenn der Schütze-Frau

noch nach Spiel zumute ist. Beide lieben das Abenteuer, die Freiheit ungebundenen Lebens. Die Schütze-Frau möchte diese Freiheit auch in der Ehe haben, der Skorpion-Mann will sie nur für sich allein. So kommen sie oft nicht bis vors Standesamt. Haben sie aber Hochzeit gehalten, sollte der Skorpion-Mann nicht zu sehr den Patriarchen spielen: Seine Schütze-Frau würde die Bevormundung nie mitmachen und schon bald in den Jagdgründen anderer jagen. Man sollte viel miteinander auf Wanderschaft gehen; die frische Luft klärt das Gehirn und läßt den Verstand danach besser arbeiten: Man suchte und man fand sich, jetzt sollte man auch miteinander auskommen!

* Die Favoritin aus dem Steinbock
Die Leidenschaft einer Steinbock-Frau ist ein wenig unterkühlt. Das sollte auch der leidenschaftliche Skorpion-Mann bedenken, wenn er das »Böckchen« zu seiner Favoritin erhoben hat. Aber sie geht willig auf ihn ein, wenn nur die Kasse stimmt. Spannen sich Steinbock-Frau und Skorpion-Mann zu einer Interessengemeinschaft zusammen, so werden sie Großes erreichen. Ihr gesunder Sinn für materielle Werte und die Sicherheit, die aus ihnen erblüht, ist sprichwörtlich. Wenn sie sich aber um das Sagen in der Ehe streiten, könnten sie sich auseinanderleben. Und später wird jeder vom anderen behaupten: Du warst doch das Beste!

* Mißtrauische Wassermann-Frau
Am Anfang einer Verbindung zwischen Skorpion-Mann und Wassermann-Frau steht die Eifersucht, die sich in der Ehe heftig fortzusetzen pflegt. Dabei hat die Wassermann-Frau am wenigsten Grund, ihrem Skorpion zu mißtrauen. Ihn macht die ständige Flirt-Bereitschaft seiner Wassermännin rasend; er sollte bedenken, daß er selbst Ursache gab, weil er ihre Bewegungsfreiheit einzuschränken versuchte. Sie wirkt manchmal prüde, wenn er sie leidenschaftlich umwirbt. Ein ungleiches Paar also? Nicht unbedingt, denn in einem Punkt ähneln sich Wassermann-Frau und Skorpion-Mann sehr: Sie können abschalten, alles um sich herum vergessen und sich ganz auf ihre Arbeit konzentrieren. Versuchen sie es auf diesem Sektor zu zweit, können sie Bäume versetzen!

* Im Netz der Fische-Frau
Ihr Element ist das Wasser, in dem sie sich nach Herzenslust tummeln können. Der Skorpion-Mann spielt darin den Beschützer, der darauf achtet, daß sein Fischlein an keine Angel geht. Die Fische-Frau sucht seinen Schutz, aber manchmal, wenn er plötzlich grob wird, ertränkt sie

ihren Kummer und bekommt das heulende Elend. Wo er das Ziel längst fest anvisiert hat, spinnt sie noch Träume. Es sind die Gegensätze, die Skorpion und Fischlein anzogen — es sind aber auch Gegensätze da, die abstoßend wirken können. Bemüht sich der Skorpion-Mann bei aller Leidenschaftlichkeit, auf die zarten Gefühle seiner Fische-Frau Rücksicht zu nehmen, kann eigentlich nichts schief gehen.

Schütze (23. November bis 21. Dezember)

Die Sonne steht im Tierkreiszeichen Schütze vom 23. November bis 21. Dezember. Der Herbst klingt aus, der Winter steht vor der Tür. Die Stürme, welche die Blätter von den Bäumen fegten, sind vorüber. Das Jahr kommt in eine ruhigere Phase, aber die Natur bleibt nicht untätig; sie bereitet den Wandel vor. Menschen, die in dieser Zeit geboren wurden, sind äußerlich ruhig, aber im Inneren sehr oft zwiespältig. Sie lieben ihre Unabhängigkeit über alles, handeln vielfach instinktiv und gelten als die unverbesserlichen Optimisten im Tierkreis. Sie wollen gerecht sein, aber da sie Freunde von schnellen Entschlüssen sind, können sie anderen gegenüber ungerecht erscheinen. Unrecht sehen sie jedoch sehr bald ein und versuchen dann, alles wiedergutzumachen. Sie sind Erfolgsmenschen, die sich in untergeordneter Stellung nicht wohlfühlen. Ihr Instinkt weist ihnen meistens den richtigen Weg, sie scheinen das Glück gepachtet zu haben. Rückschläge im Leben werfen sie nicht um, ihr Optimismus richtet sie immer wieder auf. Unterm Schützen, dessen Planetenbeherrscher Jupiter ist, bringt dieser Widerstand gegen schlechte Einflüsse aber einen großen Nervenverschleiß mit sich, weshalb vor allem das Nervensystem der Schütze-Menschen bedroht ist. Auch die Leber macht manche Ungelegenheit — alkoholische Getränke sollten daher von den Schützen nur mäßig genossen werden. Zinn ist das Glücksmetall dieses Zeichens, der meergrüne Türkis sein bevorzugter Talisman, aber auch Granat und der dunkle Saphir sind seine Glückssteine.

Der Schütze-Mann liebt die Unabhängigkeit

Der Schütze-Mann ist immer ein Idealist, aber es ist möglich, daß seine Ideale anderen Menschen nicht gleich auffallen: Schütze-Männer verbergen manches, was sie wollen, hinter Sarkasmus. Und außerdem hören sie sich gerne reden.

Trotzdem sind sie bei ihren Mitmenschen sehr beliebt, sie haben viele Freunde, denen sie ihr ganzes Vertrauen schenken. Sie können im kleinen Kreis intime Erlebnisse ausplaudern, ohne sich dabei etwas zu denken. Nur zu oft wurde ihnen diese Vertrauensseligkeit schlecht gelohnt, weshalb die Freundschaften wechseln.

Der Schütze-Mann ist sehr impulsiv. Er reagiert überschnell und überhart. Sieht er aber ein, daß seine Reaktion falsch oder gar ungerecht war, wird er urplötzlich einlenken.

Der Schütze-Mann sagt manches schärfer, als er es meint. Er rettet sich dann in jenen Sarkasmus, der verletzend wirken kann, und ist bestürzt,

wenn seine Mitmenschen darauf sauer reagieren. Unehrlichkeit ist ihm ein Greuel, weshalb er stets auch ehrlich gegen sich selbst ist und eigene Fehler eingesteht. Er ist antiautoritär: Obrigkeitsdenken ist ihm zuwider.
Die gute Laune des Schütze-Mannes wird hoch gelobt. Er ist heiter, ein geselliger Typ, der sich überall zurechtfindet. Viele Schütze-Männer neigen zu plötzlichen Zornesausbrüchen über oft fadenscheinige Angelegenheiten. Aber nachtragend sind sie nicht.
Festen Bindungen sind sie abgeneigt, sie begeben sich nicht gern in irgendwelche Abhängigkeit. In keinem Sternbild gibt es daher mehr Junggesellen als im Schützen, obwohl gerade in diesem Zeichen die Liebesabenteuer seltsame Blüten schießen. Es ist dieselbe Abenteuerlust, die den Schütze-Mann zum geborenen Entdecker macht, die ihn auf Reisen in unbekannte Fernen treibt: Er will das Rätsel Weib immer neu entblättern, ohne sich zu binden.
Wird er nicht durch irgendein Ereignis zu schnellem Handeln gezwungen, kann er eine Liebesverbindung auf lange Zeit hinaus ausdehnen, ohne den Weg aufs Standesamt zu finden. Mancher Schütze-Mann lebte jahrelang mit einer Frau zusammen und heiratete dann urplötzlich eine andere.
Es ist der Charme des Schütze-Mannes, der von ihm verlassene Frauen glauben läßt, nur unglückliche Verhältnisse hätten sie von ihm getrennt. Sie geben dem Hallodri auch dann noch nicht die Schuld am Abbruch einer Liebesromanze, wenn sie längst erkannt haben, daß er sich einer anderen zugewandt hat. Und nur zu gern wären solche Frauen bereit, das Verhältnis des verheirateten Schütze-Mannes zu spielen.
Die Frauen umschwärmen ihn, so daß er stets die Qual der Wahl hat. Der Schütze-Mann drückt sich lange vor einer Entscheidung, weil er Angst hat, die Falsche auszuwählen. Seine Vorliebe für schnelle Entschlüsse, die er hinterher bereut, kann ihn aber dazu verführen, sich tatsächlich für die Falsche zu entscheiden.
Der Schütze-Mann hat alle Anlagen für einen guten Ehemann und Familienvater. Aber die Neigung zur Unabhängigkeit des eigenen Ichs ist stärker. Die Ehefrau des Schütze-Mannes müßte schon viel Verständnis aufbringen für seinen seltsamen Freiheitsdrang. Der Schützling Jupiters muß stets und ständig wissen, wie sehr man ihn liebt, wie sehr man auch versteht, daß er einmal aus dem Ehealltag ausbrechen möchte, um allein eine große Reise zu machen, oder auch nur, um mit guten Freunden beisammenzusein. Unverständige Frauen sehen bald nur noch seine Fersen.
Da er ehrlich ist, wird er seiner Frau alles erzählen, was er auf seinen Ausflügen in die Freiheit erlebte. Sie sollte ihm nichts krumm nehmen,

auch nicht gelegentliche Kritik, die ihn gedanken- und taktlos erscheinen läßt. Im Grunde genommen meint er es nie so, wie er es ausspricht. Seinen Kindern ist der Schütze-Vater der beste Kamerad. Mit seinen Söhnen wird er viel in der freien Natur herumstreifen, mit den Töchtern kann er weniger anfangen, aber er wird versuchen, falls ihm Söhne verwehrt sind, sie wie Buben großzuziehen. Er ist von antiautoritärer Kindererziehung überzeugt: Seine Kinder dürfen mehr als Kinder anderer Väter.

Im Berufsleben kann sich der Schütze-Mann nicht allzu gut unterordnen. Das weiß er, weshalb er immer bestrebt sein wird, eine Stellung zu finden, die ihm mehr Unabhängigkeit gewährt. Dabei wird er oft in einen Beruf wechseln, der seinen eigentlichen Fähigkeiten gar nicht entspricht. Er wird hart an sich arbeiten, um endlich die Stellung zu erreichen, für die er sich selbst am besten geeignet fühlt, aber dabei stets auch ein wenig auf das Glück hoffen, das den Schütze-Mann im Leben fast nie ganz im Stich läßt.

Er ist immer ein angenehmer Kollege. Aber um etwas zu erreichen, kann er auch die Ellbogen gebrauchen. Er schätzt Freundschaften am Arbeitsplatz, solange sie seinem eigenen Wollen nicht im Wege stehen. Chefs sollten ihn häufig vor versammelter Mannschaft loben; er wird es mit doppelter Anstrengung zurückzahlen.

Viele Schützen arbeiteten sich zum Chef hoch. Sie haben immer das Wohl der Firma im Auge, honorieren daher gute Arbeit großzügig. Ihre Untergebenen verwirren sie manchmal mit allzu sarkastischen Bemerkungen und impulsiven Urteilen: Takt ist erst im nachhinein die starke Seite eines Schütze-Mannes.

Die Schütze-Frau kennt keine Langeweile

Sie ist das heiterste Geschöpf unter dem Sternenhimmel; die gute Laune einer Schütze-Frau steckt an. Sie ist tolerant und freundlich. Ihr Charme läßt die Männer reihenweise zu ihren Füßen knien. Ihre Eleganz stempelt sie zur Dame; selbst im billigsten Fummel von der Stange macht sie noch gute Figur. Sie ist vielseitig begabt und neigt zu allem Schönen auf der Welt, zu guter Musik und zu den Künsten, die Liebeskunst mit eingeschlossen.

Solche Vorzüge müßten jeden begeistern, wenn dieses liebenswerte Geschöpf nicht auch seine Schattenseiten hätte: Die Schütze-Frau redet zuviel. Ein Wortschwall von ihr kann alle guten Eindrücke verwischen. Dabei meint sie manches gar nicht so, wie sie es ausspricht. Das macht ihre durch nichts zu überbietende Offenheit. Wenn sie an jemandem etwas auszusetzen hat, wird sie ihm das ohne Umschweife zu verstehen geben. Es muß heraus, auch wenn es den anderen tödlich verletzt! Viele halten sie daher für taktlos, und sie fühlt sich dann unverstanden.

Es gibt keine Frau, die sich so selbstsicher durchs Leben bewegt wie sie. In Gesellschaften ist sie daher ein gern gesehener Gast, der wegen seiner sprühenden Laune angehimmelt wird. Sie greift auch immer wieder in die Unterhaltung ein, und was sie sagt, hat meistens Hand und Fuß, wenn es nicht — siehe oben — mißverstanden wird.

Die Schütze-Frau muß immer Betrieb um sich haben, Langeweile wird sie nie kennenlernen; denn wenn kein Betrieb da ist, wird sie ihn mit ihren heiteren Einfällen schaffen! Und wenn es ihr zu bunt wird, geht sie auf Reisen oder sucht sonstige Veränderung.

Ein großer Freundeskreis ist ihr sicher, aber sie wird ihn häufig wechseln. Sie wechselt auch die Männer, die ihr nahezustehen glaubten. Wenn sie davon überzeugt ist, daß der augenblickliche Mann ihres Herzens doch nicht so ganz der richtige ist, kann sie von heute auf morgen den Schlußstrich ziehen, wobei sie offen und ehrlich genug ist, ihm gleich die Gründe zu erklären. Dabei verbirgt die Schütze-Frau hinter der taktlosen Angabe von fadenscheinigen Gründen, die zur Trennung führten, nur ihr eigenes heißes Verlangen nach der großen Liebe, die sie in diesem einen Fall — leider — nicht gefunden zu haben glaubte.

Sie sehnt sich nach einem Heim, das ihrem ruhelosen Ich Stützpunkt sein könnte, nach dem Mann, dem sie bedingungslos die Treue halten kann. Aber immer wieder stellt sie kleine Fehler an den Geliebten fest, die mit ihr in den rosaroten Ehehimmel entschweben möchten: Schon manche Schütze-Frau machte kurz vor der Hochzeit Schluß und wand sich aus der Fessel, die ihr sanft um den Ringfinger gelegt war.

Männer, die sie verlassen mußten, sollten nicht glauben, nun ginge die Schütze-Frau ins Kloster. Solch Überheblichen beweist sie es: Auch als Junggesellin wird sie weiter auf der Suche nach dem Einen sein, der alle anderen vergessen lassen könnte. Sie wird ihr beschwingtes Leben weiterführen und sich nicht daran stören, daß vielleicht ihr Ruf angekratzt werden könnte, weil sie wieder einmal den Mann zum Teufel jagte, den sie der Umwelt schon als den zukünftigen Gatten vorgestellt hatte.

Die Schütze-Frau kennt solche Skrupel nicht, sie schert sich wenig um die Meinung der anderen. Das macht es dem Nachfolger in ihrer Gunst freilich auch leichter: Ist einmal der Schlußstrich unter Vergangenes gezogen, kehrt die Schütze-Frau kaum je einmal dorthin zurück.

Wer sie endlich heimführt, wird es mit ihr nicht ganz leicht haben. Die Schütze-Frau wünscht sich Glück und Harmonie an der Seite ihres Gatten, aber auch ein wenig Luxus. Es müßte schon soviel da sein, daß sie sich gut kleiden und ab und zu verreisen könnte (wenn das Geld für zwei fehlt, zur Not ohne ihn). Auch auf Gesellschaften wird sie nicht ganz verzichten können. Sie kommt also den Mann, den sie sich erwählte, ganz schön teuer, selbst wenn sie bereit ist, durch eigene Tätigkeit etwas hinzuzuverdienen.

Dafür hat er auch ein Weib geangelt, mit dem man sich sehen lassen kann, das von so übersprühender Laune ist, daß man bei ihr des Lebens heiterste Seite kennenlernt. Sie versteht, den Haushalt zu versorgen, auch wenn sie sich nur widerwillig an die Hausarbeit gewöhnt. Sie versteht ebenso, die Kinder prächtig zu erziehen. Man sollte sie ein wenig verwöhnen, dann ist sie bedingungslos treu. Nur an ihrer absoluten Ehrlichkeit sollte man nie zweifeln und ihre allzu offenen Redewendungen übersehen.

Man sollte nur ja nicht denken, daß die Schütze-Frau stets männlichen Schutzes bedürfe. Sie weiß sehr wohl auf ihren eigenen Füßen zu stehen. Und darum auch bleiben viele Schütze-Frauen bis ins hohe Alter hinein Junggesellinnen aus Passion. Sie werden im Berufsleben ihren »Mann« stehen: Chefs lieben die beherzte Art, mit der Schütze-Frauen jedes Problem anpacken.

Sie haben darum auch männliche Konkurrenz kaum zu fürchten, und wenn diese gar zu hartnäckig dräut, werden sie immer eine weibliche List finden, solche Burschen aus dem Wege zu räumen.

Dem Weg nach oben sind also kaum Schranken gesetzt — verständlich daher, daß viele Schütze-Frauen zu Chefinnen avancierten. Und ihre Mitarbeiter werden es gern bestätigen: Mit dieser Dame kommt Schwung in den müdesten Laden. Ihr gutes Urteilsvermögen und ihr Instinkt, Zukünftiges weit vorauszuschauen, hilft der Firma über manchen Verlust hinweg.

Die Schütze-Frau ist ein sonniger Typ, sie ist vielseitig begabt und hat das Herz am rechten Fleck. Sie hat einen unwiderstehlichen Drang nach Unabhängigkeit, auch wenn sie von Geborgenheit an der Seite eines Menschen träumt, dem sie alles geben kann — selbst ihr eigenes Ich.

Wie erzieht man Schütze-Kinder?

Ein Schütze-Kind braucht die Familie, um sich entfalten zu können. Es braucht kameradschaftliche Eltern, die über kleine Fehler, die es in kindlichem Übermut begeht, hinwegsehen können.

Und dieses Kind braucht Auslauf, einen Garten hinterm Haus oder einen Wald nahebei. Schütze-Kinder sind naturverbunden, sie haben auch gern vierbeinige Spielkameraden, mit denen sie über Stock und Stein springen können.

Schütze-Kinder sind ehrlich: Wenn sie etwas angestellt haben, werden sie es offen bekennen. Wehe den Eltern, die nicht mit derselben Offenheit ihrem Schütze-Kind gegenüberträten! Es würde sie nicht mehr verstehen. Vertrauen schenkt es für Vertrauen; man sollte es nicht enttäuschen. In der Schule wird sich das Schütze-Kind wohlfühlen. Das macht seine Lernbegierde. Es wird sich mit den Schulkameraden vortrefflich verstehen, aber allzu strenge Lehrer können ihm die Schule verleiden. So sehr das Schütze-Kind das gesellige Leben im Elternhaus schätzte, wird es diesem doch oft früher entwachsen als andere Kinder; denn nur zu bald bricht ein Charakterzug durch, der für den Schützen typisch ist: Er will unabhängig sein.

Die Partnerinnen des Schütze-Mannes

* Feurige Liebe zu der Widder-Frau

Ist der Schütze-Mann mal so richtig auf dem Tiefpunkt seiner Gefühle angelangt, sollte ihm eine Widder-Frau begegnen. Sie wird ihn aufrichten und ihn wieder zu dem machen, was er eigentlich ist: ein umgänglicher, oft recht lustiger Bursche, mit dem man die berühmten Pferde stehlen kann. Widder-Frau und Schütze-Mann sind in feuriger Liebe einander zugetan, was nicht ausschließt, daß einer von beiden auch mal die Türen knallt. Die Widder-Frau hat die Ideen, die der Schütze-Mann zu beider Bestem ausführen könnte. Beide verstehen sich aufs Geldverdienen, doch schon manche Widder-Schütze-Ehebilanz lautete am Ende: Wie gewonnen, so zerronnen. Das macht der Hang zum Leichtsinn, der diese beiden verbindet.

* Wie ein Magnet: die Stier-Frau

Wenn ein Schütze der Stier-Frau den Hof macht, kommt er so leicht nicht wieder von ihr los. Sie ist der Magnet, an dem der Eiserne kleben bleibt. Gewiß, er liebt seine Stier-Frau, und sie mag den Schützen auch, aber es bleibt doch alles ein wenig an der Oberfläche der Gefühle. Sie möchte ihren Mann ganz besitzen, er aber wird versuchen, auszubrechen aus der Fron, die für ihn die Stier-Verbindung bedeutet. Die Stier-Frau hat eine gute Ader fürs Materielle. Sie hält das Geld zusammen, das er verdient und leichtsinnig wieder ausgeben möchte. Wenn er nicht aufpaßt, teilt sie ihm das Taschengeld zu, und aus ist es mit der Freizügigkeit. Übrigens haben die beiden im Sexuellen keine Schwierigkeiten miteinander.

* Reisen mit der Zwillinge-Frau

In einem Punkt sind sich Schütze-Mann und Zwillinge-Frau einig: Sie reisen für ihr Leben gern. Sonst aber haben sie nicht viel gemeinsam, außer daß sie beide gern reden, aber das kann auch ein Auseinanderreden bedeuten. Am liebsten würden sie ohne Ehefessel nebeneinander herleben, denn die persönliche Freiheit gilt ihnen viel. Reibereien gibt es vor allem dann, wenn die Zwillinge-Frau ihren Sinn für Flirts allzu sehr entfaltet: Der Schütze-Mann will zwar selbst dieses Recht unbeschnitten haben, billigt es seiner Partnerin aber nicht zu. Die Schokoladenseite dieser Verbindung: Man ist nie nachtragend.

* Der Krebs-Frau Tränen lassen ihn kalt

Er ging zum Standesamt mit ihr, weil er das arme Hascherl beschützen wollte. Doch in der Ehe sieht der Schütze-Mann seine Beziehung zur Krebs-Frau entstellt. Sie baut ihm das Haus und will ihn darin festhalten; er möchte ausbrechen und seine Junggesellenallüren auch in der Ehe beibehalten. Die Krebs-Frau wird ihrem Schützen oft sanfte Vorhaltungen machen, wenn er des Abends spät vom Biertisch nach Hause kommt; er wird sich auf dem Absatz umdrehen und in die Nacht mit ihren weiblichen Gefahren entfleuchen. Ihre Tränen lassen ihn kalt. Sie versucht geduldig zu sein, aber es gelingt ihr nicht immer. Da der Schütze auch in der Liebe seine Freiheiten haben möchte, lebt man manchmal nebeneinander her und hat sich kaum noch etwas zu sagen. Meist liegt's an des Schützen mangelndem Verständnis für zartbesaitete Seelen.

* Die Löwin als ständige Begleiterin

Ein Schütze-Mann, der in der Gesellschaft etwas gelten möchte, sollte sich eine Löwin als ständige Begleiterin zulegen. An ihrer Seite wird er einen Teil der Bewunderung, die er wie sie lebensnotwendig braucht, abbekommen. Mit ihrer Hilfe wird er es auch zu einem stattlichen Bankkonto, zu Haus und Grundbesitz bringen. Er sollte sie nur ein wenig hofieren; aber das ist dem Schützen zuwider. Und so streichelt er seine Löwin wider den Strich, und sie fletscht die Zähne. Sie sollten alles gemeinsam zu erreichen versuchen, dann kann eigentlich nichts schieflaufen.

* Zuteilung von der Jungfrau

Der Schütze jagte die Jungfrau, aber sie fing ihn ein. Und der sonst so Selbstbewußte hat von nun an nichts mehr zu melden. Am Ersten muß er die Lohntüte auf den Tisch des Hauses legen und bekommt zugeteilt, was ihm die Jungfrau-Dame zubilligt. Viel bleibt da nicht übrig; denn sie ist eine Meisterin im Geldverwalten und Geldanlegen. An ihrer Seite lernt der Schütze erst, wie ein Herr gekleidet einherzugehen, obwohl er viel lieber auch einmal Blue Jeans anziehen würde. Die Jungfrau-Geborene wird sein Leben in ordentliche Bahnen lenken, aber dem freiheitsdurstigen Schützen ist das gar nicht recht. Und so wird er eines Tages ausbrechen oder — sich für immer bescheiden.

* Die Waage-Frau ist sehr gefragt
Man muß es dem Schützen lassen: Er ist mit dem gewissen Blick für hübsche Mädchen ausgestattet, der diese auf Anhieb in seinen Bann zieht. Bei der Waage-Frau geriet er an eine, die überdies noch alles mitmacht, wonach er verlangt. In der Liebe ist sie die ausdauerndste, aber manchmal auch in den hochherrschaftlichen Launen. Der Schütze-Mann sollte diese Dame trotzdem so schnell wie möglich aufs Standesamt führen: Waage-Mädchen sind verständnisvoll, wenn es um den Freiheitstrieb ihres Partners geht, aber wegen dieser Eigenschaft auch von anderen Stern-Typen gefragt. Die Waage-Dame ist sehr kompromißbereit, so daß des Schützen Dickkopf nicht allzu sehr in dieser Ehe ausgespielt werden kann. Und das tut dem Zusammenleben gut.

* Abenteuer mit der Skorpion-Frau
Was den Schütze-Mann und die Skorpion-Frau verbindet, ist der Hang nach Abenteuern. Dabei merkt der Schütze gar nicht, wie ihn die Skorpionin mehr und mehr überspielt, daß sie ihn zu ihrem ständigen Begleiter umfunktioniert. Obwohl der Schütze schon manche Trennung überwunden hat, muß er einsehen, daß von der Skorpion-Frau so leicht niemand los kommt. Sie liebt die Beständigkeit, auch in der Ehe. Sie schweigt, wenn er sie mit Reden überzeugen will, sie schweigt, wenn er ihr imponieren will. Nur einmal unterbricht sie das Schweigen, wenn er gar zu sehr von sich und seinen Erfolgen spricht. Und das tut der Schütze nur zu gern.

* Schützen auf Reisen
Die ersten Jahre einer Ehe unter Schützen gleicht den Turbulenzen, denen ein Sportflugzeug im Wirbelwind ausgesetzt ist. Man liebt sich, man neckt sich, man geht auf Reisen, sucht Abenteuer und fängt, so das Geld verpulvert ist, mal wieder von vorne an. Ihre Wohnung braucht nicht allzu groß sein — man ist eh nicht lange daheim. Ihre gemeinsamen Kinder werden es schwer haben, denn Mutter und Vater sehen lieber bei

einer Party vorbei, als daß sie sich um die Schulaufgaben ihrer Zöglinge kümmern. Schützen sind sehr kameradschaftlich, aber es ist möglich, daß sich dieses Kameradschaftsgefühl in der Ehe abnutzt. Und dann spricht man von Trennung. Meist aber bleibt die Liebe.

* Steinbock-Frau hat wenig Zeit
Über Geschäftliches kommt man zusammen ins Gespräch. Viel Zeit für die Liebe bleibt nicht, aber für den Gang aufs Standesamt langt's immer noch. Und dann beginnt der Existenzkampf, man pirscht sich gemeinsam Schritt für Schritt nach oben. Man wird reich und relativ glücklich. Die Steinbock-Dame lernt bei dem Schützen sogar die körperliche Liebe kennen und schätzen. Und das will allerhand bedeuten. Die Steinbock-Frau kann sich an der Seite des Schützen auch ihrer Lieblingsbeschäftigung hingeben, anderen Menschen aus der Patsche zu helfen; denn der Schütze ist gönnerhaft.

* Freies Leben mit der Wassermann-Frau
Sie verstehen sich auf Anhieb, der Schütze-Mann und die Wassermann-Frau. Hier haben sich zwei Seelen gefunden, die von der Natur her aufeinander abgestimmt zu sein scheinen. Sie sind menschenfreundlich und großzügig, reisen gern und werden zusammen manch Abenteuer zu bestehen haben. Bei der Wassermann-Frau fühlt sich der Schütze-Mann zum erstenmal in seinem Leben verstanden, und sie weiß um seinen Charme und seine Männlichkeit. Sie liebt auch seinen Freiheitsdrang; denn sie möchte selbst gern frei bleiben, auch wenn sie das Ringlein am Finger zu binden scheint. Er fühlt sich bei ihr als Mann bestätigt, aber er weiß nur zu gut, daß bei seiner Wassermann-Frau mit Gewalt nichts, aber auch gar nichts zu erreichen ist.

* Viel allein: die Fische-Frau
Der Schütze-Mann pulvert die gefühlvolle Fische-Frau auf, läßt sie an seinem abenteuerlichen Leben teilhaben und merkt nicht, daß sein Fische-Weib gar nicht in seinem Netze zappelt, sondern er in dem ihrigen. Doch mit der Zeit wird das Netz brüchig — der Schütze geht eigene Wege und läßt die Fische-Dame viel allein. Die so vernachlässigte reagiert, indem sie sich mehr und mehr von ihm zurückzieht. Das mag er nicht; er möchte von seiner Frau, auch wenn er viel nebenher beginnt, immer noch anerkannt und geliebt werden. Renkt sich alles wieder ein, kann sich eine lange, glückliche Ehezeit anschließen; denn auch Schützen werden einmal älter . . .

Steinbock

(22. Dezember bis 20. Januar)

Am 22. Dezember erreicht die Sonne ihren südlichsten Stand, tritt in das Tierkreiszeichen Steinbock und wendet sich nun wieder nach Norden. Der Winter beherrscht die Natur, aber die Sonne steigt höher und höher am Firmament und kündet schon von ihrer siegbringenden Kraft. Die Menschen, die in dieser Zeit geboren werden, passen sich diesem Aufwärtstrend charakterlich an; kein anderer ist so durchdrungen von dem Willen, vorwärtszukommen, wie der Steinbock-Mensch. Er gleicht seinem Wappentier, das in der eisigen Bergwelt zu Hause ist — ein gewaltiger Kletterer, der trotz Schnee und Eis immer noch irgendwo sein Futter findet: Der Aufstieg im Leben ist dem Steinbock-Mensch sicher, aber er muß ihn sich mit vielen Entbehrungen und durch gewaltige Kraftanstrengungen sichern. Während andere im Wolkenkuckucksheim schweben, hält er sich nur an Realitäten. Er arbeitet viel und versucht, stets seine Pflicht zu erfüllen. Er träumt nicht von festen Werten, er schafft sie sich über Sparkassenbücher und Bausparbriefe. Er ist ausdauernd in der Verfolgung eines realen Zieles; die Pflicht ist sein Leitbild. Trotz dieser strengen Maßstäbe, die er an das Leben legt, verbirgt sich in seinem Innersten eine empfindsame Natur, die nur zu leicht verletzt werden kann. Sein Planetenbeherrscher ist der Saturn. Steinbock-Menschen sind sehr widerstandsfähig, nur manchmal haben sie Schwächen im Knochensystem aufzuweisen oder sind anfällig für Rheuma und Erkältungskrankheiten. Blei ist das Glücksmetall der Steinbock-Geborenen, ihre Talismane sind der Chrysopras und der Onyx.

Der Steinbock-Mann setzt sich durch

Zweifellos ist der Steinbock-Mann ehrgeiziger als die Männer aus anderen Sternzeichen. Er arbeitet auch mehr als sie. Sein Blick ist nach vorn gerichtet, aber aus der Vergangenheit zieht er seine Lehren. Wie das Wappentier seines Tierkreises ist er vorsichtig, setzt Schritt für Schritt voran und meidet die Klippen, an denen er abstürzen könnte. So klimmt er allmählich höher.

Nur wenige Steinbock-Männer wollen gleich oben anfangen; das sind die unbeliebten, die ihre Ellbogen zu kräftig einsetzen, die Außenseiter, die niemanden sonst zum Freund haben als ihr eigenes kaltes Ich. Nur gut, daß sie unter den Steinböcken in verschwindender Minderzahl sind. Aber auch die anderen sind manchmal rechte Eigenbrötler, die sich nur in einem kleinen Kreis wohlfühlen und sich in großer Gesellschaft verloren vorkommen. Oft zieht es sie ganz in die Einsamkeit, weil sie in jedem Menschen, der sich an sie heranmacht, den Nebenbuhler auf dem Weg nach oben wittern. Ihr Mißtrauen gegen jedermann kann mit der Zeit immer mehr wachsen — vor allem, wenn sie vom Leben enttäuscht wurden. Und daß in diesem Fall auch ihr Egoismus wächst, ist eigentlich verständlich.

Bei solcher Charakteranlage ist es für viele Steinbock-Männer schwierig, eine Partnerin fürs Leben zu finden. Sie prüfen zu lange, ob die Frau, um die man wirbt, auch den Steinbock wert ist. Bekommt sie das Prädikat, ist sie oft schon anderwärts gebunden. Nur wenige Steinbock-Männer entschließen sich schnell, aber sie werden dann meist glücklicher als ihre Sternenbrüder, die hinter jeder Hübschen eine Falle wittern, die ihnen das Leben stellt.

Dabei hat der Steinbock-Mann durchaus große Chancen: Die Damen mögen den in Sachen Liebe so schüchtern Wirkenden, der schon in jungen Jahren Kapital und Grundbesitz anhäuft, der auf der Jagd nach Titeln und Mitteln allen voranzustreben scheint. Was der Steinbock-Mann sucht, ist im Angebot nicht allzu oft vorhanden: die verständnisvolle Lebenspartnerin, die seine Sorgen teilt, die ihm zuhören kann, wenn er sich nach der Arbeit Fron mit jemandem aussprechen möchte, und die seine Sachen in Ordnung hält, denn für ihn ist neben der Disziplin Sauberkeit oberstes Gebot.

Trotz dieser wählerischen Ader bleiben Steinbock-Männer selten Junggesellen. Insgeheim sehnen sie sich nach einem Menschen, dem sie ganz vertrauen, dem sie beweisen können, wie weich ihr Herz doch unter der so rauhen Decke ist.

Die Frau, die ein Steinbock-Mann zum Standesamt führt, wird von da an sein Besitz. Er wird ihr im Haushalt freie Hand lassen, ihr dabei jedoch ständig auf die Finger schauen: Auch in der besten Ehe erhält er sich ein Quentchen Mißtrauen.

Dafür braucht sich die Ehefrau eines Steinbock-Mannes kaum Gedanken darüber zu machen, ob ihr Gatte treu sei; vor lauter Arbeit und Sturm und Drang nach oben, wird er meist mit der einen genug haben, der er seine (manchmal etwas karge) Liebe erweisen kann.

Ein echter Steinbock-Mann hat zu wenig Zeit für Gefühle. Und es ist erstaunlich, daß die Ehe mit solchem Arbeitstier erst nach der Silbernen Hochzeit oft in den Honigmond übergeht, von dem junge Bräute schwärmen. Hat er alles erreicht, will er nun auch in der Liebe das Letzte herausholen. Die teure Gattin wird erstaunt diese Wandlung sehen, und kann dann hoffentlich mit dem plötzlich so aufmerksamen Liebhaber noch mithalten.

Sie kannte ihn ja ganz anders. Zwar war er schon immer ein Familien-mensch und den Kindern der beste, wenn auch ein wenig knauserige Vater, aber daß er der Gattin feuriger Geliebter war, konnte man nun wahrhaftig nicht sagen, auch wenn er ihr herzlich zugetan war. In der Liebe findet sich der Steinbock-Mann eben viel später zurecht als im Beruf. Er ist Realist: zuerst kommen die festen Werte, dann das Ver-gnügen.

Steinbock-Geborene sind Praktiker, die Theorie ist für sie höchstens Mittel zum Zweck. Deshalb werden sie in allen Berufen, die eine ge-wisse Fingerfertigkeit voraussetzen, am besten vorankommen. Aber auch im Kaufmännischen werden sie ihren Mann stehen, zumal sie für Finanzen ein ausgeprägtes Gespür haben.

Steinbock-Männer werden sich nie lang in den unteren Etagen des Arbeitslebens aufhalten, sie drängen mit Macht nach oben. Sie wollen leiten, organisieren, Einfluß ausüben. Dabei erscheinen sie still und in sich gekehrt, nur der Arbeit zugewandt. Ein Steinbock-Mann wird willig die Arbeit eines Kollegen mit übernehmen; man soll sehen, daß er ein Arbeitstier ist. Zu gegebener Zeit wird er, wenn die Chefs nicht von selbst darauf kommen, auf die Faulheit dessen hinweisen, von dem er willig die Arbeit übernahm. Auch über solchen Umweg versucht er sich manchmal nach oben durchzumogeln, wenn ihm der direkte Weg verbaut scheint.

Er wird für die Firma immer da sein, keine Überstunde ist ihm zuviel. Aber zur rechten Zeit will er dafür kassieren, über die anderen gestellt werden, die weniger willig sind, ein Übersoll an Pflicht zu erfüllen.

Als Chefs sind sie nicht unbedingt die beliebtesten: Sie arbeiten im gleichen Stil weiter, den sie schon als Untergebener pflegten. Natürlich erwarten sie viel von ihren Mitarbeitern. Manchmal zuviel. Aber sie honorieren Leistungen höher als mancher andere Chef. Bei ihnen muß alles wie am Schnürchen laufen. Wehe dem, der zu trödeln beginnt! Der Steinbock-Mann hält viel von Disziplin (das kommt vom Saturn, seinem Planetenbeherrscher).

Die Steinbock-Frau visiert den Erfolg an

Die Steinbock-Frau kann nichts so leicht aus der Ruhe bringen. Sie geht den Weg, den sie einmal eingeschlagen hat, beharrlich weiter. Sie schaut nicht nach rechts und nicht nach links, wenn sie ein Ziel anvisiert hat. Das hat sie mit ihrem männlichen Steinbock-Kollegen gemeinsam: Sie drängt in die oberen Etagen des Lebens.

Obwohl sie zurückhaltend ist und ihre Gefühle nur schwer zeigen kann, braucht sie viel Liebe. Männer, die um sie warben, wissen, wie weiblich die Steinbock-Frau ist, mit wieviel Charme sie einen Mann in den Bann ziehen kann. Wenn sie glaubt, den Richtigen gefunden zu haben, wird sie, die sonst so Zurückhaltende, auch nicht vor einem handfesten Flirt zurückschrecken, um über solchem Umweg zu beweisen, welch fröhliches Gemüt sie hat. Aber die drei Wörtchen »Ich liebe dich« werden ihr noch schwerer über die Lippen kommen als der für ihre Zurückhaltung bekannten Krebs-Frau.

Sie sehnt sich nach Liebe, aber sie verlangt von dem Mann ihres Herzens mehr; vor allem Sicherheit und ein wenig Wohlstand. Sie wird so leicht niemanden heiraten, der seine Lebenstüchtigkeit nicht schon bewiesen hat. Sie möchte stolz auf ihren Mann sein können.

Viele Steinbock-Frauen üben auch noch in der Ehe ihren Beruf weiter aus. Von daher stammt die irreführende Ansicht, sie stelle den Beruf über die Ehe und das Familienleben. In Wirklichkeit sind Steinbock-Frauen nur darauf bedacht, zum Wohlstand der Familie beizutragen, damit der Wunsch nach Haus und Grundbesitz schneller erfüllt werden kann.

Natürlich wollen Steinbock-Damen, die es im Beruf zu etwas brachten, auch nicht gern das Erreichte aufgeben. Sie möchten glänzen; ihr Ehrgeiz ist nicht geringer als der ihrer männlichen Kollegen aus dem selben Sternzeichen. Das bringt manchmal Konflikte in die Ehe, wenn nämlich der Mann auf seinen Ausschließlichkeitsanspruch pocht.

Der Gatte einer Steinbock-Frau sollte die beruflichen Ambitionen seiner besseren Hälfte nicht einengen, er müßte nur schleunigst dafür sorgen, daß er sie in der eigenen beruflichen Laufbahn schnell überflügelt. Das schindet Eindruck bei ihr; denn im Grunde genommen würde sie liebend gern gleich den Beruf wechseln und an der Seite ihres Herzensmannes nur noch Hausfrau sein.

Man muß es den Steinbock-Frauen lassen: Sie können das Haus in Ordnung halten. An der Wohnungstür werden die Pantoffeln für Mann und Kinder ständig bereitstehen, damit nur ja die Teppiche geschont bleiben. Die Wohnung wird immer aufgeräumt sein, Unordnung ist der Steinböckin ein Greuel.

Die Steinbock-Frau ist nicht die schnellste Arbeiterin, aber was sie beginnt, das macht sie gründlich. Hinter ihrer Bedächtigkeit ist System: Wer so arbeitet, wird wenig falsch machen. Und damit lernen wir die andere Form des Ehrgeizes kennen, die von ihr gepflegt wird.

Die Steinbock-Frau nimmt nichts leicht, das macht der schwerfällige Saturn in ihrem Horoskop. Sie will ernstgenommen werden. Spötter, die auf zarten Seelen mit Nagelschuhen herumzutreten pflegen, haben bei ihr schnell ausgespielt. Sie wünscht die seelische Übereinstimmung mit dem Mann ihres Herzens, den sie für sich allein besitzen möchte: Eifersucht erblüht bei ihr aus verletztem Stolz.

Die Liebe erscheint bei einer Steinbock-Frau manchmal unterkühlt. Aber das täuscht; sie hat nur zu wenig Zeit für Gefühle, da sie sich zunächst einmal um den Haushalt bekümmern will, um das Wohlergehen von Mann und Kindern, und das nimmt sie ganz in Anspruch. Sie wird viel rechnen, um mit dem Haushaltsgeld nicht nur auszukommen, sondern davon noch etwas beiseite legen zu können.

Am besten überläßt der Gatte einer tüchtigen Hausfrau die gesamte Kassenführung — die Familie käme bei dieser sparsamen Dame bald zu gesichertem Besitz. Wer sie wirtschaften läßt, dem kommt sie billig: die Steinbock-Frau wird sich manch teures Kleid verkneifen und sich lieber selbst an die Nähmaschine setzen und für sich und die Kinder nähen, was die Mode vorschreibt.

Sie versteht nicht allzu viel Spaß, wenn man sich über sie lustig macht. Sie hat aber viel zu viel Herzensbildung, um Gleiches mit Gleichem zu vergelten. Ihre Manieren sind erster Klasse. Selbst Steinbock-Frauen aus den unteren Schichten des Volkes können sich in den besten Gesellschaften gekonnt damenhaft bewegen.

Die nach außen so kühle Steinbock-Frau kann durchaus leidenschaftlich sein, wenn sie den richtigen Mann gefunden hat. Aber ihr Freund und Geliebter sollte das Leidenschaftliche als Naturereignis hinnehmen und nicht darüber sprechen, sonst könnte das Steinböckchen in Zukunft nie mehr so reagieren.

Steinbock-Frauen sind sehr opferbereit; das merken nicht nur die Armen, denen sie manches zustecken, sondern auch die eigenen Kinder, für die sie alles zu geben bereit sind. Sie halten viel auf Sauberkeit und Ordnung, ihre Kinder sollen glänzen. Sie sollen auch sparsam sein wie die Mutter selbst. Zu gegebener Zeit aber wird diese die Kleinen reich beschenken, wenn sie sich an ihre Gebote hielten.

Im Beruf findet sich die Steinbock-Frau sehr gut zurecht. Sie wird von ihren Chefs als vorbildliche Mitarbeiterin geschildert, der nichts zuviel ist. Man müßte sie belohnen mit einer Gehaltsaufbesserung (sie liebt ja das Geld!) oder einem höheren Rang (sie strebt ja nach oben!). Ihr Pflichtgefühl und ihr Leistungswille sind durch nichts zu überbieten. Eine Steinbock-Frau wird in jedem Betrieb ihren Weg machen, braucht allerdings hier und da Verschnaufpausen, die man ihr auch zubilligen sollte: Wer so schuftet wie sie, braucht schöpferische Pausen.

Für die Steinbock-Chefin gilt dasselbe wie für den Steinbock-Chef: Sie wird von ihren Mitarbeitern als Vorbild anerkannt. Sie sieht auf Leistung, aber sie wird diese Leistung allen vorleben. Die Steinbock-Frau ist sehr selbständig, sie braucht, um voranzukommen, keine Stützen. Aber es ist möglich, daß sie manchmal unter ihrer eigenen Tüchtigkeit leidet, die sie zum Sklaven ihrer selbst machen kann.

Wie erzieht man Steinbock-Kinder?

Ein Steinbock-Kind hat einen harten Willen. Nachgeben ist seine schwächste Seite. Aber es ist leicht an eine Ordnung zu gewöhnen, von der von nun an nur ja nicht mehr abgewichen werden sollte, sonst hängt schon dem Kleinen das Weltbild schief.

Von Gleichaltrigen sondert sich der kleine Steinbock oft ab; er spielt lieber daheim allein oder geht mit den Eltern spazieren. Da er sich mehr den Erwachsenen zuwendet, gilt er manchmal als altklug.

Im Kinderzimmer braucht die Mutter keinen Strich zu machen; ihr Steinbock-Sprößling räumt willig die Sachen wieder weg. Aber er spielt erst, wenn er die Schularbeiten gemacht hat: Das Pflichtgefühl ist beim Steinbock schon in der Jugend sehr ausgeprägt. Das schätzen auch die Lehrer von Steinbock-Kindern, obwohl sie Kritik üben könnten an der bedächtigen Art, mit der sie den Lernstoff aufnehmen. Steinbock-Kinder gleichen das langsame Verstehen durch intensiven Fleiß aus. So bringen sie es am Ende doch zu guten Schulleistungen, die Ansatzpunkte für den Erfolg im späteren Leben bilden.

Die Partnerinnen des Steinbock-Mannes

* Die Widder-Frau bleibt optimistisch
Mit der Widder-Frau kommt Leben in des Steinbocks Junggesellenbude. Aber er sieht das nicht allzu gern; schließlich möchte er bei der Zimmervermieterin als der seriöse Typ gelten, der er ja auch ist. Die Widderin schert sich wenig um des Steinbocks guten Ruf und erreicht darüber ihr Ziel, in eine gemeinsame Wohnung einzuziehen. Nach einigem Zögern führt sie der Steinbock sogar aufs Standesamt, und dann beginnt er mit dem Umziehen. Der Widder-Frau behagt das nicht, aber da sie nie ihren Optimismus verliert, macht sie gute Miene zum bösen Spiel. Ganz kirre wird sie nie, und treibt es der Steinbock zu arg, sucht sie das Weite.

* Glück mit der Stier-Frau
Hier werden die Geldscheine gebündelt, die Aktien gezählt und das Grundstück zum Hausbau weit vor der Zeit gekauft: Steinbock-Mann

und Stier-Frau haben dieselbe Veranlagung, aus nichts Besitz zu machen. Sie sind ein geachtetes Ehepaar und überall gern gesehen. Die Stier-Frau liebt ein gepflegtes Heim, in dem sich ihr Steinbock in seiner knapp bemessenen Freizeit wohlfühlen kann. Auch in der Liebe klappt alles zwischen den beiden: Die Stier-Frau braucht ein geregeltes Liebesleben, das ihr der sonst recht kühle Steinbock-Mann zu geben vermag, wenn er auch mehr als Pflicht nimmt, was sie für Loslösung vom ehelichen Alltag hält.

* Extravagante Zwillinge-Frau
Eigentlich dürften sie gar nicht zusammenkommen, denn zu verschieden sind die Anschauungen des Steinbock-Mannes und der Zwillinge-Frau. Trotzdem wäre eine solche Verbindung für beide von Nutzen: Die unruhige Zwillinge-Dame fände einen Halt, der mehr dem Arbeitsleben zugetane Steinbock eine reizende Abwechslung im täglichen Einerlei. Ob das freilich reicht? Schließlich will der Steinbock-Mann sein Weib ganz für sich allein. Manche Extravaganz wird er der Zwillinge-Dame abschminken — sie muß Federn lassen, ob sie will oder nicht. Zunächst nimmt sie alles mit Humor, dann aber könnte sich Langeweile ausbreiten, der Tod mancher Ehe.

* Der Unterschied zur Krebs-Frau
Im Zieldenken liegen Steinbock-Mann und Krebs-Frau auf der gleichen Ebene; sie wollen im Leben zu etwas kommen, finanzielle Sicherheit und auch Hausbesitz erringen. Die Konfliktstoffe liegen im Gefühlsbereich, im Seelischen; schon mancher Steinbock wurde von seiner Krebs-Frau aus eigenem Verschulden wegen seelischer Grausamkeit geschieden. So ganz schuldlos wird die Krebs-Dame dabei nicht gewesen sein, denn ihre Überempfindlichkeit ist bekannt. Der Steinbock-Mann sollte seiner Krebs-Frau mit mehr Gefühl entgegenkommen, sie wird's ihm als treusorgende Ehefrau und Mutter der gemeinsamen Kinder danken. Und er sollte die ihm angeborene Streitlust ein wenig zurückschrauben — eines Tages wäre sonst das Objekt seiner Angriffslust spurlos verschwunden, und dem Steinbock-Mann würde selbst die Zeitungsanzeige »Krebs entlaufen, Wiederbringer erhält Belohnung« nichts mehr nutzen.

* Bewunderung für die Löwe-Frau
Was der Steinbock-Mann an der Löwe-Frau besonders schätzt, ist die Zielstrebigkeit, mit der sie seine Kasse verwaltet. Sie ist die einzige unter dem Sternenhimmel, die das Aktienpaket in sein Schließfach tun darf,

sie wird ihn bei seinen Transaktionen nach Kräften unterstützen. Die Liebe kommt da erst in zweiter Linie. Zunächst muß das Haus stehen, danach Häuser für die Kinder und schließlich ein Altersruheplätzchen, das dann noch nicht bezogen wird, weil beide, Löwin wie Steinbock, übers Rentenalter hinaus im Beruf oder im eigenen Geschäft ausharren werden, um noch und noch etwas auf die hohe Kante legen zu können. Er bewundert seine Löwin, und das mag sie. Sie aber gibt ihrem Steinbock das Gefühl, er sei der Größte.

* Die vernünftige Jungfrau
Vernunft herrscht in der Steinbock-Jungfrau-Ehe vor. Es ist nicht das Himmelhochjauchzende erster Liebe, das den Steinbock-Mann und die Jungfrau-Geborene zusammenführte. Dafür hält diese Ehe meist ein Leben lang an. Mit Liebe allein läßt sich schließlich nicht leben, ein bißchen Sicherheit gehört schon dazu. Diese Sicherheit vermag der Steinbock seiner Jungfrau zu geben. Und sie dankt es ihm damit, daß sie einen Teil des Wirtschaftsgeldes aufs Sparkonto trägt. Da sie sich überdies unterzuordnen und auf ihren Steinbock-Mann zu warten versteht, wenn er gerade einen Geschäftsfreund ausführt, müßte die Ehe zwar ohne Höhepunkte aber harmonisch verlaufen. Und die Kinder werden es bei solchen Eltern gut haben, wenn auch das Taschengeld sparsam ausfallen wird.

* Schicke Waage-Frau
Oft findet der Steinbock-Mann seine Waage-Frau über ein Eheanbahnungsinstitut: Er hatte vor lauter Arbeit zu wenig Zeit, sich die Rechte zu suchen, und ihr fiel vor lauter Verehrern die Wahl schwer. Allen Unkenrufen zum Trotz kann diese Ehe Bestand haben. Meist kommt der Steinbock schon früh zu Wohlstand, den er sich freilich hart erarbeiten muß, und der Waage-Frau bleibt an seiner Seite Zeit genug, sich in Boutiquen und Kaufhäusern umzusehen und standesgemäß einzukleiden. Schick geht für die Waage die Welt zugrunde. Wenn der Steinbock-Mann auch manchmal den Daumen aufs Portemonnaie hält, für sein Waage-Mädchen ist ihm nichts zu teuer. Nur in der Liebe kommt für die Waage-Frau die Romantik zu kurz. Und das kann für sie Grund sein, den Steinbock-Mann eines Tages zu enttäuschen.

* Freilos mit der Skorpion-Frau
Mit der Skorpion-Frau hat der Steinbock-Mann zumindest ein Freilos in der Lebenslotterie gezogen. Sie ist häuslich, aber auch gleichermaßen

ehrgeizig wie er. Wie er möchte sie es zu etwas bringen. Und da der Steinbock arbeitsam und auch genügend hartnäckig ist, sich zur Not mit beiden Ellenbogen durchzusetzen, werden die beiden es schnell schaffen. Wenn nur nicht der ewige eheliche Kleinkrieg um das Sagen im Hause wäre! Steinbock wie Skorpionin liefern sich dann gewaltige Redeschlachten; einmal siegt der eine, kurz darauf der andere, aber meistens enden sie unentschieden. Nur der häuslichen Atmosphäre dienen sie nicht.

* Umerziehung der Schütze-Frau
Von Hausarbeit hält die Schütze-Frau nicht allzu viel, lieber möchte sie auf Parties glänzen. Der Steinbock-Mann sieht das nicht gern. Erstens kostet eine Hausgehilfin Geld, und zweitens kommen Parties auch teuer. Trotzdem fällt mancher Steinbock auf eine fröhliche Schütze-Frau herein, und dann versucht er das Beste aus dieser Bindung zu machen, sie umzuerziehen, ihre Reiselust zu dämpfen, ihren Hang zum süßen Leben zu bremsen. Doch manchem Steinbock schon lief eine Schützin kurz vor der Diplomarbeit zur perfekten Hausfrau davon. Geduld wäre auf beiden Seiten das Mittel, um zu einem besseren Ergebnis zu kommen.

* Der Steinböcke Lebenskampf
In einer Steinbock-Ehe wird ein Leben lang geschuftet, um die Altersversorgung sicherzustellen. Aber sie ist oft gekennzeichnet von immerwährenden Neuanfängen. Trotzdem wird die Steinböcke ihre sprichwörtliche Sparsamkeit schließlich dem gemeinsamen Ziel näherbringen. Manchmal geht im Lebenskampf freilich das Gefühl verloren, ohne daß es der eine oder der andere so recht merkt. Nur die Kinder bekommen viel Liebe zu spüren: Sie sollen im Besitz ihrer Steinbock-Eltern bleiben, so lange sie leben — wehe dem Freier, der dieses Recht in Frage stellt! Liebe — mag mancher sich denken — ist diese Art der Leibeigenschaft kaum.

* Die Wassermann-Frau und das Geld
Der Steinbock-Mann zögert oft lange, ehe er sein Wassermann-Liebchen an den Traualtar führt. Zu ungleich scheinen beider Charakter-Eigenschaften zu sein. Und dann führen sie plötzlich doch eine ganz glückliche Ehe. Der Steinbock-Mann hält auch in dieser Ehe an den Prinzipien der Sparsamkeit fest, gibt seiner Frau ein nicht zu knapp bemessenes Haushaltgeld, mit dem die Wassermännin aber zehn Tage vor Ultimo am Ende ist, weil sie einfach nicht die rechte Beziehung zum Geld findet. Für sie ist es nur Mittel zum Zweck, hier und da damit auch andere zu

beglücken. Zwar schätzt der Steinbock diesen charitativen Zug an seiner Wassermann-Frau, aber wenn er an seine Finanzen denkt, wird ihm schwarz vor den Augen. Sagen tut er ihr nichts; denn obwohl er zu den scharfen Kritikern im Tierkreis zählt, will er einer Wassermann-Dame nie wehtun.

* ## Harmonie mit der Fische-Frau

Beim Steinbock-Mann fühlt sich die Fische-Frau geborgen. Sie weiß, daß ihr Mann das Nötige zum Lebensunterhalt herbeischafft und auch noch einiges spart, um der Familie Sicherheit zu geben. Obwohl der Steinbock manchmal im täglichen Arbeitskampf letzte Kräfte mobilisieren muß, versucht er, abends zu Hause nichts davon verspüren zu lassen. So herrscht Harmonie im Steinbock-Fische-Haus, auch wenn der Steinbock für die romantischen Anwandlungen seiner gefühlvollen Fische-Frau sonst nur wenig übrig hat: Er ist halt ein Tatsachenmensch — die Märchen- und Sagenwelt seiner Frau bleibt ihm ewig verschlossen.

Wassermann

(21. Januar bis 19. Februar)

Wenn die Sonne im Tierkreiszeichen Wassermann steht, ist zwar noch Winter, aber unter dem Schnee wachsen neue Kräfte, die auf ihre Auferstehung warten. Diese Naturstimmung überträgt sich auch ein wenig auf den Charakter der Menschen, die in dieser Zeit das Licht der Welt erblickten. Wassermann-Geborene glauben an die Kraft der Natur, von der sie einen Teil in sich aufnehmen. Sie haben seltsame Vorahnungen von kommenden Geschehnissen und eine lebhafte Phantasie. Sie versuchen, hinter die letzten Dinge zu kommen. Für sie ist der Fortschritt das Erstrebenswerteste, eine materialistische Denkweise ist verpönt. Sie wollen den Frieden um der Humanität willen. Auch Mißerfolge können sie nicht von ihren wechselnden Idealen abbringen. Wassermann-Menschen sind großzügig und hilfsbereit. Sie versuchen, tolerant zu sein, erwarten aber von ihren Mitmenschen ebenfalls Toleranz. Mit viel Energie überwinden sie jedwede Krankheit, so daß sie meist ein hohes Alter erreichen. Nur der Kreislauf und der Stoffwechsel machen ihnen manchmal zu schaffen. Ihr Geburtsherrscher ist der Uranus, aber auch der Saturn nimmt auf ihr Wesen Einfluß. Ihre Glückssteine sind der blaue Saphir und der Amethyst, die sie am besten in Platin fassen lassen.

Der Wassermann-Geborene und sein Freiheitsdrang

Es gibt keinen freundlicheren Menschen unter der Sonne als den Wassermann-Geborenen. Trotzdem versucht er immer wieder, seine Mitmenschen herauszufordern und durch sein sprunghaftes Verhalten zu schockieren. Unterordnen liegt ihm nicht, er will frei sein, koste es, was es wolle.

Der Mann aus dem Luftzeichen Wassermann ist intelligent, aber er gebraucht sein Wissen oft, um seine oppositionellen Anschauungen glaubhaft zu begründen. Er steht vielfach in Antistellung, ein geborener Revolutionär, der für seine Lebensideale auch mit kämpferischen Mitteln einzutreten bereit ist.

Freilich zeigt sich das Revoluzzertum bei manchen Wassermännern nur in nimmermüdem Debattieren um des Kaisers Bart und in einer Oppositionsstellung um jeden Preis. Solche Typen sind gottlob in der Minderzahl.

Wassermann-Geborene grübeln viel. Sie horchen oft gedankenverloren in sich hinein, wenn sie einem Geheimnis auf der Spur zu sein glauben. Geheimnisse zu enträtseln, ist ihre Lebensaufgabe.

Da ist zunächst das Geheimnis Mensch: Niemand beschäftigt sich intensiver mit seinen Mitmenschen als der Wassermann. Auch die Frauen sucht er zu ergründen, was ihm manchmal den Ruf eines Playboys einbringt.

Dabei ist er nur ein Menschenfreund, also auch ein Freund der Frauen. Er meint jedes Mädchen sei zu haben, man müsse nur wollen. Das hat nichts mit Weiberverachtung zu tun; er steht nur auch auf diesem Gebiet in Opposition zur landläufigen Ansicht. Daß es ihm manche Frauen dabei leicht machen, steht auf einem anderen Blatt.

So sammelt er Erfahrungen wie ein anderer Briefmarken. Seine Gefühle wird er im allgemeinen nicht zeigen, aber er wird die Gefühle anderer, also auch der Frauen, erforschen. Sie sind für ihn Versuchsobjekte, bis er eine findet, die den Versuch an ihm selbst vornimmt. Und dann ist er geliefert, zum Traualtar abgeschleppt, bevor er sich aus dem Unvermeidlichen herauswinden kann.

Nicht immer ist er das Fangobjekt einer Heiratswütigen. Meist fängt er selber, aber er wägt lange, bevor er sich zu der Erkenntnis durchringt, die muß es sein. Schließlich gehört zu seinen Idealen auch eine glückhafte Ehe, die man nicht mit jeder X-Beliebigen eingehen sollte. Sie müßte schon den neuesten Forschungserkenntnissen des Wassermannes entsprechen.

Die Frau an seiner Seite soll ihm in allen Belangen ebenbürtig sein, kein Seelchen, das vor lauter Naivität nicht bis drei zählen kann. Er will die Debatte in die Ehe retten und den Gesprächsstoff nicht ausgehen lassen. Er ist moralisch, aber seine Moral stimmt nicht unbedingt mit der landläufig bürgerlichen überein. Er baut sich die Idealvorstellung selber und handelt danach, auch wenn er von seinen Mitmenschen nicht verstanden wird. Aber allzu oft wechselt er seine Meinung, und dann wechseln auch seine Ideale. Manche Frau, die ihn liebte, verlor ihn auf diese Weise. Am besten, die Frau an seiner Seite bliebe auch in der Ehe die Kameradin, die mit ihm durch dick und dünn zu gehen bereit ist. Dann spürt er am wenigsten der Ehe Joch, das den alten Revolutionär zum Widerspruch reizt.

Er mag keine Frau, die zu wenig Zeit für ihn hat, weshalb Frauen von Wassermännern am besten ihrem Beruf höchstens nur halbtags nachgehen sollten. Sie müssen für ihn und die Kinder dasein, wenn's nötig ist. Letzteren ist er übrigens der beste Kamerad, der ihren Kummer teilt, ihnen aber auch mal die schwierigen Schularbeiten macht, wenn sie dem Kind gar zu schwer fallen. Gescheite Kinder können ihren Wassermann-Vater bis aufs Blut ausnutzen, er wird sie stets als das Beste loben, was

er je zustande brachte (daß die Mutter am Zustandebringen den Haupt-
anteil hatte, erwähnt er nicht).

Kollegen schätzen den Wassermann-Geborenen als treuen Freund. Er
drängt sich nicht vor wie andere. Wenn er nach oben kommt, dann hat
er das seiner Sachlichkeit und seinem fundierten Wissen zu verdanken.
Sein Forscherdrang bringt manche Firma zu neuen Produkten, aber es ist
möglich, daß er sich tagelang nicht im Betrieb sehen läßt, weil er wieder
einmal einem Phantom nachjagt oder eine imaginäre Krankheit auszu-
kurieren hat.

Wegen seines Wesens, mit jedermann gut Freund zu sein, wird er oft
nicht für voll genommen. Das verletzt seine Eitelkeit. Aber schon ein
anerkennender Blick wird ihn wieder aufmuntern und zu neuen Taten
schreiten lassen. Wenn er einmal eine Arbeit angefangen hat, wird er
nicht ruhen, bis er sie zum guten Ende gebracht hat.

Eigentlich ist er in jedem Beruf brauchbar, am meisten jedoch in einem,
der seinem Forscherdrang Genüge tut. Er lebt in der Zukunft, aus der
er manches Ergebnis abzulesen versucht, was er in der Gegenwart nutz-
bringend verwenden kann.

In einem Einmannbetrieb ist er der beste Chef. Ganz auf sich allein gestellt kann er die besten Entscheidungen treffen. Und da er das weiß,
drückt er sich oft vor dem großen Posten, der ihm angeboten wird, oder
verläßt ihn schon bald, wenn ihm das Kommandieren zuviel wird.

Dabei könnte er von seinem wachen Verstand und von seinem Einfalls-
reichtum her der beste Chef sein, den es auf der Welt gibt. Seine Menschenkenntnis könnte für ein gutes Betriebsklima sorgen. Es sind die
wechselnden Ideale des Wassermanns, die Unruhe stiften und Verän-
derungen schaffen, mit denen der Mitarbeiter erst konfrontiert wird,
wenn sie längst Realität sind. Der Laden wird zwar unter seiner Leitung
aufblühen, aber es fragt sich, ob der Wassermann ihm allzu lange treu
bleibt; die Veränderung ist nun einmal sein Leben.

Die Wassermann-Frau liebt den Wechsel

Kennen Sie die Dame, die alle paar Monate die Möbel in der ganzen
Wohnung umstellt? Sie wurde im Zeichen Wassermann geboren und
liebt den Wechsel. Im übertragenen Sinn tut sie damit ihrer erstaunten
Umwelt kund, daß ihr an ihrem augenblicklichen Leben irgend etwas
nicht gefällt. Da sie aber nicht alle paar Monate einen Ortswechsel vornehmen kann, nimmt sie die Veränderung der eigenen Wohnung vor.
Die Wassermann-Frau reagiert mit solchem Tun auch ihr etwas sprunghaftes Wesen ab, mit dem sie ihren Mitmenschen auf den Wecker fallen

könnte. Sie möchte das liebenswerte Geschöpf bleiben, das bisher jedermann in ihr sah und das ihr einen so großen Freundeskreis eintrug.

Wie ihr männlicher Sternenkollege steht auch die Wassermann-Frau ständig in Opposition. Für sie reinigt ein zünftiger Krach die Atmosphäre. Mit fadenscheinigen Gründen kann sie ihn vom Zaune brechen: Ein Wort gibt da das andere, des Stichelns ist kein Ende, bis es endlich nach Feuer riecht, in dessen Glut sie noch ein bißchen Benzin schüttet, um gleichzeitig mit dem Wassereimer zu löschen. Was zurückbleibt, sind verstörte Menschen und eine Wassermann-Frau, die sich schmollend zurückzieht, weil sie sich plötzlich unverstanden fühlt.

Ganz so schlimm ist es mit der Wassermann-Frau nicht. Sie sollten nur einen Blick in die Nachtseele eines Geschöpfes tun, das in seiner Impulsivität manchmal einen Schritt zu weit geht, den es hinterher immer bereut.

Nicht nur das macht sie sympathisch; die Wassermann-Frau ist eine der hilfsbereitesten unter dem Sternenzelt. Sie versucht, wo sie nur kann, Not zu lindern, und wenn sie ihren letzten Groschen hergeben muß.

Sie hat viel Herz zu verschenken, aber mit ihren innigsten Gefühlen hält sie oft hinter dem Berge. Wer sie liebt, wird die beiden Seiten dieses Uranuskindes kennenlernen: ihre sinnliche Hingabe, aber auch ihre fast an Gefühlskälte grenzende Ablehnung.

Die Reaktionen einer Wassermann-Frau sind völlig unberechenbar. Das macht sie so interessant. Männer, welche die Abwechslung lieben, bekommen hier von ein und derselben Person eine Menge geboten. Freilich müßten sie starke Nerven haben, um die ganze Bandbreite dieser Dame ertragen zu können. Sie ist für jeden Unfug bereit, aber mitten im Geschehen überlegt sie es sich wieder anders und spielt die ernste, würdige Dame.

Schönster Zug an ihr: Sie kann über sich selbst lachen. Es sollte nur niemand versuchen, sich nun seinerseits über sie lustig zu machen. Dann reagiert sie überempfindlich.

Man sagt ihr nach, daß Rechthaberei ihre Stärke sei, und bedenkt dabei nicht, daß sie sehr häufig recht hat, nur dieses Rechthaben oft theatralisch auswalzt. Sie ist immer gerecht, Ungerechtigkeit ist für sie eine Sünde. Ihre Moral heißt, vor sich selbst bestehen zu können. Die Meinung der Leute schert sie wenig.

Der Mann, den sie sich zum Herzensfreund erkor, lernt die Wassermännin als lustiges, liebenswertes Wesen kennen, das nicht unbedingt geheiratet sein will. Auch wenn sie den Einzigen gefunden zu haben glaubt, der ihre Liebe verdient, sucht sie weiter nach einem, der vielleicht noch besser sein könnte. Gewesene bucht sie auf Erfahrung ab, Augenblickliche sind immer ihre große Liebe.

Wer sie zum Traualtar führte, wird einen weiteren Wesenszug an ihr feststellen: Sie ist treu. Und doch sucht sie auch in der Ehe weiter nach dem Idealbild von einem Mann, das sie schon im eigenen Gatten gefunden zu haben glaubte, bis sie in der Ehe seine Schwächen kennenlernte. Sie kann ihn ihre Abneigung spüren lassen, aber im nächsten Moment schon ist sie sich nicht mehr schlüssig: Ist er nicht doch der Richtige?

Wassermann-Frauen können die sanftmütigsten und freundlichsten Wesen auf der Welt sein. Nur muß man dafür sorgen, daß keine Langeweile bei ihnen aufkommt, sonst können sie von einem Moment auf den anderen reizbar und unverträglich reagieren. Sie müssen, wie ein Elektromotor, stets mit der gleichen Spannung geladen sein, um gleichmäßig zu arbeiten. Ein Funke schon kann zum Kurzschluß führen.

Sie ist eine gute Mutter, aber auch ihre Kinder haben manchmal unter ihren wechselnden Stimmungen zu leiden, obwohl sie bestrebt ist, alles Böse von ihnen fernzuhalten.

Die Wassermann-Frau hat einen stark entwickelten Schönheitssinn und eine lebhafte Phantasie. Ihre skurrilen Einfälle sind Legion. Deshalb ist sie in künstlerischen Berufen sehr gefragt. Auch in anderen Tätigkeiten wird sie sich zurechtfinden, wenn sie nur ein wenig Bewegungsfreiheit behält; kommandieren läßt sie sich nicht.

Sie wird nie gern an einem Platz sitzen wollen, sondern möchte in einem Betrieb herumkommen, von einer Abteilung in die andere versetzt werden. So wird ihr Wissen erweitert, und das nützt auch der Firma. Sie wird manchmal fünf gerade sein lassen, um mit dem Abteilungsleiter zu flirten, dem sie dann, wenn er sich fast am Ziel seiner geheimen Wünsche sah, Salz in den Kaffee schüttet. Und trotzdem wird ihr niemand so recht böse sein können.

Als Chefin ist die Wassermann-Frau nicht sehr streng; es gelingt ihr, Mitarbeiter mit Freundlichkeit zu überzeugen, was andere mit hartem Befehlston vergeblich versuchen. Sie wird Verständnis haben, wenn jemand mal nicht ganz auf der Höhe ist, und kaum schimpfen, wenn sie von einem privaten Fehltritt hört. Sie wird sogar den Betreffenden aufzurichten versuchen. Für die sozial Schwächeren wird sie immer mehr übrig haben als für die Protzen.

Zum Geld hat sie nicht unbedingt ein gutes Verhältnis. Es kann ihr durch die Finger gleiten, wenn sie anderen damit eine Freude machen kann. Sie kann es aber auch eisern sparen.

Wer ihr Gutes tat, den wird sie nie vergessen. Wer sie enttäuschte, kann auf ihre Verzeihung hoffen, aber sie wird ihm Jahre später noch einmal vorhalten, wie schlecht er damals an ihr gehandelt habe. Die Wassermann-Frau liebt nun einmal den Überraschungseffekt.

Wie erzieht man Wassermann-Kinder?

Erstaunliche Feststellung aller Eltern, die ein Wassermann-Kind groß-ziehen (von »besitzen« kann hier keine Rede sein): Dieses Kind hat einen solchen Drang nach Unabhängigkeit, daß es auf die ernstge-meinten Ratschläge der Eltern kaum eingeht. Es will alles aus sich heraus leisten. Und meistens schafft es das auch.

In der Schule hat es gute Noten, wenn nicht ein hindernder Aszendent bei seiner Geburt Pate stand. Es ist in der Klasse beliebt, weil es für sein Leben gern Streiche spielt. Auch Nachbars Obstbäume sind ihm nicht zu hoch — selbst Wassermann-Mädchen tummeln sich darauf und pflücken die schönsten der verbotenen Früchte.

Wassermann-Kinder gelten als dickköpfig, weil sie auf Befehle mit Stur-heit reagieren. Gute Argumente erst werden sie überzeugen. Schließlich sind sie hellwach. Man sollte sie viel auf den Sport- und Spielplätzen herumtummeln lassen, damit sie ihre überschüssige Kraft abreagieren können. In einem harmonischen Elternhaus können die kleinen Wider-spruchsgeister am ehesten gezähmt werden.

Die Partnerinnen des Wassermann-Geborenen

* Ideenreiche Widder-Frau
In einer Ehe zwischen Wassermann und Widder-Frau gehen die Ideen nie aus. Doch während die Widder-Dame bald die Lust zu verlieren scheint, setzt der Wassermann ihre und die eigenen Pläne in die Tat um. Manchmal geraten die beiden aneinander, dann nämlich, wenn die Widder-Frau sich als Chef im Hause aufspielen möchte; der Wassermann ist antiautoritär eingestellt. Sieht er jedoch, daß seine Frau im Recht ist, kann er sich sogar ihren Wünschen unterordnen. In dieser Ehe wird man gern das Abenteuer in der Ferne suchen und nicht unbedingt am eigenen Heim kleben. In der Liebe wünschte sich die Widderin manchmal etwas mehr Feuer von ihrem Wassermann.

* Bei der Stier-Frau in Fesseln
An der Seite der Stier-Frau kann der Wassermann-Geborene seine sprühenden Ideen in klingende Münze verwandelt sehen. Aber soll diese Ehe halten, muß er der nachgebende Teil sein. Sein nonchalantes

Wesen fordert die Stier-Frau geradezu zum Widerspruch heraus. Und das kann zu jenen Wolkenbrüchen führen, die das Feuer der Liebe schnell verlöschen lassen. Der Wassermann möchte hier und da einmal ausbrechen aus dem Privatleben, das sieht keine Stier-Frau gern: Wen sie besitzt, den will sie an sich fesseln, daß er nicht mehr loskommt. Der Wassermann mag keine Fesseln, für ihn ist die Familie ein schönes Beiwerk zum eigenen Leben. Die Stier-Frau aber braucht die Familie als ein Instrument, das stets auf Gleichklang eingestimmt sein muß. Auch in der Liebe wird es manchmal blitzen, wenn der Wassermann wieder einmal vergessen hat, daß sein leidenschaftliches Stierlein auch vom Partner letzte Hingabe verlangt.

* **Wenn die Zwillinge-Frau lacht**
Was den Wassermann zu der Zwillinge-Frau hinzog, war ihr Esprit, ihre lustige Art, auch noch über Dinge zu lachen, die eigentlich so gar nicht lächerlich sind. Sie mochte seine zielbewußte Art, die in ihrer Direktheit manchmal schockieren kann. Beide hatten gleich geistigen Kontakt, der das ganze Eheleben über anhält. Auch für die Zwillinge-Frau ist das Sexuelle nur etwas Zweitrangiges, und in dieser Meinung wird sie von dem Wassermann bestärkt. Dieser Gleichklang der Gefühle wird auch günstig auf die anderen Lebensbereiche ausstrahlen.

* **Getrennte Schlafzimmer mit der Krebs-Frau**
Die Krebs-Frau lebt von Gefühlen, der Wassermann-Geborene weiß auf Menschen einzugehen. Leider wird er manchmal ungeduldig, und das könnte für die immer noch einmal alles überdenkende Krebsin der Stein des Anstoßes sein. Sie möchte in den eigenen vier Wänden glücklich sein, er will sich mal im Wirtshaus mit anderen Leuten treffen. Die Krebs-Frau versteht, das Geld zusammenzuhalten, das der Wassermann unters Volk streuen möchte, nur um sich selbst zu beweisen, wie großzügig er doch im Grunde ist. Beide sind phantasiebegabt, beide möchten sich aber auch von Zeit zu Zeit in die Einsamkeit zurückziehen: Getrennte Schlafzimmer wären hier zu empfehlen. Nur wenn beide sich aufeinander abstimmen können, wird sich ein dauerhafter Bund ergeben.

* **Mit der Löwe-Frau in Opposition**
Eine Liebe auf den ersten Blick war es wohl nie, wenn sich Wassermann und Löwe-Frau zum Ehebund zusammenschließen. Eher fand man sich über allerlei Streitereien um des Kaisers Bart. Denn im Tierkreis stehen Löwe und Wassermann in Opposition. Das braucht nun nicht zu heißen, daß sich die beiden tagtäglich anfauchen: Der Wassermann wird

als der Klügere nachgeben und seiner Löwe-Frau die königliche Verehrung zuteil werden lassen, nach der sie lechzt. »Im Haus«, sollte er denken, »kann sie regieren, was ich draußen tue, ist meine Sache«. Und so staffiert sie ihre Wohnung mit allerlei Luxus aus, er wird sie wegen ihres Geschmacks loben, obwohl der gar nicht immer sein eigener ist. Hauptsache, die Löwin ist zufrieden und merkt nicht, daß man außer Haus einen Ausgleich sucht.

* Die Jungfrau ruft ihn zur Ordnung
Wassermann und Jungfrau haben die gleiche realistische Einstellung zum Leben, den gleichen geistigen Horizont. Die Jungfrau-Dame sucht Sicherheit in der Ehe, der Wassermann mehr eine Kampfgemeinschaft, in der man auch einmal fünf gerade sein lassen kann. Mit der Zeit merkt er, daß ihn die Jungfrau zunehmend zur Ordnung ruft, wenn's ums liebe Geld geht; sie will ihm zuteilen, was er via Kredit längst verplant hat. Ihre ewige Nörgelei über Kleinigkeiten regt ihn nicht weiter auf — man braucht ja nicht zuzuhören! Ihn freut aber, daß sie ihm zu Hause selbst die kleinste Arbeit abnimmt, so daß er sich ganz auf den Beruf konzentrieren kann. Und da sie stets nützliche Ratschläge für ihn parat hält, wird der Wassermann an der Seite seiner Jungfrau schnell Karriere machen.

* Ideal Waage-Frau
Freude und Frohsinn herrschen im gemeinsamen Heim von Wassermann und Waage-Frau. Man hat sich gesucht und gefunden, die gleiche positive Einstellung zum Leben, an dem man auch andere gern teilnehmen läßt. Ein Idealpaar unter den Sternen? Na ja, aber doch mit einigen Schönheitsfehlern, die auch diesen auf Harmonie abgestimmten Bund in Turbulenzen bringen kann. Die Waage-Frau möchte ihren Wassermann ganz für sich allein besitzen, er fühlt sich als Weltkind, das auch andere Menschen glücklich machen kann. Er haßt ihr Abwägen, das Entschlußlosigkeit gleichzusetzen ist, sie seine direkte Art, die unabsichtlich verletzen kann. Aber man findet sich immer wieder — über die Liebe, über die gleichen Ideale, und weil die Waage-Frau immer wieder von neuem einlenken wird.

* Die Skorpion-Frau gerät in Rage
Nichts kann die Skorpion-Frau mehr in Rage bringen, als wenn ihr Wassermann in einer rosaroten Stunde der Liebe den Unbeteiligten spielt; sie möchte, daß er ihr Spiel leidenschaftlich mitspielt. Aber das ist es nicht allein, was die Wassermann-Skorpion-Ehe belastet. Meist

haben die beiden einen völlig anderen Geschmack: liebt er es in blau, möchte sie es mehr in lila! Er hält sie dann für ein stures Weib, sie ihn für einen Mann, der mehr dem Oberflächlichen zugetan ist. Will aber der Wassermann aus dieser Verbindung ausscheren, lernt er seine Skorpion-Frau von der besten Seite kennen: Sie beharrt, kittet und triumphiert schließlich. Fragt sich nur, ob der Kitt nicht eines Tages doch wieder bröckelt.

* Schlechte Zuhörerin: die Schütze-Frau
Für die Schütze-Frau stand es vor der Ehe lange nicht fest, ob der Wassermann der Richtige für sie wäre. Das reizte ihn, sie endgültig zu erobern. Die Ehe wird auf gemeinsamen Idealen gegründet, man gibt gern auch an andere einen Teil dessen ab, was man sich erarbeitete. Der Wassermann läßt seine Schützin im Haus regieren, und das tut sie mit Vehemenz. Manchmal möchte er ihr von dem Leben draußen in der feindlichen Welt, von seinen Sorgen und seinen Erfolgen erzählen. Leider ist die Schütze-Frau meist eine schlechte Zuhörerin, die von des Wassermanns Problemen leicht und ausschließlich auf die eigenen zu sprechen kommt. So könnte man aneinander vorbeireden. Auch wenn im Sexuellen alles klappt — hier könnte der Grundstein zu ewigem Unfrieden gelegt sein.

* Auch die Steinbock-Frau hilft gern
Wassermann und Steinbock-Frau finden sich in dem hehren Ziel, anderen zu helfen, ein wenig Menschlichkeit in die Welt zu bringen. In der Ehe sieht sich der Wassermann jäh aus seinen Träumen gerissen. Seine Steinbock-Frau wird ihm schon bald klarmachen, daß das, was er für Realismus hielt, noch lange nicht realistisch genug ist. Sie wird die Hosen anziehen und mit der Umerziehung beginnen. Der verständige Wassermann sieht dann ein und baut nun mit am eigenen Heim, am Wohlstand der Familie. Dafür ist sie ihm bei aller Zurückhaltung eine zärtlich-liebende Gattin, eine gute Mutter seiner Kinder. Und sie schafft möglicherweise nebenher sogar noch in einer Halbtagsarbeit, um ihren Teil für das Wohlergehen beizutragen.

* Die Traumwelt der Wassermänner
Wassermänner unter sich bauen an einer Traumwelt, die nie und nimmer Wirklichkeit werden kann. Nur gut, daß sie ein wenig wetterwendisch sind und von einem Extrem ins andere springen können. So kommt man bei aller Großzügigkeit gegenüber anderen schließlich doch zu einem

gewissen Wohlstand. Man spricht gern miteinander, auch Humor ist den beiden nicht abzusprechen, aber leider können beide durch ein einziges schiefes Wort verletzt werden. Und Wassermänner sind Meister der schiefen Worte! Daraus ersieht man wieder einmal, daß Leute aus den gleichen Sternbildern durchaus nicht in allen Teilen harmonisieren, besonders wenn beide mit dem Kopf durch die Wand wollen.

* Etwas unselbständig: die Fische-Frau
Ehe sich der Wassermann versieht, hängt das Fischlein an seiner Angel und beißt sich fest. In der Ehe leben die beiden für ihr gemeinsames, menschheitsglückendes Ideal. Die Fische-Frau wird ihren Wassermann freilich kaum zu Höchstleistungen anspornen, dafür ist sie manchmal zu unselbständig. Sie wird ihm aber eine heitere, freundliche Partnerin sein, so sie nicht in ihren alten Fehler verfällt, das Leben von der negativen Seite zu betrachten. Er muntert sie auf, erzählt ihr von der bösen Welt da draußen und hat eine geduldige Zuhörerin. Oft will es ihr scheinen, daß er ein wenig zu unpersönlich in den intimsten Dingen ist, die zur Ehe gehören. Aber wenn er sie dann in die Arme nimmt und den rücksichtsvollen Ehemann spielt, ist bei ihr alles nur noch Gefühl.

Fische (20. Februar bis 20. März)

Der Winter klingt aus, wenn die Sonne das Tierkreiszeichen Fische durchläuft. Zwar blasen noch rauhe Winde, aber die ersten Blumen lassen den kommenden Frühling schon ahnen. Die Menschen, die in dieser Zeit geboren wurden, haben starke Innenkräfte, die sie aber ihren Mitmenschen gegenüber gern verbergen. Sie sind schüchtern, obwohl sie diese Schüchternheit manchmal mit aufgesetzter Forschheit zu kaschieren suchen. Das Leben scheint ihnen oft feindlich gesinnt, ihre tiefsten Gefühle werden von mitleidlosen Menschen verletzt. Aber Fische-Geborene sind in einer Traumwelt versponnen, in die sie sich immer wieder Trost suchend zurückziehen, wenn ihnen die Realität Leben übel mitspielte. Neptun ist der Beherrscher dieses Zeichens, Jupiter funkt manchmal dazwischen. Fische-Menschen, denen übertriebener Ehrgeiz oder Habgier kaum nachgesagt werden können, sind oft von schwächlicher Konstitution, ihr Nervensystem ist anfällig und häufig wird bei ihnen Blutarmut beobachtet. Auch der Alkohol, den sie manchmal als Trostspender brauchen, kann ihnen zusetzen. Zinn und — wie beim Wassermann — Platin sind ihre Metalle, ihre Glückssteine der Chrysolith, der weiße Saphir und der Hyazinth; ihr besonderer Talisman ist die Koralle. Weiß und grau sollten die bevorzugten Farben dieses Sternzeichens sein.

Der Fische-Mann ist doch der Beste

Von allen Sterntypen ist der Fische-Mann der bescheidenste. Er ist völlig uneigennützig und stets bereit, anderen zu helfen. Man sollte ihm seine Ruhe lassen und auch seine Träume. Trotzdem wird er, wenn er ein Ziel vor Augen hat, riesige Kraftanstrengungen unternehmen, um dieses Ziel zu erreichen; meist werden ihm dabei Gönner zur Seite stehen, die des Fisches bescheidene und ruhige Art schätzen lernten.

Der Fische-Mann hält nicht viel von Titeln (selbst wenn er davon träumt, eines Tages Bundespräsident zu werden), und auch seine Beziehung zum Geld ist nicht allzu ausgeprägt. Er träumt zwar ständig von Lottogewinnen und was er damit alles anfangen könnte, aber es macht ihm überhaupt nichts, wenn er niemals an das große Geld herankommt: Er ist zufrieden mit dem, was er hat, wenn er nur träumen kann von dem, was kommen könnte.

Diese seltsame Beziehung zum Geld macht manche Fische-Männer zu Spielern, zu Hasardeuren, die den letzten Pfennig für ihren Traum vom Glück opfern können; viele Börsenspekulanten wurden unter dem

Fische-Zeichen geboren. Spekulanten und Glücksritter sind die berühmten Ausnahme-Erscheinungen, die man in jedem Tierkreiszeichen findet. Trotzdem ist der Spieltrieb bei allen Fische-Männern stark entwickelt.

Der Jagd nach Geld steht vor allem der romantische Geist, das Streben nach hohen Idealen entgegen, die man für Geld bekanntlich nicht kaufen kann.

Fische-Männer haben auch in der Liebe und in der Ehe ihre Ideale, die sie beständig suchen. Es fehlt ihnen nur der Mut zu schnellen Entscheidungen, wenn sie einmal das gefunden haben, was ihrem Idealbild am nächsten kommt. So flattert der schillernde Schmetterling davon, den sie schon im Netz glaubten: Fische-Männer werden oft enttäuscht.

Ihre romantischen Gefühle versuchen sie hinter einem Panzer von scheinbarer Gefühlskälte zu verstecken. Ihre Unsicherheit im Lebenskampf tarnen sie mit einer Rücksichtslosigkeit, die sie befähigt, weit stärkere Männer aus dem Wege zu räumen. Sie opponieren, weil es die einzige Möglichkeit ist, sich auch einmal durchzusetzen. Dabei sind sie so verträglich; keiner Fliege können sie etwas zu leide tun. Wenn man sie nimmt, wie sie sind, muß man sie lieben.

Der Fische-Mann ist ein galanter Liebhaber, aber er wird sich sofort zurückziehen, sobald er festgelegt werden soll. Ein Verhältnis muß für ihn wachsen, braucht seine Zeit, bis man sich endgültig dafür entscheidet. Die Zeit bis dahin vertreibt er sich möglicherweise bei anderen.

Fische-Männer werden in der Ehe nicht immer glücklich. Sie brauchen eine Gefährtin, die offen und ehrlich zu ihnen ist, die aber auch ihre Ideale nicht zerstört. Sie sollte sie ab und zu in Ruhe lassen, nicht zu geschwätzig sein (ein Fische-Mann spricht selbst sehr gern) und vor allem Herzenstakt besitzen. Es würde auch nichts schaden, wenn sie ein wenig Vermögen in die Ehe mitbrächte — nicht, weil Fische-Männer auf die Mitgift aus sind, sondern weil diese ein bißchen Sicherheit für das Leben mit einem Fische-Mann bedeutet (viele Frauen von Fische-Männern arbeiten darum auch nach der Hochzeit in ihrem Beruf weiter!).

Die Frau, die den Fische-Mann richtig zu nehmen weiß, wird bei ihm den Himmel auf Erden haben. Seine Kinder werden von ihm schwärmen, denn er wird ihre Probleme analysieren und sie schleunigst lösen. Er wird in gewisser Beziehung sehr strenge Anschauungen haben, aber trotzdem der beste Kamerad sein.

Der Fische-Mann sucht beständig die Wahrheit, er kennt keine Vorurteile. Er wird selbst den schlimmsten Verbrecher noch entlasten wollen, wenn dieser menschliche Züge zeigt. Für seine Freunde geht er durchs

Feuer; er versucht sie auch dann noch zu verstehen, wenn sie ihm einmal übel mitspielten.

Er ist ein Mitarbeiter, der niemals das in ihn gesetzte Vertrauen bricht. Im Beruf wird er selbst dann die Pflicht erfüllen, wenn andere vor der Schwere der Arbeit zurückschrecken. Er ist nicht der schnellste Denker, aber es gelingt ihm dafür, umso gründlicher nachzufassen und Schwierigkeiten zu überwinden. Sein pingeliger Ordnungssinn ist bekannt. Bei vielen Kollegen gilt er als verschlossener Charakter, weil er nicht wie sie alles ausplaudert, was um sie herum geschieht; er kann Geschäftsgeheimnisse für sich behalten.

Vor allem eignen sich Fische-Männer auch als Lehrer, denn sie können die diffizilsten Dinge klar und richtig erklären. Sie werden nie sagen, so und so verhalte sich das und damit basta, sie werden auch erläutern, warum das so ist.

Am Schaltpult der Macht ist der Fische-Mann nicht unbedingt der harte Manager, der sich — koste es, was es wolle — durchsetzen will. Er wird auch als Chef zu dienen versuchen, um der Menschlichkeit willen. Die Ellbogen sind bei ihm stumpf. Er bringt meistens viel Erfahrung auf den Chefstuhl mit, auf dem er nicht unnahbar thront, sondern mitarbeitet. Seine Launen lassen ihn oftmals schroff erscheinen, aber auch hier ist es nur der Panzer, den sich der Fische-Mann zeitweise anlegen muß.

Um sich entwickeln zu können, braucht der Fische-Mann eine harmonische Umwelt, die viel Verständnis, Geduld und Zuneigung aufbringt; die bereit ist, seine Träume, wenn er sie je offenbart, mitzuträumen oder sie gar zum Teil in die Wirklichkeit umzusetzen. Man sollte verstehen lernen, daß sein oft sarkastisch-ironisches Wesen, das andere sehr verletzen kann, nur der berühmte Schutzschild ist, mit dem er mögliche Angriffe auf sein weiches Ich abwehrt.

Das Geheimnis der Fische-Frau

Es gibt keine Frau, die so sensibel auf ihre Umwelt reagiert, wie die Fische-Frau. Sie ist charmant, sanft und gütig — eine Frau, in die sich jeder Mann verlieben könnte. Sie paßt sich an, ist zuverlässig und treu; sie möchte aller Welt helfen und vergißt dabei ganz, daß sie am wenigsten sich selbst helfen kann.

Sie ist ängstlich bemüht, ihr Ich geheimnisvoll hinter einer spanischen Wand zu verstecken. Sie weiß, daß sie die gefühlvollste unter ihren Sternenschwestern ist, aber sie versucht ängstlich, diese Gefühle zu verbergen, damit sie kein rücksichtsloser Geselle zertrampelt.

Die Fische-Frau liebt darum oft nur an der Oberfläche. Die lockere Bindung ist ihr gerade recht, ihr zartes Seelenleben könnte sonst womöglich Schaden nehmen. Insgeheim aber hofft sie, daß ihr ständiger Begleiter sich als Märchenprinz entpuppt, der sie wie Dornröschen erweckt, dem sie alles geben kann, ohne daß ihre Seele angeknackst wird. Männer lieben solch zerbrechliche Wesen, die nur noch für sie da zu sein scheinen. Einige empfinden sie als Klette, die sich unwiderruflich um sie rankt.

Für viele bleibt die Fische-Frau ein ewiges Rätsel. Wie ihr männlicher Sternenbruder lebt sie in ihren Träumen. Ihr ganzes Wesen ist nach innen gerichtet — möglich, daß mancher das für eine andere Form von Egoismus hält. Sie kann so entzückend hilflos erscheinen, obwohl sie — weibliche Schläue! — ganz genau weiß, was sie will. Sie ist empfindlicher als jede andere Frau, sobald man ihre zarten Gefühle verletzt. Und dann zeigt sie hochherrschaftliche Launen, die jeden abstoßen können.

Da sie Unehrlichkeit nicht ausstehen kann, platzt sie oft gerade zum unrechten Zeitpunkt mit Wahrheiten heraus, die andere schockieren. Sie meint es nie so, wie sie es ausspricht — aber gesagt, ist gesagt! Viele halten sie, die sonst so Stille, dann plötzlich für eine Schwätzerin.

Fische-Frauen werden oft enttäuscht, aber sie wissen nicht, daß sie manchmal selbst an den Enttäuschungen schuld sind. Sie wollen sich nie ganz offenbaren, bauen Geheimnisse um sich auf und sind dann entsetzt, daß man sie nicht für ganz aufrichtig hält. Männer können so ekelhaft sein, nicht zu begreifen, daß solche Charakteranlagen nur Selbstschutz bedeuten.

Sie haben einen Kanal, durch den alle Enttäuschungen wieder abfließen können: er wird gespeist von ihren Tränen. Keine Frau kann herzerweichender weinen als die Fische-Frau, keine aber auch ihren Kummer so ersäufen wie diese — Fische-Mädchen jedweder Schattierung sollten sich daher vor dem Alkohol hüten.

Hat sich die zerbrechliche Fische-Frau endlich zur Ehe entschlossen, wird sie mit letzter Hingabe ihren Mann und die Kinder lieben. Der Gatte wird nicht merken, daß diese Hingabe nur Mittel zum Zweck ist, um die Familie mit sanfter Gewalt zu beherrschen. Von nun an bestimmt sie nämlich, was zu geschehen hat. Die Tränen sind ihr Hilfsmittel, mit dem sie jeden kirre macht. Ihre scheinbare Hilflosigkeit ist in Wirklichkeit eine scharfe Waffe. Kluge Männer begeben sich unter den Pantoffel, andere brechen aus, und dann sitzt ihr heulendes Elend daheim.

Fische-Frauen sind strebsam, aber der harte Lebenskampf liegt ihnen nicht. Sie werden darum in der Ehe lieber das Hausmütterchen spielen wollen, als in einem Beruf für das Wohl der Familie mitzuarbeiten. Manche Fische-Frau, deren Mann wegen dringender anderer Geschäfte häufig zu Hause durch Abwesenheit glänzt, füllt die Ehe nicht aus; die Langeweile läßt sie dann eine Beschäftigung annehmen, vielleicht als Kindergärtnerin, vielleicht auch als Studentin, um ihren ewigen Wissensdurst stillen zu können. Eine irgendwie vernachlässigte Fische-Frau versucht ihre Mitwelt nicht nur durch Tränen, sondern auch durch Taten von sich zu überzeugen.

Fische-Frauen werden vor allem in Berufen Hervorragendes leisten, die ihre sprichwörtliche Opferbereitschaft verlangen. Harte Männerjobs sind nichts für diese zarten Seelen. Wie ihr männlicher Sternenkollege wird sie die Diskretion in Person sein, aber ihre Gründlichkeit wird meist an der Oberfläche bleiben: Fische-Frauen verkramen gern etwas, was sie eigentlich unbedingt brauchen. Sie sind auch ein wenig vergeßlich, weil sie oft andere Dinge im Kopf haben als die, an denen sie gerade arbeiten. Trotzdem sind sie bei ihren Kollegen und vor allem bei ihren Chefs sehr beliebt, weil sie sich anpassen, im entscheidenden Augenblick auch mal zurückstecken können. Streitfragen zwischen dem Fische-Mädchen und einem Kollegen werden die meisten Chefs wahrscheinlich zugunsten des Mädchens entscheiden: Wer kann solch einem hilflosen Geschöpf schon weh tun? Und auch aus diesem Beispiel ersieht man wieder, daß sich die Fische-Frauen sehr wohl durchsetzen können.

Chefinnen aus dem Fische-Zeichen sind sehr sozial zu ihren Mitarbeitern. Sie vergessen die Weihnachtsgratifikation ebenso wenig wie ein aufmunterndes Lächeln, das mehr ist als bloße Anerkennung. Sie sind freilich sehr rar in der rauhen Arbeitswelt.

Fassen wir zusammen: Die Fische-Frau braucht viel Liebe, zärtliche Partner, die um ihr so leicht aus den Fugen brechendes Seelenleben wissen. Sie ist hilflos, obwohl sie anderen starke Hilfe leisten kann. Sie scheint zu schwach, sich durchsetzen zu können, aber gerade das ist ihre Stärke.

Sie ist liebenswert, weil sie dem, den sie liebt, alles zu geben vermag, wenn er nur nicht hinter ihr letztes Geheimnis zu gelangen sucht: Wie sie es macht, daß ihr jeder zu Füßen liegen möchte.

Wie erzieht man Fische-Kinder?

Da liegt es nun in der Wiege, pummelig und rund, das Fische-Baby. Dies Kind ist so herzig, daß man sich wünschen möchte, es solle immer Kind bleiben. Der Wunsch geht in Erfüllung; ein echter Fisch bleibt ein wenig kindlich, auch wenn er schon längst erwachsen ist und selber Kinder hat.

Das kommt vom Gemüt und vom ausreichenden Vorrat an kindlichen Märchenträumen.

Das Fische-Kind ist lustig, aber wenn es seinen Willen durchsetzen will, spielt es das heulende Elend. Eltern sollten nicht zu sehr auf die Tränen achten und sich durchsetzen: Der Fisch wird die Obrigkeit anerkennen und sich nach dickköpfigem Schweigen in das Unabänderliche fügen.

Kein Kind ist verspielter als das aus dem Fische-Zeichen. Über dem Spielen kann es die Schularbeiten vergessen. Man sollte es dann an den »Ernst des Lebens« erinnern, und es wird willig die Spielsachen zur Seite legen: Gegen vernünftige Gründe wird es nie opponieren.

Und darum kommen Fische-Kinder auch in der Schule zurecht, oft verkannt von ihren Lehrern, meist aber gelobt wegen ihres guten Betragens. Die Kinder sind nicht schwer erziehbar, wenn sie auch in entscheidenden Augenblicken immer nur das tun, was sie selber wollen.

Die Partnerinnen des Fische-Mannes

* Die Widder-Frau muntert auf
Eigentlich müßte der Fische-Mann an der Seite einer Widder-Frau aufleben; sie ist ein herziges, fröhliches Mädchen, das den manchmal zu Depressionen und Launen neigenden Fisch aufmuntern könnte. Aber die Widderin ist auch ein wenig herrschsüchtig, und das behagt dem gegen alles Autoritäre eingestellten Fische-Mann gar nicht. Er müßte der Widder-Frau öfter einmal beweisen, wer der eigentliche Herr im Haus ist — sie mag das Männlich-Energische. Als Gegenleistung erhält er von der Widderin das Rückgrat gestärkt, wenn er wieder einmal glaubt, sich in der bösen Umwelt nicht durchsetzen zu können. Da der Fische-Mann viel Gefühl in die Ehe mitbringt, das auf ein feuriges Widder-Persönchen anregend wirken kann, wird man im sexuellen Teil der Ehe kaum Klage führen können.

* Die Stier-Frau meint es gar nicht so
Körperlich ziehen sich der gefühlvolle Fische-Mann und das wohlgebaute Stier-Mädchen unwiderstehlich an. Einer dauerhaften und glücklichen Verbindung könnte also nichts im Wege stehen, auch wenn sie im Wesen doch recht verschieden sind: Er lebt oft in einer erträumten Phantasiewelt, sie ist die Vorkämpferin eines materiellen Zeitalters. Er möchte das Geld oft mit beiden Händen hinauswerfen, sie hält es — manchmal mit gesundem Geiz — zusammen. Sie finden sich wieder in einem gemütlichen Heim, das die Stier-Frau mit Geschmack einzu-

richten versteht. Der Fische-Mann sollte an der Seite der Stier-Frau nicht zu empfindlich reagieren, sie meint es meistens gar nicht so absolut, wie sie es ausspricht. Sie wird ihn, den oft Unentschlossenen, zu Höchstleistungen anspornen, und diesen Ansporn braucht jeder Fische-Mann.

* Zielscheibe der Zwillinge-Frau
Was den Fische-Mann zur Zwillinge-Frau hinzog, war ihr Humor, ihre so leichte Art, dem Leben die besten Seiten abzugewinnen. In der Ehe freilich sieht das ganz anders aus; da findet er sich oft als Zielscheibe ihres sarkastischen Witzes, und »des Lebens beste Seite« ist für ihn ein strapaziöses Dasein in großen Gesellschaften. Der Fische-Mann liebt den kleinen Kreis, wenige Freunde, die mit einem durch dick und dünn gehen, die aber die Zwillinge-Dame oft für langweilig hält. Er will seinen Frieden, sie mag den Betrieb: Wenn es ihr zu langweilig an der Seite ihres Fischs wird, sucht sie Zerstreuung außerhalb der eigenen vier Wände.

* Verständnisvolle Krebs-Frau
Zunächst ist es eine Seelen-Freundschaft, dann eine tiefe, echte Liebe, die sich im gemeinsamen Heim ein Leben lang fortsetzen wird: Mit der Krebs-Frau geriet der Fische-Mann an die einzig Richtige, an die gemütstiefe, verständnisvolle Partnerin. Und sie wird an ihm dasselbe haben, einen in einer Traumwelt lebenden Ehemann, den sie nur von Zeit zu Zeit einmal aufrichten, dem sie Mut zusprechen muß, wenn er wieder einmal in einem Wellental angelangt ist. Beide sind sehr sensibel, können durch die kleinste Kritik aufs tiefste verletzt werden. Beide reagieren oft negativ; wenn sie ein Schicksalsschlag trifft, vergessen sie oft, daß er nicht durch Lamentieren überwunden werden kann. Hier wirkt sich ihre Feinfühligkeit, die im Sexuellen gerade recht ist, nachteilig aus.

* Anpassung an die Löwe-Frau
Eines sollte der Fische-Mann bedenken, wenn er eine Löwe-Frau zum Traualtar führt: Von nun an braucht er Nerven wie Drahtseile, denn seine Löwin wird ihn aus der romantischen Traumwelt reißen, die er so gern um sich herum aufgebaut sieht. Nun muß er den Mann einer Königin spielen. Er kann sich anpassen, aber wenn's ihm zuviel wird, schlüpft er durchs Netz, in dem ihn die Löwe-Frau gefangen hält. Auch wenn er oft den untersten Weg geht, will er doch nicht zum Pantoffelhelden werden. Das sollte die Löwe-Dame bedenken, wenn sie in der Ehe an des Fisches Umerziehung gehen will.

* Die Praxis der Jungfrau
Eigentlich müßte eine Ehe zwischen Fische-Mann und Jungfrau-Gebo-
rener schief laufen — zu verschieden sind der beiden Charaktere. Aber
bekanntlich können sich Gegensätze auch anziehen und ergänzen. Der
Fische-Mann baut sich seine Traumwelt zielstrebig auf und ist schließlich
verwundert, wenn ein Teil des Erträumten tatsächlich eintrifft. Die
Jungfrau-Dame ist mehr fürs Praktische und analysiert lieber, wie es dazu kam. Beide sind hilfsbereit, beide auch geistig sehr auf der Höhe.
Wenn die Jungfrau ihre leidige Kritiksucht zügelt, die ihm schließlich den
letzten Rest Selbstvertrauen raubt, könnte die Ehe gutgehen.

* In einem Boot mit der Waage-Frau
Die Ehe zwischen Waage-Frau und Fische-Mann hat einige Unsicherheitsfaktoren. Zwar sind beide bestrebt, bis das der Tod sie scheidet,
zusammenzubleiben, aber wenn sie dann zusammen auf einem Tiefpunkt
angelangt sind, wissen sie oft nicht, wie das gemeinsame Lebensschifflein
wieder flott gemacht werden kann. Die Waage-Frau sollte ihren Fisch
aufheitern und aus jenen Depressionen reißen, denen er sich, beinahe
selbstzerstörerisch, hingeben kann. Sie ist charmant, aber manchmal sind
ihre Gefühle nur gespielt. Das könnte der überaus empfindsame Fische-
Mann sehr schnell merken. Ein Gutes haben beide: Sie lieben ein friedvolles Zusammenleben über alles.

* Liebesstarke Skorpion-Frau
Nachbarn möchten manchmal meinen, der Fische-Mann und seine
Skorpion-Frau seien gar nicht zu Hause, so leise geht es bei diesen beiden
Sternenkindern zu: Man versteht sich ohne viele Worte. Sie wird sein
Selbstvertrauen stärken, er wird sich an der Seite dieser so liebesstarken
Frau geborgen fühlen. Viele Fische-Männer kamen bei einer Skorpionin
unter den Pantoffel, obwohl sie sich ansonsten stets mit Erfolg gegen alles
Autoritäre auflehnten. Die Skorpion-Frau sollte freilich hier und da über
die mangelnde Entschlußkraft ihres Fische-Gemahls hinwegsehen und
ihn nicht kritisieren; denn aus solcher Kritik könnte der Fisch auf persönliche Abneigung schließen.

* Auf der Suche: die Schütze-Frau
Bis sich die Schütze-Frau und der Fische-Mann vor dem Traualtar das
Jawort geben, vergeht lange Zeit. Denn die Schützin sucht immer und
immer wieder den idealen Partner, und wenn sie ihn in dem Fische-Mann
gefunden zu haben glaubt, möchte sie ihn einige Zeit prüfen. Der Fische-

Mann ist ein wenig unschlüssig und wägt ebenso, ob die Verbindung, die er anstrebt, auch die richtige für ihn sei. Manchmal kommen daher Fisch und Schützin schon vor der Ehe von der Angel los. Haben sie aber endlich den Entschluß zu heiraten gefaßt, bleiben sie sich treu, auch wenn er — nach ihrer Meinung — allzu sehr ihre Freiheiten einschränken möchte oder sie — nach seiner Meinung — allzu kleinlich ist. Für seine Liebeskünste ist die Schütze-Frau sehr empfänglich. An ihrer Seite wird der Fische-Mann auch andere Talente spielen lassen, so daß der Wohlstand in dieser Ehe gesichert sein dürfte.

* Die Steinbock-Frau lehrt ihn sparen
Während der Fische-Mann in seiner Junggesellenzeit ein ziemlich ungezwungenes Leben führte, lernt er an der Seite einer Steinbock-Frau Plan und Plansoll kennen. Sie wird ihm seine Träume ausreden und seine Phantasie in realere Kanäle leiten. So kommt er auch beruflich vorwärts und lernt den Wert eines Sparbuches zu schätzen. Wenn die Steinböckin ihren Fische-Mann stets mit sanften Worten ermuntert, wird ihn das anspornen. Nur darf sich nicht die leiseste Kritik aus der Ermunterung herauslesen lassen — schon schwimmt der Fisch in einem trüben Wässerchen, das ihn ihren Blicken entzieht. Nur gut, daß sich beide zum eigenen Heim hingezogen fühlen und nicht in der großen Welt Zerstreuung suchen wollen — so findet man schließlich doch wieder zusammen.

* Menschliche Wassermann-Frau
Den Fische-Mann und seine Wassermann-Frau verbindet ihr Sinn für echte Menschlichkeit. Auf diesem Gebiete werden sie immer eine Kampfgemeinschaft bilden. Sonst hapert es manchmal mit dem rechten Verstehen in dieser Verbindung. Die Wassermann-Frau mag des Fisches Launen und seinen oft skurrilen Humor nicht, der Fische-Mann kann ihre Art nicht vertragen, von Zeit zu Zeit einen Streit um Belangloses vom Zaune zu brechen. Dabei müßten sich beide gegenseitig helfen: Die Wassermann-Frau könnte dafür sorgen, des Fisches manchmal angekratztes Selbstvertrauen zu stärken, er sollte ihr die Gewißheit geben, daß er weniger Ehemann, denn Freund sein möchte.

* Fische zwischen Weinen und Lachen
Wenn andere lachen, lacht der Fische-Mensch mit, wenn andere weinen, heult er wie ein Schloßhund. Es müßte also unter zwei Fische-Menschen eine Ehe zwischen Weinen und Lachen geben. Charakterlich sind Fische-Mann und Fische-Frau gleichgelagert. Das kann das Glück in der Ehe

sichern, es aber auch wanken lassen: Die Überempfindlichkeit der beiden könnte manches verderben. Wenn es ihnen gelingt, ihre Launen zu mäßigen und sich gegenseitig zu erfolgreichem Tun aufzumuntern, müßte das den Bestand der Ehe sichern. Im Sexuellen haben sie über viel Gefühl kaum Schwierigkeiten, und auch sonst werden sie sich am Ende immer wieder verständigen können. Sie sollten sich aber hüten vor gegenseitigem Mitleid, wenn sie einmal in der Tinte sitzen; das würde gleich in ein Wellental führen, aus dem man nicht mehr auftauchen kann.

Der Aszendent beeinflußt den Charakter

Der Charakter eines Menschen wird — astrologisch gesehen — nur zu siebzig bis achtzig Prozent von den Tierkreiszeichen bestimmt, in dem die Sonne zur Zeit der Geburt stand. Neben den Planeten-Einflüssen wirken sich auch die Aszendent-Zeichen auf unseren Charakter aus. Der Aszendent ist das Zeichen, das in der Minute der Geburt gerade am östlichen Horizont aufging. Es strahlt gewissermaßen in das Geburts-Sternbild Kräfte aus, die sich mit diesem vermengen: Der Aszendent kann den Charakter eines Menschen nicht nur beeinflussen, er kann ihn sogar etwas verändern.

So berechnen Sie Ihren Aszendenten

Neben Ihrem Geburtsdatum, der Geburtsminute und dem Geburtsort ist es zunächst erforderlich, daß Sie auch die genaue Ortszeit Ihrer Geburt kennen. In Tabelle 1 finden Sie daher die für Ihren Geburtsort zutreffende Zeitkorrektur. Sollten Sie Ihren Geburtsort nicht unter den angegebenen Städten vorfinden, dann nehmen Sie die Korrektur für die Ihrem Geburtsort nächstgelegene Stadt vor. Bei dem Vorzeichen Plus (+) müssen Sie die Minutenzahl zu Ihrer Geburtszeit hinzuzählen, entsprechend bei dem Vorzeichen Minus (-) die angegebene Minutenzahl abziehen!

Eine weitere Korrektur Ihrer Geburtszeit müssen Sie vornehmen, wenn Sie an einem Tag geboren wurden, an dem die Sommerzeit galt. In Deutschland und Österreich gab es in folgenden Zeitabschnitten Sommerzeiten: 30.4 bis 1.10.1916, 16.4. bis 17.9.1917, 15.4. bis 16.9.1918, 1.4.1940 bis 2.11.1942, 29.3. bis 4.10.1943, 3.4. bis 2.10.1944, im Jahre 1945 in dem von den Westmächten besetzten Teil Deutschlands vom 2.4. bis 15.9., in der Ostzone vom 2.4. bis 9.9., im russisch besetzten Teil Deutschlands doppelte Sommerzeit vom 9.5. bis 20.8., 18.4. bis 3.10.1948, 10.4. bis 2.10.1949. In der Schweiz galt die Sommerzeit vom 5.5. bis 6.10.1941 und vom 4.5. bis 5.10.1942. Sollte Ihr Geburtstag unter eine dieser Zeiten fallen, so müssen Sie eine Stunde von Ihrer Geburtszeit abziehen, bei doppelter Sommerzeit drei Stunden.

Nun kennen Sie die Ortszeit Ihrer Geburt. Als nächstes müssen Sie in der Sternzeittabelle die für Ihren Geburtstermin angegebene Sternzeit heraussuchen. Die Sternzeit am 15. Mai beträgt zum Beispiel 15h 30m. Jetzt brauchen Sie nur noch die errechnete Ortszeit und die gefundene Sternzeit zu addieren. Die gefundene Zeit müssen Sie in Tabelle 3 unter der für Ihren Geburtsort in Tabelle 1 angegebenen Breitengradzahl nachschauen und Sie haben Ihr Aszendenten-Zeichen gefunden!

TABELLE 1 zur Berechnung der Ortszeit

Aachen (51°)	-36 min		Kiel (54°)	-20 min
Augsburg (48°)	-16 min		Klagenfurt (47°)	- 3 min
Baden-Baden (49°)	-27 min		Köln (51°)	-32 min
Bamberg (50°)	-16 min		Königsberg (55°)	+22 min
Basel (48°)	-30 min		Konstanz (48°)	-23 min
Berlin (53°)	- 6 min		Leipzig (51°)	-10 min
Bern (47°)	-29 min		Lienz (47°)	- 9 min
Bonn (51°)	-31 min		Linz/Donau (48°)	- 3 min
Braunschweig (52°)	-18 min		Lübeck (54°)	-17 min
Bregenz (47°)	-21 min		Luxemburg (50°)	-35 min
Bremen (53°)	-25 min		Luzern (47°)	-27 min
Breslau (51°)	+ 8 min		Magdeburg (52°)	-13 min
Chemnitz (51°)	- 8 min		Mainz (50°)	-27 min
Danzig (54°)	+15 min		Mannheim (49°)	-26 min
Dresden (51°)	- 5 min		München (48°)	-14 min
Dortmund (52°)	-30 min		Münster (52°)	-30 min
Düsseldorf (51°)	-33 min		Nürnberg (49°)	-16 min
Duisburg (51°)	-33 min		Osnabrück (52°)	-28 min
Flensburg (55°)	-22 min		Passau (49°)	- 6 min
Frankfurt/Main (50°)	-25 min		Regensburg (49°)	-12 min
Freiburg (48°)	-29 min		Rostock (54°)	-12 min
Genf (46°)	-35 min		Salzburg (48°)	- 8 min
Graz (47°)	+ 2 min		St. Gallen (47°)	-22 min
Halle (52°)	-12 min		Straßburg (49°)	-29 min
Hamburg (54°)	-20 min		Stuttgart (49°)	-23 min
Hannover (52°)	-21 min		Trier (50°)	-33 min
Heidelberg (49°)	-25 min		Tübingen (49°)	-24 min
Hof (50°)	-12 min		Ulm (48°)	-20 min
Innsbruck (47°)	-14 min		Weimar (51°)	-15 min
Jena (51°)	-14 min		Wien (48°)	+ 6 min
Kaiserslautern (49°)	-29 min		Würzburg (50°)	-20 min
Karlsruhe (49°)	-26 min		Zürich (47°)	-26 min
Kassel (51°)	-22 min			

TABELLE 2: STERNZEIT

Tag	Jan.	Feb.	März	April	Mai	Juni	Juli	Aug.	Sept.	Okt.	Nov.	Dez.
	h m	h m	h m	h m	h m	h m	h m	h m	h m	h m	h m	h m
1	6 37	8 40	10 34	12 36	14 35	16 37	18 35	20 37	22 39	0 38	2 40	4 38
2	6 41	8 44	10 38	12 40	14 38	16 41	18 39	20 41	22 43	0 42	2 44	4 42
3	6 45	8 48	10 42	12 44	14 42	16 45	18 43	20 45	22 47	0 46	2 48	4 46
4	6 49	8 52	10 46	12 48	14 46	16 49	18 47	20 49	22 51	0 50	2 52	4 50
5	6 53	8 55	10 50	12 52	14 50	16 52	18 51	20 53	22 55	0 54	2 56	4 54
6	6 57	8 59	10 54	12 56	14 58	16 56	18 55	20 57	22 59	0 57	3 00	4 58
7	7 01	9 03	10 58	13 00	14 58	17 00	18 59	21 01	23 03	1 01	3 04	5 02
8	7 05	9 07	11 02	13 04	15 02	17 04	19 03	21 05	23 07	1 05	3 08	5 06
9	7 09	9 11	11 06	13 08	15 06	17 08	19 07	21 09	23 11	1 09	3 11	5 10
10	7 13	9 15	11 10	13 12	15 10	17 12	19 10	21 13	23 15	1 13	3 15	5 14
11	7 17	9 19	11 13	13 16	15 14	17 16	19 14	21 17	23 19	1 17	3 19	5 18
12	7 21	9 23	11 17	13 20	15 18	17 20	19 18	21 21	23 23	1 21	3 23	5 22
13	7 25	9 27	11 21	13 24	15 22	17 24	19 22	21 25	23 27	1 25	3 27	5 26
14	7 29	9 31	11 25	13 27	15 26	17 28	19 26	21 29	23 31	1 29	3 31	5 29
15	7 33	9 35	11 29	13 31	15 30	17 32	19 30	21 32	23 35	1 33	3 35	5 33
16	7 37	9 39	11 33	13 35	15 34	17 36	19 34	21 36	23 39	1 37	3 39	5 37
17	7 41	9 43	11 37	13 39	15 38	17 40	19 38	21 40	23 43	1 41	3 43	5 41
18	7 45	9 47	11 41	13 43	15 42	17 44	19 42	21 44	23 46	1 45	3 47	5 45
19	7 48	9 51	11 45	13 47	15 45	17 48	19 46	21 48	23 50	1 49	3 51	5 49
20	7 52	9 55	11 49	13 51	15 49	17 52	19 50	21 52	23 54	1 53	3 55	5 53
21	7 56	9 59	11 53	13 55	15 53	17 56	19 54	21 56	23 58	1 57	3 59	5 57
22	8 00	10 02	11 57	13 59	15 57	18 00	19 58	22 00	0 02	2 01	4 03	6 01
23	8 04	10 06	12 01	14 03	16 01	18 03	20 02	22 04	0 06	2 04	4 07	6 05
24	8 08	10 10	12 05	14 07	16 05	18 07	20 06	22 08	0 10	2 08	4 11	6 09
25	8 12	10 14	12 09	14 11	16 09	18 11	20 10	22 12	0 14	2 12	4 15	6 13
26	8 16	10 18	12 13	14 15	16 13	18 15	20 14	22 16	0 18	2 16	4 19	6 17
27	8 20	10 22	12 17	14 19	16 17	18 19	20 18	22 20	0 22	2 20	4 22	6 21
28	8 24	10 26	12 20	14 23	16 21	18 23	20 21	22 24	0 26	2 24	4 26	6 25
29	8 28	10 30	12 24	14 27	16 25	18 27	20 25	22 28	0 30	2 28	4 30	6 29
30	8 32		12 28	14 31	16 29	18 31	20 29	22 32	0 34	2 32	4 34	6 33
31	8 36		12 32		16 33		20 33	22 36		2 36		6 36

TABELLE 3: Hier finden Sie Ihren Aszendenten

	47°	48°	49°	50°
Löwe	0 h 36 - 3 h 18	0 h 34 - 3 h 16	0 h 31 - 3 h 14	0 h 26 - 3 h 12
Jungfrau	3 h 19 - 6 h 00	3 h 17 - 6 h 00	3 h 15 - 6 h 00	3 h 13 - 6 h 00
Waage	6 h 01 - 8 h 41	6 h 01 - 8 h 43	6 h 01 - 8 h 45	6 h 01 - 8 h 47
Skorpion	8 h 42 - 11 h 23	8 h 44 - 11 h 27	8 h 46 - 11 h 31	8 h 48 - 11 h 35
Schütze	11 h 24 - 13 h 50	11 h 28 - 13 h 55	11 h 32 - 14 h 00	11 h 36 - 14 h 05
Steinbock	13 h 51 - 15 h 41	13 h 56 - 15 h 45	14 h 01 - 15 h 48	14 h 06 - 15 h 52
Wassermann	15 h 42 - 16 h 58	15 h 46 - 17 h 00	15 h 49 - 17 h 02	15 h 53 - 17 h 04
Fische	16 h 59 - 18 h 00	17 h 01 - 18 h 00	17 h 03 - 18 h 00	17 h 05 - 18 h 00
Widder	18 h 01 - 19 h 01	18 h 01 - 18 h 59	18 h 01 - 18 h 57	18 h 01 - 18 h 55
Stier	19 h 02 - 20 h 19	19 h 00 - 20 h 15	18 h 58 - 20 h 11	18 h 56 - 20 h 07
Zwillinge	20 h 20 - 22 h 10	20 h 16 - 22 h 05	20 h 12 - 22 h 00	20 h 08 - 21 h 55
Krebs	22 h 11 - 0 h 35	22 h 06 - 0 h 33	22 h 01 - 0 h 30	21 h 56 - 0 h 25

	51°	52°	53°	54°
Löwe	0 h 21 - 3 h 10	0 h 16 - 3 h 08	0 h 13 - 3 h 06	0 h 08 - 3 h 04
Jungfrau	3 h 11 - 6 h 00	3 h 09 - 6 h 00	3 h 07 - 6 h 00	3 h 05 - 6 h 00
Waage	6 h 01 - 8 h 49	6 h 01 - 8 h 52	6 h 01 - 8 h 54	6 h 01 - 8 h 56
Skorpion	8 h 50 - 11 h 39	8 h 53 - 11 h 43	8 h 55 - 11 h 47	8 h 57 - 11 h 52
Schütze	11 h 40 - 14 h 10	11 h 44 - 14 h 15	11 h 48 - 14 h 20	11 h 53 - 14 h 26
Steinbock	14 h 11 - 15 h 56	14 h 16 - 16 h 01	14 h 21 - 16 h 06	14 h 27 - 16 h 10
Wassermann	15 h 57 - 17 h 06	16 h 02 - 17 h 09	16 h 07 - 17 h 11	16 h 11 - 17 h 14
Fische	17 h 07 - 18 h 00	17 h 10 - 18 h 00	17 h 12 - 18 h 00	17 h 15 - 18 h 00
Widder	18 h 01 - 18 h 53	18 h 01 - 18 h 51	18 h 01 - 18 h 49	18 h 01 - 18 h 46
Stier	18 h 54 - 20 h 03	18 h 52 - 19 h 59	18 h 50 - 19 h 55	18 h 47 - 19 h 50
Zwillinge	20 h 04 - 21 h 51	20 h 00 - 21 h 45	19 h 56 - 21 h 39	19 h 51 - 21 h 33
Krebs	21 h 52 - 0 h 20	21 h 46 - 0 h 15	21 h 40 - 0 h 12	21 h 34 - 0 h 07

Hier sind nun noch zwei Rechenbeispiele, die Ihnen das Errechnen Ihres Aszendenten noch einmal verdeutlichen sollen:

Erstes Beispiel:
Geburt 23. August 1925 um 16 h 26 min in Heidelberg

1. Geburtszeit:	16 h 26 min
2. Ortszeit: Korrektur für den Geburtsort Heidelberg (Tabelle 1)	- 25 min
	16 h 01 min
3. Die Sternzeit des 23. August wird zur erhaltenen Ortszeit addiert (Tabelle 2)	+ 22 h 04 min
	38 h 05 min
4. Geht die gefundene Zeit über 24 h hinaus, so ziehen wir 24 h ab	- 24 h 00 min
und erhalten so die eigentliche Sternzeit	14 h 05 min

5. Der Aszendent für 14 h 05 min bei einem Breitengrad von 49° für Heidelberg ist nach Tabelle 3 Steinbock.

Zweites Beispiel:
Geburt 28. November 1940 um 5 h 51 min in Berlin

1. Geburtszeit:	5 h 51 min
2. Ortszeit: Korrektur für den Geburtsort Berlin (Tabelle 1)	- 6 min
	5 h 45 min
Da am 28. November 1940 Sommerzeit war, ziehen wir eine Stunde ab	- 1 h 00 min
	4 h 45 min
3. Die Sternzeit des 28. November wird zur erhaltenen Ortszeit addiert (Tabelle 2)	+ 4 h 26 min
Das ergibt die eigentliche Sternzeit	9 h 11 min

4. Der Aszendent für 9 h 11 min bei einem Breitengrad von 53° für Berlin ist nach Tabelle 3 Skorpion.

Die Mischtypen unter dem Widder-Zeichen

Wenn der Aszendent eines im Tierkreiszeichen Widder Geborenen ebenfalls Widder ist, werden die in unserem Kapitel über den Widder-Menschen genannten Charakter-Eigenschaften besonders klar und eindeutig zutage treten. Ist der Aszendent jedoch ein anderes Sternzeichen, so ergeben sich im allgemeinen folgende charakterliche Abweichungen:

Aszendent Stier bewirkt bei Widder-Geborenen ein mehr sanguinisches Temperament. Sie sind zwar langsamer, dafür aber umso gründlicher. Alle Anstrengungen werden beharrlich bis zum Ziele durchgeführt. Widder-Menschen mit Asz Stier sind weniger herrschsüchtig und bei aller Freigiebigkeit sparsamer. Sie geben auch einmal nach, wenn sie sehen, daß sie mit ihrer Meinung falsch lagen.

Aszendent Zwillinge erzeugt Launen bei dem sonst so geradlinigen Widder-Menschen, der vor lauter Neugier nun auch einmal nach rechts und links schaut und dabei sein Ziel aus dem Auge verlieren kann. Diese Widder sind nach wie vor eigensinnig, jedoch auch sehr gutmütig. Die Vernunft wird bei ihnen mehr als die Kraft obsiegen, sie werden aber auch manchmal nicht so recht wissen, was sie nun eigentlich wollen.

Aszendent Krebs läßt den Widder-Menschen oft an sich selbst zweifeln. Er tritt zwar sicher und weltgewandt auf, ist aber innerlich ein wenig zerrissen. Auch die Launen kommen ins Spiel, man will alles besser wissen. Widder mit Asz Krebs sind leicht verletzt, können aber bei anderen wie der berühmte Elefant im Porzellanladen auftreten. Gute Stimmung wird plötzlich tiefster Niedergeschlagenheit weichen. Sie fühlen sich anderen überlegen, sind es aber nicht.

Aszendent Löwe läßt den Widder-Geborenen zum Energiebündel werden, das sein Ziel mit letzter Konsequenz verfolgt. Aber Asz Löwe verführt ihn auch zur Eitelkeit. Mit ihm wird der Widder oft zum Salonlöwen, der über Beziehungen und gute Freunde Karriere macht. Sein Ehrgefühl ist überspitzt; wer ihn nicht mag, bekommt ihn zu spüren. Trotzdem ist er großzügig und hilfsbereit.

Aszendent Jungfrau setzt sich im Widder-Typus durch: Des Widders Ideale werden ins Materialistische übersetzt. Der Widder-Geborene hat mehr Disziplin, drängt nicht mehr ganz so stürmisch vorwärts, sondern bedenkt vorher seine Schritte. Auf der anderen Seite kann ein Widder mit Asz Jungfrau brutal alles beiseite räumen, was sich ihm in den Weg stellt. Freilich hat er anschließend Gewissensbisse.

Aszendent Waage bremst des Widders Machthunger, bewirkt jedoch eine gewisse innere Zerrissenheit. Widder-Menschen mit Asz Waage lieben die Harmonie und ergreifen die Initiative, wenn es darum geht, anderen Menschen aus der Patsche zu helfen. Sie strahlen vor Freundlichkeit, was sie nicht daran hindert, mit diplomatischer Akribie jeden auf ihre Seite zu bringen. Sie sind oft künstlerisch begabt, wissen ihre Kunst aber auch teuer an den Mann zu bringen.

Aszendent Skorpion verstärkt beim gewiß nicht zimperlichen Widder-Menschen den Hang zum Despoten. Hier wird hart und unumstößlich entschieden, schroff kritisiert und mit letzter Energie alles vorangetrieben, was dem eigenen Ich Nutzen bringen kann. Widder mit Asz Skorpion sind Willensmenschen von übermäßiger Arbeitskraft. Und in der Liebe sind sie besonders leidenschaftlich.

Aszendent Schütze schwächt die allzu feurige Energie etwas ab. Dafür sind Widder-Menschen mit Asz Schütze meistens sehr redefreudige Individuen, die viele Freunde finden. Sie sind sehr beweglich und versuchen, sich auf langen Reisen weiterzubilden. Wortgefechte sind ihnen lieber als tätliche Auseinandersetzungen. Mit geistigen Mitteln versuchen sie ihre Mitmenschen zu leiten und zu lenken, wobei sie oft sehr demagogisch vorgehen können.

Aszendent Steinbock macht den Widder-Menschen wortkarg. Aber das Schweigen hat System: Man kann ihm nicht so recht trauen. Widder mit Asz Steinbock verfolgen fanatisch ein einmal als richtig erkanntes Ziel. Nur im Inneren sind sie oft unsicher; sie wissen nicht, ob sie ihren Mitmenschen kalt oder herzlich gegenübertreten sollen.

Aszendent Wassermann weckt die Streitlust im Widder, aber er stützt auch seine Ideale. Widder-Geborene mit Asz Wassermann sind rücksichtslos, wenn sie etwas durchsetzen wollen. Sie sind Erfolgsmenschen, die unabhängig von anderen sein wollen. Sie sind die geborenen Erfinder — in technischer Hinsicht, aber auch bei den Frauen, denen sie das Blaue vom Himmel herunterschwindeln können, wenn sie auf Eroberung aus sind.

Aszendent Fische läßt den Widder-Menschen seine eigenen Fähigkeiten in einem rosaroten Licht sehen. Das kann zur Überheblichkeit und zu falschen Schlüssen führen, aber auch zu Niedergeschlagenheit und Depressionen. Der Widder mit Asz Fische wird mehr das Wir statt das Ich herausstellen. Als hilfsbereiter Mensch wird er sich vor allem für die wirtschaftlich Schwachen einsetzen. Übrigens neigen viele Widder mit Asz Fische zur Dickleibigkeit.

Die Mischtypen unter dem Stier-Zeichen

Wenn der Aszendent eines im Tierkreiszeichen Stier Geborenen eben-falls Stier ist, werden die in unserem Kapitel über den Stier-Menschen genannten Charakter-Eigenschaften besonders klar und eindeutig zu-tage treten. Ist der Aszendent jedoch ein anderes Sternzeichen, so er-geben sich im allgemeinen folgende charakterliche Abweichungen:

Aszendent Widder läßt den Stier-Menschen herrschsüchtig erscheinen, weil er seinen Worten und Taten mehr Nachdruck verleiht. Sein Tem-perament ist überschäumend, aber er wird manchmal über das gesteck-te Ziel hinausschießen. Obwohl Stier-Menschen sonst ein gutes Behar-rungsvermögen haben, wird sie Asz Widder manchmal von einem Plan abbringen. Ihre Mitmenschen sind oft nicht von ihnen angetan, weil sie ohne Skrupel sind, wenn es um den materiellen Erfolg geht.

Aszendent Zwillinge macht den Stier-Geborenen unsicher. Er kann nicht mehr so recht entscheiden, wie er sich verhalten soll. Das hemmt ihn auch bei der Verfolgung seiner materiellen Ziele. Stier-Menschen mit Asz Zwillinge sind meist nicht sehr verträglich, aber sie haben recht launische oder skurrile Einfälle. Sie wirken gegenüber dem anderen Geschlecht hier und da wie jemand, der zum ersten Male davon hörte, daß es zweier-lei Menschen gibt.

Aszendent Krebs wird bei Stier-Frauen die Mütterlichkeit überbetonen. Ansonsten sind Stier-Menschen mit Asz Krebs oft krankhaft geizig. Jeden Pfennig drehen sie zehnmal herum, bevor sie ihn ausgeben. Sie sind mißtrauisch gegen jedermann. Wenn sie aber zu jemanden Zunei-gung gefaßt haben, was selten geschieht, können sie für ihn das Letzte hergeben.

Aszendent Löwe stempelt die Stier-Menschen zu Gönnern. Sie werden zwar weiter auf der Jagd nach dem Mammon sein, aber das Geld auch leichter unter die Leute bringen können. Stier-Geborene mit Asz Löwe sind beliebt bei ihren Mitmenschen, denn sie sind freundlich und zuvor-kommend. Sie werden beim anderen Geschlecht große Erfolge erringen können; ihr Charme und ihr sicheres Auftreten überzeugen.

Aszendent Jungfrau verleiht den Stier-Menschen ein scharfes Urteils-vermögen. Stiere mit Asz Jungfrau sind praktisch veranlagte Menschen, die in der Arbeit ihr Ideal gefunden haben. Ihre ständige Lust zu kriti-sieren, macht sie bei ihren Mitmenschen nicht sehr beliebt, so daß sie auch an das andere Geschlecht meist nicht allzu schnell Anschluß finden.

Aszendent Waage macht die Stier-Menschen liebenswert, aber auch ein wenig untüchtig dem harten Leben gegenüber. Das kommt von der Venus, die Beherrscherin beider Zeichen ist. Stiere mit Asz Waage sind friedfertige Leute, die nach perfekter Lebensharmonie streben. Ihre Durchsetzungskraft ist nicht sehr groß, und manchmal bricht bei ihnen sogar ein Hang zu Leichtsinn durch.

Aszendent Skorpion läßt die Leidenschaft im Stier-Menschen überkochen. Er bewirkt viel Sinnlichkeit, die Lust, in freier Wildbahn zu jagen. Stiere mit Asz Skorpion können besonders hartnäckig sein und werden von einem einmal gefaßten Entschluß nicht abzubringen sein. Ihre geldrafferische Sparsamkeit wird von ihren Mitmenschen mehr als übergroßer Geiz empfunden. Sie sind streitsüchtig; man sollte sich besser mit ihnen nicht anlegen.

Aszendent Schütze könnte den Stier-Menschen zum Leichtsinn verführen, wenn es so etwas überhaupt beim Stier geben kann. Jedenfalls werden Stiere mit Asz Schütze häufig ihre Stellung wechseln, weil ihnen mal dieses und mal jener nicht paßt. Sie sind gutmütig und sinnlich, lassen sich daher aber auch sehr oft gehen. Ihr Temperament schäumt manchmal über.

Aszendent Steinbock gibt dem Stier-Menschen Kraft, jeden Widerstand zu brechen, der sich auf dem Weg zu Wohlstand und Reichtum entgegenstellen sollte. Er läßt ihn stur seine Ziele verfolgen, ohne Rücksicht auf empfindsame Mitmenschen. Stiere mit Asz Steinbock können steinalt werden, da sie überaus gesunde Naturen sind. Bester Zug an ihnen: Wenn sie ihr materielles Ziel erreicht haben, können sie sehr wohltätig gegenüber armen Leuten sein.

Aszendent Wassermann bringt im Stier-Menschen die soziale Ader zum Klingen. Stiere mit Asz Wassermann bemühen sich sehr um ihre Mitmenschen und deren Wohlergehen. Sie klettern trotz dieses caritativen Denkens auf der Erfolgsleiter schnell nach oben, da sie sich kaum sonstwie ablenken lassen. Sie sind nicht unbedingt beliebt, aber man verehrt sie. Und das ist ein Unterschied.

Aszendent Fische heizt die sowieso schon vorhandene Freßlust des Stier-Menschen an, was sich, wenn er nicht aus Vernunftgründen zurücksteckt, auf seine Linie auswirken kann. Stiere mit Asz Fische sind auf jeden Fall sinnenfrohe Leute, in Gesellschaften wegen ihres urigen Humors stets willkommen. Aber sie sind auch rechte Egoisten, die mit scheelen Blicken Erfolge anderer neiden, obwohl sie selbst im Leben eigentlich ganz gut vorankommen.

Die Mischtypen unter dem Zwillinge-Zeichen

Wenn der Aszendent eines im Tierkreiszeichen Zwillinge Geborenen ebenfalls Zwillinge ist, werden die in unserem Kapitel über den Zwillinge-Menschen genannten Charakter-Eigenschaften besonders klar und eindeutig zutage treten. Ist der Aszendent jedoch ein anderes Sternzeichen, so ergeben sich im allgemeinen folgende charakterliche Abweichungen:

Aszendent Widder nimmt dem Zwillinge-Geborenen etwas von seiner Wankelmütigkeit. Er wird kämpferischer; seine Waffe ist der wache Geist, der überall die Türen offen findet, die zur Karriere und damit nach oben führen. Der Zwilling mit Asz Widder scheut auch nicht vor Intrigen zurück, um sein Ziel zu erreichen. Für das Eheleben bleibt ihm kaum Zeit, umso mehr aber für Gesellschaften, in denen er einflußreiche Leute kennenlernen kann.

Aszendent Stier läßt die geistigen Fähigkeiten des Zwillinge-Menschen ausschließlich für das Erreichen materieller Ziele verwenden. Zwillinge mit Asz Stier sind sehr egozentrisch veranlagt, realistisch denkende Menschen, die ganz in der Gegenwart leben, in der sie aber durch ihren Einsatzwillen geschickt für die Sicherung der Zukunft sorgen.

Aszendent Krebs macht den Zwillinge-Geborenen recht wetterwendisch. Mal sagt er so, mal so. Seine Phantasie schießt Purzelbäume. Freunde hat der Zwilling Asz Krebs wenige, weil er jeden, der ihn eben noch als umgänglichen Zeitgenossen kennengelernt hatte, im nächsten Moment vor den Kopf stoßen kann. Das macht auch die Ehe mit solchen Menschen etwas schwierig.

Aszendent Löwe verleiht den sprühenden Ideen des Zwillinge-Geborenen große Durchsetzungskraft. Zwillinge mit Asz Löwe werden im Gesellschaftsleben eine große Rolle spielen. Ihre geistige Beweglichkeit läßt sie auf der Erfolgsleiter sehr hoch klettern. Sie sollten nur dann heiraten, wenn der Partner gewillt ist, ihren unumstößlichen Führungsanspruch anzuerkennen.

Aszendent Jungfrau fördert die Merkur-Eigenschaften des Zwillinge-Menschen, der hier von erstaunlicher Grundsatztreue beseelt ist. Zwillinge mit Asz Jungfrau sind sehr beliebt, weil sie sich ihren Mitmenschen als charmante Zeitgenossen darstellen, wobei sie fast unmerklich in allen Fragen ihre eigene Meinung durchsetzen können. Zwillinge mit Asz Jungfrau sind sehr eifersüchtig.

Aszendent Waage macht den Zwillinge-Menschen sehr beweglich und aufgeschlossen für Meinungen seiner Umwelt, die er dann zum eigenen

Nutzen verarbeitet. Zwillinge mit Asz Waage werden den Lebenskampf erfolgreich bestehen können, weil sie alle harten Auseinandersetzungen geschickt umgehen und nur da ihre geistigen Fähigkeiten einsetzen, wo es sich lohnt. Ihre Gefühle werden im allgemeinen nicht sehr tiefschürfend sein.

Aszendent Skorpion schwächt die Nervenstärke des Zwillinge-Geborenen, der sich in alle Dinge einmischen möchte und von da aus manchen Nasenstüber des Schicksals erhält. Zwillinge mit Asz Skorpion sind hartnäckige Menschen, die über ihren Willen den Erfolg zu erzwingen trachten. Sie wollen unabhängig um jeden Preis sein, so daß sie sich manchmal aus der eigenen Umwelt lösen und in der Ferne ihr Glück versuchen.

Aszendent Schütze gibt dem Zwillinge-Geborenen noch mehr Beweglichkeit, die er vor allem zur Anpassung an plötzlich sich ändernde Lebensverhältnisse verwendet. Zwillinge mit Asz Schütze machen oft mehr von sich her, als in Wirklichkeit in ihnen steckt. Sie wechseln ihre Meinungen und können sich nur schwer entscheiden.

Aszendent Steinbock festigt den Charakter des sonst etwas unruhigen Zwillinge-Menschen. Er katapultiert diesen von Erfolg zu Erfolg. Freilich können Zwillinge mit Asz Steinbock die gewaltigen Anstrengungen oft gesundheitlich nicht verkraften. In der Liebe neigen sie zu häufigem Wechsel, da sie sich so leicht für keinen Partner fest entscheiden können.

Aszendent Wassermann bringt dem Zwillinge-Menschen zur geistigen Beweglichkeit die festigende Logik. Zwillinge mit Asz Wassermann eignen sich vor allem für wissenschaftliche Berufe. Sie beobachten scharf, suchen sich aber oft Freunde und Partner aus konträren Bildungsschichten. Ihre empfindsame Natur kann leicht verletzt werden, doch sie werden nie Gleiches mit Gleichem vergelten: Diese Menschen haben noch Ideale!

Aszendent Fische fördert nicht unbedingt die Entschlußfreudigkeit des Zwillinge-Menschen, dessen Bestreben nach Harmonie und Frieden allerdings gefestigt erscheint. Zwillinge mit Asz Fische geben ihr Geld leicht aus, weshalb sie oft nicht den materiellen Wohlstand erreichen, den sie von ihren geistigen Fähigkeiten her eigentlich spielend gewinnen könnten. Sie sind wegen ihrer leichtsinnigen Ader nicht zu sehr für die Ehe geeignet.

Die Mischtypen unter dem Krebs-Zeichen

Wenn der Aszendent eines im Tierkreiszeichen Krebs Geborenen ebenfalls Krebs ist, werden die in unserem Kapitel über den Krebs-Menschen genannten Charakter-Eigenschaften besonders klar und eindeutig zutage treten. Ist der Aszendent jedoch ein anderes Sternzeichen, so ergeben sich im allgemeinen folgende charakterliche Abweichungen:

Aszendent Widder kann den sonst so ruhigen Krebs-Menschen zu einem zornigen Zeitgenossen stempeln, der im Traditionellen und Herkömmlichen sein Heil sucht. Seine Launen vermiesen den Mitmenschen das Zusammenleben mit ihm. Krebse mit Asz Widder sind überaus empfindlich, wenn die eigene Person angetastet wird, sie nehmen auf andere allerdings wenig Rücksicht.

Aszendent Stier fördert die konservative Haltung eines Krebs-Geborenen, der in der materiellen Sicherung seiner Familie das oberste Gebot sieht. Krebse mit Asz Stier schreiben allerdings ihren Angehörigen meistens vor, was diese zu tun und zu lassen haben. Das könnte ein friedvolles Zusammenleben in der Familie sehr stören und das Gegenteil von dem bewirken, was die Krebse mit Asz Stier eigentlich erreichen wollen.

Aszendent Zwillinge läßt den Krebs-Menschen unselbständig und wankelmütig erscheinen. Krebse mit Asz Zwillinge haben zwar viele geistige Interessen, sie setzen sie aber nicht immer da ein, wo es nötig wäre. So zerflattern oft ihre kühnsten Träume im Nichts. Daß solche Anlage nicht gerade erfolgsfördernd ist, liegt auf der Hand, zumal Krebse mit Asz Zwilling vielfach im beständigen Wechsel ihr Heil suchen.

Aszendent Löwe verführt den Krebs-Menschen zu einer Haltung, die ihm einfach nicht steht, und nur zu oft heißt es in dieser Verbindung: Hochmut kommt vor den Fall. Krebse mit Asz Löwe machen mit verhängnisvollen Entschlüssen manchen Erfolg zunichte. Sie wollen nicht zurückstecken und verbauen sich von daher viele Chancen, durch bessere Einsicht voranzukommen.

Aszendent Jungfrau läßt den Krebs-Menschen sich manchmal ganz zurückziehen von der Umwelt, die er eigentlich lebensnotwendig braucht. Einsiedler wurden unter Krebs Asz Jungfrau geboren. Diese Menschen reagieren überempfindlich und schrecken vor allem zurück, was ihre schnelle Entscheidung verlangt. Manchmal erfüllt sich allerdings ihr Traum von einem glücklichen, geordneten Familienleben.

Aszendent Waage heitert den Krebs-Menschen sichtlich auf, der dem Gesellschaftsleben in dieser Verbindung die besten Seiten abgewinnen kann. Krebse mit Asz Waage können sich nur schwer entscheiden, was ihrer Karriere nicht unbedingt förderlich ist. Es sind fröhliche Menschen, die mit ihren Gefühlen aber nicht zu tief schürfen. Ihre Launen verfliegen schnell, aber sie verlieren auch rasch die Geduld. Sie haben sehr viel Sinn für Häuslichkeit.

Aszendent Skorpion beflügelt die Phantasie des Krebs-Menschen, aber auch seine Neigung, der Umwelt durch ständig wechselnde Launen und Stimmungen Rätsel aufzugeben. Krebse mit Asz Skorpion streben nach einer gesicherten Stellung, aus der sie aber immer wieder liebend gern ausbrechen möchten, weil sie einen unstillbaren Drang nach der weiten Ferne haben. Jährliche Bildungsreisen könnten diese Charakteranlage befriedigend filtrieren.

Aszendent Schütze macht den naturliebenden Krebs-Menschen besonders reise- und wanderlustig. Das wird auch die etwas depressive Anlage der Krebse mit Asz Schütze zurückdrängen, die reine Empfindungs-Menschen sind (viele Kartenlegerinnen und Wahrsager sind unter diesen beiden Zeichen geboren!). Sie sind mit jedermann gut Freund, werden aber oft von ihren Mitmenschen enttäuscht.

Aszendent Steinbock läßt die Krebs-Menschen zwischen Verstand und Gefühl pendeln; das wirkt sich meist negativ auf die zwischenmenschlichen Beziehungen aus. Krebse mit Asz Steinbock sind überaus mißtrauisch, was sie oft zu harten Menschen werden läßt, die nur noch ihren eigenen egoistischen Plänen anhängen. Sie können sich zwar einem Menschen, den sie lieben, zärtlich hingeben, doch machen sie mit ihrer krankhaften Eifersucht manches zunichte.

Aszendent Wassermann führt den Krebs-Menschen in eine Traumwelt, die der seinen konträr erscheint; da ist vieles aus Wolkenkuckucksheim geholt, was der sonst so sensible Krebs mehr aus dem Gefühlsmäßigen schöpft. Krebse mit Asz Wassermann sind pflichtbewußte Arbeiter, die es aber nicht unbedingt weit bringen. In einem harmonischen Familienleben finden sie am ehesten den Ausgleich zu dem, was die böse Welt ihnen an Mißtrauen bietet.

Aszendent Fische fördert die herzliche Art des Krebs-Geborenen, mit der dieser seinen Mitmenschen begegnet. Krebse mit Asz Fische sind leicht beeinflußbar — zum Guten, wie auch zum Bösen. Ihre Ideale sehen sie in einer gesicherten Existenz und in einer praktizierten Koexistenz. Für ihre berufliche Laufbahn brauchen sie Gönner, die sie fördern, da sie sich schlecht durchsetzen können.

Die Mischtypen unter dem Löwe-Zeichen

Wenn der Aszendent eines im Tierkreiszeichen Löwe Geborenen ebenfalls Löwe ist, werden die in unserem Kapitel über den Löwe-Menschen genannten Charakter-Eigenschaften besonders klar und eindeutig zutage treten. Ist der Aszendent jedoch ein anderes Sternzeichen, so ergeben sich im allgemeinen folgende charakterliche Abweichungen:

Aszendent Widder schenkt dem Löwe-Geborenen noch mehr Durchsetzungskraft, die ihn vor allem im Berufsleben weit nach vorne bringen wird. Löwen mit Asz Widder werden auch im gesellschaftlichen Leben glänzen können. Obwohl sie alles rücksichtslos aus dem Wege räumen, was sich ihrem Vorwärtsdrang entgegenstellt, sind sie im engen privaten Kreis sehr großherzig und hilfsbereit.

Aszendent Stier verleiht dem Löwe-Menschen ein gefälliges Wesen, das bei allem Streben nach materiellen Gütern im Grunde sehr großzügig bleibt. Löwen mit Asz Stier sind sehr widerstandsfähig und wenig anfällig gegen Krankheiten. Sie können Menschen ohne festen Willen nicht ausstehen und werden daher arbeitsame Leute eher zu ihren Freunden zählen als jene, die faul in den Tag hinein leben.

Aszendent Zwillinge treibt den Löwe-Menschen zu ruhelosem Wirken an. Mal tendiert er zu hohen Idealen, dann wieder verwirft er alles, was ihm noch kurz zuvor erstrebenswert war. Löwe mit Asz Zwillinge reisen viel in der Weltgeschichte herum, aber es ist möglich, daß ihnen manchmal das Reisegeld ausgeht. Ihr ruheloser Geist findet jedoch immer wieder die Tür, die ihnen für eine neue Karriere offengehalten wird.

Aszendent Krebs bedenkt den Löwe-Geborenen mit einem unwahrscheinlichen Gedächtnis, das er auch zur Verfolgung seiner hochgesteckten Ziele einsetzt, die er fast immer erreicht. Manchmal machen den Löwen mit Asz Krebs die eigenen Launen mehr zu schaffen, als ihnen lieb ist. Aber sie sind nur streng gegen andere und wickeln lieber ihr eigenes Ich in Watte.

Aszendent Jungfrau kann den Löwe-Menschen zum Hypochonder stempeln, der ihn bei geringstem Widerstand gegen die eigene Fortkommensmöglichkeit in die Krankheit flüchten läßt. Das Ich ist überbetont. Löwen mit Asz Jungfrau schieben gern andere vor, wenn es gilt, einen Karren aus dem Dreck zu ziehen. Später bemühen sie sich dann, selbst als die Wagemutigen zu gelten.

Aszendent Waage bringt dem Löwe-Menschen zur Durchsetzungskraft die geistige Beweglichkeit, die ihn in höchste Stellungen befördern kann. Löwen mit Asz Waage haben sehr viel Sinn für Gerechtigkeit, sie sind hilfsbereit und Vorkämpfer für den sozialen Fortschritt. Oft haben sie künstlerische Talente, die ihre Position in der Gesellschaft noch mehr fördern können.

Aszendent Skorpion hilft den Löwe-Menschen manche Skrupel zu überwinden. Er stärkt das Selbstbewußtsein und verhindert das Abgleiten in charakterliche Schwächen, die im Löwe-Kapitel nachzulesen sind. Das läßt den Löwen mit Asz Skorpion nach außenhin als eisenharten Menschen erscheinen. Tatsächlich ist diesen Leuten jedes Mittel recht, um sich auch gegenüber ihrer Umwelt durchzusetzen: Sie scheuen keinen Streit, wenn sie dadurch etwas erreichen können.

Aszendent Schütze steigert der Löwe-Menschen Abenteuerlust. Er verführt sie aber auch zu einem sinnenfrohen Lebenswandel, der in häufiger Veränderung Abwechslung sucht. Löwen mit Asz Schütze können, wenn sich ihre idealistische Veranlagung nicht durchsetzt, durch solch zweifelhaften Lebensgenuß auch gesundheitlichen Schaden nehmen. Dabei vermögen ihre hervorragenden Geistesanlagen wirklich Großes zu schaffen.

Aszendent Steinbock drängt die Charakteranlagen des Löwe-Geborenen auf ein sinnvolles Maß zurück: Löwen mit Asz Steinbock sind nicht unbedingt die großzügigsten, auch wenn sie sehr caritativ handeln. Sie fühlen sich nicht allzu sehr erhaben über ihre Mitmenschen. Aber vielleicht gerade deswegen machen sie meist eine unvorstellbare Karriere. Erstaunlich ist, daß diese sonst so selbstsicheren Menschen in der Ehe regelrecht kuschen.

Aszendent Wassermann impft dem Löwe-Geborenen soziales Empfinden ein. Plötzlich ist diesem die eigene Person nicht mehr das Wichtigste. Das wird die Löwen mit Asz Wassermann im Lebenskampf manchmal etwas zurückwerfen, da eine solche Anlage naturgemäß auch die Durchsetzungskraft mindert. Ideen fliegen diesen Menschen massenweise zu, aber da sie sich immer wieder neuen zuwenden, können sie ihre besten Pläne oft nicht in die Tat umsetzen.

Aszendent Fische läßt den Löwe-Menschen an der Oberfläche schwimmen. Löwen mit Asz Fische sind geradezu verschwenderisch, wenn es darum geht, ihr eigenes Licht leuchten zu lassen. Diese überschwengliche Großzügigkeit birgt die Pleite in sich. Sie neigen zum Spiel. Ihr ganzes Ich ist dazu angelegt, vor ihren Mitmenschen als die Größten zu erscheinen. Sie sind schon ein wenig wirklichkeitsfremd.

Die Mischtypen unter dem Jungfrau-Zeichen

Wenn der Aszendent eines im Tierkreiszeichen Jungfrau Geborenen ebenfalls Jungfrau ist, werden die in unserem Kapitel über den Jungfrau-Menschen genannten Charakter-Eigenschaften besonders klar und eindeutig zutage treten. Ist der Aszendent jedoch ein anderes Sternzeichen, so ergeben sich im allgemeinen folgende charakterliche Abweichungen:

Aszendent Widder bringt die Leidenschaft ins Sternbild Jungfrau. Aber sie ist sichtlich gehemmt, kann sich nie voll austoben. Jungfrau-Menschen mit Asz Widder wagen manchmal etwas, um im nächsten Augenblick erschreckt festzustellen, daß sie vielleicht zu weit gegangen sein könnten. Sie ziehen sich dann scheu zurück, um bald erneut vorzupreschen, ein ewiges Hin und Her.

Aszendent Stier bremst die Kritiklust des Jungfrau-Geborenen, stärkt jedoch gleichzeitig das Verlangen nach sozialer Besserstellung. Jungfrau-Menschen mit Asz Stier sind Spargenies, die sich manchen Lebensgenuß verkneifen, um noch ein paar Mark mehr auf die hohe Kante legen zu können. Sie sparen auch an ihren Partnern, mit denen sie nur mäßig leidenschaftlich verkehren. Das könnte Anfang und Ende einer festen Verbindung bedeuten.

Aszendent Zwillinge läßt den Jungfrau-Menschen meist mehreres auf einmal tun, mit anderen Worten: Hier marschiert man auf verschiedenen Straßen einem Ziel entgegen. Erstaunlich ist nur, daß die Jungfrau-Geborenen mit Asz Zwillinge diese vielfältige Arbeit tatsächlich schaffen, wobei allerdings auch ihre Gesundheit Schaden nehmen kann. Sie beurteilen ihre Mitmenschen unerbittlich scharf, legen aber auch an sich selbst einen hohen Wertmaßstab an.

Aszendent Krebs beschränkt der Jungfrau Streben mehr auf die eigenen vier Wände. In dieser Verbindung ist die Familie wichtiger als alles andere. Jungfrau-Menschen mit Asz Krebs geben sich oft mit Kleinlichkeiten ab, die sie mit Akribie sezieren können. Die Grundtendenz ihres an sich guten Charakters wird von Minderwertigkeitskomplexen überschattet.

Aszendent Löwe kann den Jungfrau-Geborenen zum rechten Egoisten umformen. Er wird nur noch dem Hilfe geben, von dem er eine Gegenleistung erwarten kann. »Eine Hand wäscht die andere«, heißt die Moral der Jungfrau-Menschen mit Asz Löwe, die äußerst selbstsicher wirken, denen man aber auch so leicht nichts vormachen kann. Sie können übrigens die besten Ehepartner sein.

Aszendent Waage schwächt den sowieso nicht allzu starken Willen des Jungfrau-Geborenen noch mehr. Oft ist in dieser Verbindung regelrechte Lebensangst vorhanden. Dabei sind Jungfrau-Menschen mit Asz Waage überaus gutmütige und feinfühlige Leute, die sich nach Harmonie und ein wenig Wohlstand sehnen. Ihre Hemmungen bewirken, daß sie sich im Lebenskampf trotz ihrer hohen geistigen Anlagen nicht so recht durchzusetzen vermögen.

Aszendent Skorpion läßt den Jungfrau-Menschen zum eiskalten Rechner werden, der sich nur jemandem anschließt, wenn dieser ihm nützlich ist. Die Kritiklust bekommen alle zu spüren, die ihm begegnen. Jungfrau-Menschen mit Asz Skorpion verwenden ihre vorzüglichen Geistesgaben, um andere zu demütigen. Sie sprechen viel von Vernunft und meinen meist doch nur ihren eigenen Vorteil.

Aszendent Schütze bringt den Jungfrau-Geborenen sichtlich in Verlegenheit. Der sonst so Bedächtige wird in diesem Fall mit einer Temperamentspritze auf Hochtouren gebracht. Aber das tut ihm nicht immer gut, denn leicht schießt man, wenn man die Folgen nicht bedenkt, über das Ziel hinaus. Jungfrau-Menschen mit Asz Schütze sollten sich einen Lebenspartner suchen, der einiges Vermögen in die Ehe mitbringt — sicher ist sicher!

Aszendent Steinbock stachelt den Ehrgeiz des Jungfrau-Geborenen an. Zwar sind Jungfrau-Menschen mit Asz Steinbock in jungen Jahren durchaus bereit, ihren notleidenden Mitmenschen zu helfen, doch mit der Zeit, wenn sich ihr Reichtum über Sparbücher und Wertpapieren vermehrt hat, werden sie immer ichbezogener. Sie sind hart zu ihrer Umwelt, aber genau so hart auch gegen sich selbst. Dadurch versäumen sie freilich manche Freuden, die das Leben schenkt.

Aszendent Wassermann läßt den Jungfrau-Geborenen sich in alles Erdenkliche einmischen: So neugierig wie in dieser Verbindung ist man sonst kaum. Die Neugier läßt aber auch manches entdecken, was anderen verborgen bleibt. So kommen Jungfrau-Menschen mit Asz Wassermann denn meist auf den grünen Zweig, von dem sie die Früchte des Lebens für ihre Vorratskammer picken können.

Aszendent Fische heizt das praktische Talent der Jungfrau-Geborenen an, er fördert aber auch dessen caritatives Denken. Jungfrau-Menschen mit Asz Fische können sehr mitfühlend sein, was sie als vorzügliche Ehepartner erscheinen läßt, denen das Wohl der Familie über alles geht. Nur im Arbeitsleben setzen sie sich nicht immer durch.

Die Mischtypen unter dem Waage-Zeichen

Wenn der Aszendent eines im Tierkreiszeichen Waage Geborenen ebenfalls Waage ist, werden die in unserem Kapitel über den Waage-Menschen genannten Charakter-Eigenschaften besonders klar und eindeutig zutage treten. Ist der Aszendent jedoch ein anderes Sternbild, so ergeben sich im allgemeinen folgende charakterliche Abweichungen:

Aszendent Widder spornt den sonst so friedliebenden Waage-Menschen zu erhöhter Opposition an: Das konträre Sternbild zur Waage mischt hier einen Charakter, der nun viele typische Venus-Eigenheiten negiert. Für Waage-Menschen mit Asz Widder ist die Umwelt mit bösartigen Leuten durchsetzt, die es zu bekämpfen gilt. In diese Überlegung wird oft auch der Lebenspartner einbezogen und dessen Handeln mit viel Eifersucht beargwöhnt.

Aszendent Stier gibt Waage-Geborenen einen Schuß Hartnäckigkeit, verstärkt aber zugleich ihren Sinn für alles Schöne. Waage-Menschen mit Asz Stier ecken oft an, obwohl sie manches nicht so meinen, wie sie es aussprechen. Das macht sie lethargisch, und auch ihre Gesundheit leidet unter den von ihnen aus gesehen ungerechten Reaktionen ihrer Mitmenschen.

Aszendent Zwillinge beschwingt den Waage-Menschen zu immer neuen Taten. Waage-Menschen mit Asz Zwillinge geht nie die Lust aus, neue Pläne zu schmieden und in die Wirklichkeit umzusetzen. Sie reden viel, aber was sie sagen, hat Hand und Fuß. Sie haben ein sonniges Gemüt, das auch auf ihr Privatleben ausstrahlt; sie können die besten Ehepartner sein.

Aszendent Krebs schwächt sichtlich die Willensstärke der auf diesem Gebiet nicht allzu hoch einzuschätzenden Waage-Menschen; er läßt sie oft unbeherrscht und launenhaft sein. Dabei könnten Waage-Menschen mit Asz Krebs die besten unter dem Tierkreis sein: Sie haben soviel Verständnis für ihre Mitmenschen, soviel Mitleid für die Unterdrückten und auch soviel tätige Nächstenliebe parat, daß man ihnen gern manche Unbeherrschtheit verzeihen wird.

Aszendent Löwe hilft den Waage-Menschen kräftig: hier stabilisiert er sich zu voller Schönheit und Größe. Waage-Menschen mit Asz Löwe sind jedermann sympathisch, sie wissen sich zu benehmen (Waage-Mensch Freiherr von Knigge könnte den Löwen im Aszendenten gehabt haben). Sie sind charmant und werden ihren Weg machen, an dessen Rand sie schockweise Gönner und Mäzene finden werden.

Aszendent Jungfrau gleicht das etwas unstete Waage-Wesen aus. Waage-Menschen mit diesem Aszendenten sind betont friedliebend. Sie reden nicht soviel wie einige ihrer Sternzeichen-Genossen, dafür lassen sie ihre guten Taten wirken. Ihr Zufluchtsort ist die eigene Familie, für die sie alles hergeben. Nur wenige können sich ihren Freund nennen, denn Freundschaft ist für sie das höchste Gut, das man nicht an jeden X-Beliebigen verschenkt.

Aszendent Skorpion bestärkt den Waage-Menschen in seinem Wunsche nach Harmonie und Friedfertigkeit. Aber hier und da merkt man doch den Stachel, den der Aszendent dem Waage-Zeichen beimischt: Waage-Menschen mit Asz Skorpion können sehr unbeherrscht sein und ihre Mitmenschen mit Wahrheiten brüskieren. Nur Lebenspartner, die volles Verständnis auch für die Schattenseiten haben, sollten sich mit ihnen zur Ehe verbünden.

Aszendent Schütze macht den Waage-Menschen besonders sympathisch, seine höfliche Zuvorkommenheit läßt ihn viele Freunde finden. Das schafft den Waage-Menschen mit Asz Schütze auch Gönner, die ihren beruflichen Weg planen. In den intimen Beziehungen können sie sich nur schwer für einen Partner entscheiden, mit dem sie eine Ehe eingehen wollen: Ihr Wille ist nicht sonderlich stark, sie können schwer nein, aber noch viel schwerer ja sagen.

Aszendent Steinbock poliert des Waage-Menschen Empfinden auf, mit ihm könne sich so leicht niemand vergleichen. Der Berufserfolg scheint diesen Waage-Geborenen mit Asz Steinbock recht zu geben. Aber das Leben kennt auch zwischenmenschliche Beziehungen, in denen andere Maßstäbe gesetzt sind als im Beruf. Und hier könnten diese Menschen sich als die großen Versager erweisen, wenn sie nicht rechtzeitig zur besseren Einsicht gelangen.

Aszendent Wassermann fördert die Opferbereitschaft der Waage-Menschen, ihre Menschlichkeit und Güte. Aber auch die Wankelmütigkeit kommt mit ins Spiel, das dann mit einer Niederlage enden kann. Mancher Mitmensch mag es übrigens gar nicht, wenn solch Waage-Mensch mit Asz Wassermann ihm seine Freundschaft geradezu aufdrängen will. Leider kennt er in dieser Hinsicht keine Zurückhaltung.

Aszendent Fische heizt der Waage-Menschen Redetalent an, wobei die Worte freilich oftmals unkontrolliert in die Debatte geworfen werden. Waage-Geborene mit Asz Fische streben nach Harmonie, aber es könnte leicht sein, daß sie die schönsten Gefühle, die man für sie hegt, zerreden. Trotz der vielen Widersprüche, die ihr Wesen aufweist, sind sie verläßliche Ehepartner, die unbedingt treu bleiben.

Die Mischtypen unter dem Skorpion-Zeichen

Wenn der Aszendent eines im Tierkreiszeichen Skorpion Geborenen ebenfalls Skorpion ist, werden die in unserem Kapitel über den Skorpion-Menschen genannten Charakter-Eigenschaften besonders klar und eindeutig zutage treten. Ist der Aszendent jedoch ein anderes Sternzeichen, so ergeben sich im allgemeinen folgende charakterliche Abweichungen:

Aszendent Widder unterstützt den Kampfgeist des Skorpion-Geborenen, der manchmal mit elementarer Wucht zum Ausbruch kommt und alles niederwalzen kann, was sich ihm entgegenstellt. Skorpion-Menschen mit Asz Widder sind sinnenfrohe Geschöpfe, bei denen die Leidenschaft manche Leiden schafft. Ihre Genußsucht kann ihnen gesundheitlich schaden. Geduldige Partner sollten ihnen zur Seite stehen.

Aszendent Stier macht den Skorpion-Geborenen häuslicher, aber sie verlieren auch unter diesem Aszendenten ihre Angriffslust nicht. Das macht das Zusammenleben mit ihnen etwas schwierig. Skorpion-Menschen mit Asz Stier werden es beruflich sehr weit bringen, und das mag sie auch befriedigen, zumal sie wie sonst keiner unter dem Sternenzelt nach Anerkennung lechzen.

Aszendent Zwillinge läßt den Skorpion-Geborenen unentschlossen werden, er gibt ihm eine leichte Neigung zu Größenwahn mit. Dabei sind Skorpion-Menschen mit Asz Zwillinge meist mit besonderen Geistesgaben ausgestattet, die sie zu hervorragenden Mitgliedern der menschlichen Gesellschaft machen könnten. Oft setzen sie diese Gaben aber in Berufen ein, die nicht gerade als bürgerlich gelten.

Aszendent Krebs bremst den allzu forschen Skorpion-Geborenen ein wenig ab, der sich nun auch Gedanken um seine Mitmenschen macht und versucht, den eigentümlichen Angriffswillen zu unterdrücken, der in jedem Skorpion zu stecken scheint. Der Aszendent Krebs ist gewissermaßen die Schatulle, in die der Skorpion seinen Giftstachel verschließen kann. Das kommt seinem beruflichen Erfolg zugute, aber auch seinem Privatleben, in dem er mit mehr Gefühl auftritt.

Aszendent Löwe läßt den Skorpion-Geborenen unnahbar erscheinen. Das gibt ihm das Flair des Unbesiegbaren. Nur die Menschen, die einen Skorpion mit Asz Löwen lieben, wissen, wieviel vulkanische Leidenschaften hinter dieser doch nur gespielten Unnahbarkeit stecken. Er kennt nur einen Berufsweg, den zum Erfolg.

Aszendent Jungfrau bringt Unruhe in den sowieso schon unruhigen Skorpion-Geborenen, der sich im Lebenskampf nicht durch Angriffslust, sondern mehr mit schlauer List durchsetzt. Skorpion-Menschen mit Asz Jungfrau gehören vielfach zu den fanatischen Verfechtern revolutionärer Bewegungen. Ihre Meinung wollen sie jedem aufzwingen (das kann auch manchmal eine recht bürgerliche sein!).

Aszendent Waage macht den Skorpion-Menschen zum Charmeur, der sich durch diplomatisches Verhalten auszeichnet und dem man geistige Befähigung für Ämter und Würden nicht absprechen kann. Skorpione mit Asz Waage sind liebenswerte Menschen, wenn sie sich ihrer moralischen Verpflichtung gegenüber ihren Mitmenschen bewußt sind — wehe aber, wenn sich diese Charakteranlage ins Gegenteil verkehrt!

Aszendent Schütze läßt beim Skorpion die Kassen klingeln, nur weiß mancher nicht, woher das viele Geld kommen mag, das sich da so plötzlich anhäuft. Skorpion-Menschen mit Asz Schütze ist jedes Mittel recht, um zu Macht und Reichtum zu gelangen. Und deshalb heiraten sie auch oft Partner, die eine Mitgift in die Ehe mitbringen. Man sollte übrigens gar nicht glauben, wieviel heitere und zufriedene Menschen es unter dem Skorpion-Zeichen mit Asz Schütze gibt.

Aszendent Steinbock verstärkt den anspruchsvollen Willen des Skorpion-Geborenen und dessen Streben nach autoritärer Machtentfaltung. Trotzdem mischt der Aszendent dem Skorpion auch eine Portion Opferbereitschaft und Verantwortungsbewußtsein bei, so daß sich manches mildert, was sonst in Lebenshärte Ausdruck findet. Da Skorpion-Menschen mit Asz Steinbock dem Beruf die größte Zeit ihres Lebens opfern, kommt bei ihnen meist das Privatleben zu kurz.

Aszendent Wassermann idealisiert manche Eigenschaft des Skorpion-Geborenen; die Hartnäckigkeit wird auf soziales Gebiet umgepolt, die Leidenschaft zu freiheitlichem Denken filtriert. Skorpione mit Asz Wassermann ecken mit diesen frisierten Idealen trotzdem bei ihrer Umwelt an, weil sie einen Ausschließlichkeitsanspruch stellen, und das können manche Leute nun einmal nicht vertragen.

Aszendent Fische bringt die sonst so schweigsamen Skorpion-Menschen zu Reden, die allerdings etwas angriffslustig vorgetragen werden. Skorpione mit Asz Fische sind sympathische Menschen, die das Vertrauen verdienen, das ihnen im Beruf und auch privat entgegengebracht wird. Wenn nur nicht die innere Unruhe (ein Vulkan der Leidenschaften!) wäre, die manchmal den guten Eindruck, den eigentlich jeder Unvoreingenommene von ihnen hat, verwischt.

Die Mischtypen unter dem Schütze-Zeichen

Wenn der Aszendent eines im Tierkreiszeichen Schütze Geborenen ebenfalls Schütze ist, werden die in unserem Kapitel über den Schütze-Menschen genannten Charakter-Eigenschaften besonders klar und eindeutig zutage treten. Ist der Aszendent jedoch ein anderes Sternzeichen, so ergeben sich im allgemeinen folgende charakterliche Abweichungen:

Aszendent Widder hindert den Höhenflug der Schütze-Geborenen in keiner Weise, er setzt sogar noch ein paar Ausrufezeichen dahinter. Schützen mit Asz Widder sind vielfach gläubige Menschen und sogar bereit, sich für ihren Glauben zu opfern. Sie lieben die Gerechtigkeit und fühlen sich am ehesten in einer großen Gemeinschaft wohl. Sie sind die geborenen Entwicklungshelfer.

Aszendent Stier bringt sehr viel Gefühl ins Schütze-Zeichen, aber damit allein werden die freiheitstrunkenen Schützen noch nicht häuslich. Im Gegenteil versuchen sie über das Gefühl, die Mitmenschen in ihren Bann zu schlagen, um sie von daher für ihre Zwecke auszunutzen. Manche Schützen mit Asz Stier sind sehr naturverbunden, andere wildern in fremden Jagdrevieren.

Aszendent Zwillinge fördert die schöpferischen Elemente, aus denen Schütze-Menschen ihre Kraft beziehen. Schützen mit Asz Zwillinge haben hervorragende Geistesanlagen, die ihnen für die Karriere nützlich sein können. Da sie aber auch oft unentschlossen sind, bleiben sie möglicherweise auf halbem Wege stehen. Wegen ihres reizenden Wesens finden sie viele Freunde. Als Redner glänzen sie stets vor einem begeisterten Publikum.

Aszendent Krebs macht die Schützen etwas mutlos, ihre schlechten Eigenschaften auszuspielen. So erscheint der Charakter seltsam gezügelt. Manche halten die Schützen mit Asz Krebs deswegen für entschlußlos, andere hinwiederum als verantwortungsbewußt. Jedenfalls dämmt der Krebs des Schützen Reiselust ein und münzt ihn in Wanderlust und Naturverbundenheit um; er lehrt ihn, den Beredten, das Schweigen.

Aszendent Löwe öffnet dem Schütze-Geborenen die feinste Gesellschaft, er funktioniert ihn trotzdem nicht zum Salonlöwen um. Schützen mit Asz Löwe sind angesehene Leute, die schon in jungen Jahren das Befehlen lernen. Unterordnen ist nicht ihre Sache. Aber niemand fühlt sich von ihnen herumkommandiert; sie strahlen soviel Herzenswärme aus, daß ihnen auch ohne große Worte jeder zu Gefallen ist.

Aszendent Jungfrau sorgt beim Schützen für ein gutes Gewissen. Rechtschaffenheit und Anständigkeit sind oberstes Gebot, nach dem Schütze-Menschen mit Asz Jungfrau zu handeln bereit sind. Sie haben sehr moralische Grundsätze, die sie auch auf ihre Familie übertragen. Harmonie herrscht in ihrem Privatleben vor, das sie pflichtbewußt durch hohe Arbeitsleistung abzusichern wissen.

Aszendent Waage lehrt den Schützen, daß er den Mitmenschen höflich und freundlich gegenübertreten muß, um sie für sich zu begeistern. So findet er viele Freunde, denen er seine Hilfe angedeihen läßt, wenn sie einmal in Not geraten. Schützen mit Asz Waage sind Vorkämpfer für die Humanität und den Frieden, Vorbilder einer besseren Welt.

Aszendent Skorpion bringt bei den Schütze-Menschen die Leidenschaft ins Spiel, die sich in einem grenzenlosen Willen nach Freiheit und Unabhängigkeit äußert. Trotzdem sind Schützen mit Asz Skorpion perfekte Gastgeber, die andere an ihrem Leben im Luxus teilhaben lassen. Bis es aber zu solch prächtigem Lebensstil kommt, müssen die Schützen manche Klippen umschiffen, was ihnen mit der dem Skorpion eigenen Hartnäckigkeit auch gelingt.

Aszendent Steinbock macht den Schütze-Menschen ehrgeizig. Reisen dienen ihm nur noch als Mittel zum Zweck, Beziehungen anzuknüpfen oder den eigenen Horizont zu erweitern. Schützen mit Asz Steinbock gelingt ein schneller Aufstieg in die höheren Etagen des Wohlstandes. Es sollte nur niemand wagen, ihr privates Leben zu erforschen — er würde ihren Haß zu spüren bekommen; manche Schützen mit Asz Steinbock haben hier etwas zu verbergen!

Aszendent Wassermann setzt den Schütze-Geborenen zielbewußt auf die hohen Ideale der Humanität an. Schützen mit Asz Wassermann bringen es meist zu Ruhm und Ansehen, aber ihre gefüllte Brieftasche ist meist rasch leer; sie opfern ihren letzten Groschen für soziale Zwecke. Ihre reizende Art, allen Mitmenschen wie alten Freunden gegenüberzutreten, macht sie sehr beliebt. Nur schade, daß sie manchmal zu fanatisch ihre humanitären Pläne durchsetzen wollen.

Aszendent Fische garantiert dem Schützen gesellschaftlichen und sozialen Aufstieg, zumal auch bei den Fischen Jupiter kräftig mitmischt. Schützen mit Asz Fische sind anpassungsfähige Menschen, die oft ohne viel Federlesens das erreichen, was anderen nur über gewaltige Kraftanstrengungen gelingt. Sie haben hochtrabende Pläne, die sie aber nie ganz ausführen werden. Es genügt ihnen meist schon ein gutbezahlter Job, um auf einen Titel verzichten zu können.

Die Mischtypen unter dem Steinbock-Zeichen

Wenn der Aszendent eines im Tierkreiszeichen Steinbock Geborenen ebenfalls Steinbock ist, werden die in unserem Kapitel über den Steinbock-Menschen genannten Charakter-Eigenschaften besonders klar und eindeutig zutage treten. Ist der Aszendent jedoch ein anderes Sternzeichen, so ergeben sich im allgemeinen folgende charakterliche Abweichungen:

Aszendent Widder taut die unterschwelligen Gefühle des Steinbock-Menschen auf, aber es gelingt ihm nicht, allzu große Leidenschaft zu erwecken. Steinbock-Geborene mit Asz Widder treiben ihre beruflichen Pläne mit Macht voran. Sie erreichen meist eine gutdotierte Stellung, so daß sie Kapital für ihr hohes Ideal, armen Menschen zu helfen, ansammeln können.

Aszendent Stier läßt die Steinbock-Geborenen an einer einmal gefaßten Meinung auch dann festhalten, wenn sie nicht mehr ganz von ihr überzeugt sind. Steinbock-Menschen mit Asz Stier bewegen sich meist langsam und träge, aber das täuscht: Sie sind zu großen Arbeitsleistungen fähig. Am liebsten legen sie sich labile Freunde zu, die sie beherrschen können. Kompromisse sind ihnen verhaßt.

Aszendent Zwillinge stellt die Steinbock-Menschen an eine Klagemauer: Sie sind enttäuscht darüber, wie übel ihnen das Leben oft mitspielt. Ihre Melancholie paßt freilich nicht zu dem ernsten Bemühen um eine Karriere, die sie von allen Sorgen befreit. Sie macht auch manchmal einem eiskalten Denken Platz, das sich dann nur noch auf bleibende Werte und egoistische Ziele konzentriert. Das sind die zwei Seelen, die der Aszendent in des Steinbocks Brust pflanzte.

Aszendent Krebs bringt den Steinbock in einen Zwiespalt: Soll er nun lachen oder weinen? Und das wühlt seine Gefühlswelt ganz auf. Steinbock-Menschen mit Asz Krebs sind oft selbst nicht sicher, denn ihre Launen bringen trübe Stimmungen mit, die zu Arbeitsunlust und Niedergeschlagenheit führen können. Am Ende beißen sie sich immer wieder durch, was sie nicht hindert, düster in die Zukunft zu schauen: die Vergangenheit, o ja, die war besser!

Aszendent Löwe lehrt den Steinbock stolz den Kopf zu heben und wie ein königliches Wesen um sich zu schauen: Seht her, ich bin's! Steinbock-Menschen mit Asz Löwe fühlen sich über ihre Mitmenschen erhaben, oft sogar aus gutem Grund: Sie arbeiten mehr und besser. Ihre Zeitgenossen verkennen sie leider und halten die gespielte Erhabenheit für überzogene Anmaßung.

Aszendent Jungfrau sichert das vom Steinbock-Geborenen Erreichte klug ab und drängt auf eine fortschrittliche Entwicklung. Steinbock-Menschen mit Asz Jungfrau sind meist sehr gescheit. Sie haben vor allem ein gutes Verhältnis zum Geld und wissen, wie man es anlegen muß, um es zu verdoppeln. Ihre Disziplin ist vorbildlich, sie sind vor allem auch streng gegen sich selbst.

Aszendent Waage bringt ein bißchen Familienfreundlichkeit ins triste Arbeitsleben eines Steinbocks, was nicht besagen will, daß der Schlendrian mit ihm einkehrt. Im Gegenteil: Steinbock-Menschen mit Asz Waage werden mehr wagen, weil sie einen Schuß Leichtsinn abbekommen haben; sie werden aber auch mehr wägen, und das wird manchmal ihre hochfliegendsten Pläne platzen lassen. Aber sie werden immer wieder einen neuen Plan schmieden.

Aszendent Skorpion zwingt den Steinbock oft in die Isolation. Das liegt an der Hartnäckigkeit, mit dem ein Steinbock-Mensch mit Asz Skorpion seine Ziele verfolgt, seinem unbändigen Arbeitseifer und seinem nie erlahmenden Ehrgeiz. Das schafft ihm natürlich keine Freunde. Und so bleibt er oft sein ganzes Leben lang allein, zu keinem Kompromiß mit der Umwelt bereit.

Aszendent Schütze bringt Unruhe ins Steinbock-Herz: Zweifel kommen auf, ob man es beruflich weit genug bringen kann, um sorglos in den Tag zu leben. Steinbock-Menschen mit Asz Schütze sind sich ihrer selbst nicht ganz sicher. Sie unternehmen zwar gewaltige Kraftanstrengungen, um ein Ziel zu erreichen, aber sie geraten immer wieder ins Stocken. Trotzdem kommen sie später zu einem ansehnlichen Bankkonto. Nur in der Liebe bleiben sie manchmal allein.

Aszendent Wassermann deckt manche Schwächen beim Steinbock auf, aber er versteckt diese hinter einem bewußt selbstsicheren Wesen. Steinbock-Menschen mit Asz Wassermann sind oft ein wenig haltlos, ihnen gelingt durch eigene Initiative nicht allzu viel. Auch wenn sie sich noch so konzentrieren, werden sie nicht sehr erfolgreich sein. Sie sollten auf eine Erbschaft hoffen oder auf einen gutgestellten Ehepartner. Der hätte es übrigens gut bei ihnen!

Aszendent Fische legt dem eifrigen Steinbock nicht zu überspringende Hindernisse in den Weg. Doch mit Schläue umgehen sie die Steinbock-Menschen mit Asz Fische: Das ist zwar der langwierigste Weg, der führt aber auch zum Ziel. Sie fallen oft auf falsche Freunde herein, jedoch sie suchen immer wieder neue, bis sie die richtigen gefunden haben. Denn hier herrscht nicht der kalte Intellekt des Steinbocks vor, sondern das zarte Gefühl der Fische.

Die Mischtypen unter dem Wassermann-Zeichen

Wenn der Aszendent eines im Tierkreiszeichen Wassermann Geborenen ebenfalls Wassermann ist, werden die in unserem Kapitel über den Wassermann-Menschen genannten Charakter-Eigenschaften besonders klar und eindeutig zutage treten. Ist der Aszendent jedoch ein anderes Sternzeichen, so ergeben sich im allgemeinen folgende charakterliche Abweichungen:

Aszendent Widder verführt den Wassermann zu immer wieder neuen, hochtrabenden Ideen, die aber nur selten in die Tat umgesetzt werden. Oft ist das Glück auf der Seite der Wassermänner mit Asz Widder: Sie werden in Stellungen aufsteigen, die sie auf Grund ihres Spezialwissens eigentlich nicht besetzen könnten. Meist verschwenden sie ihre Energie sinnlos; sie beginnen viel und leisten daher wenig.

Aszendent Stier macht den Wassermann etwas müde, seine Fähigkeiten gezielt einzusetzen. Wassermänner mit Asz Stier sind sehr beliebt, weil sie ihr hart erarbeitetes Geld auch mal unters Volk streuen. Sie sind nicht leichtsinnig, eher wohltätig — gesellige Leute, die überall viele Freunde finden. Schwierigen Problemstellungen gegenüber wirken sie etwas hilflos.

Aszendent Zwillinge sorgt für den scharfen Verstand des Wassermanns, der von Erfolg zu Erfolg marschieren wird. Hier wird nichts mit dem Ellbogen gemacht, sondern alles nur mit dem Intellekt. Wassermänner mit Asz Zwillinge sind bei ihren Mitmenschen beliebt, sie finden trotz harter Anstrengungen immer noch Zeit für die Geselligkeit und das Familienleben. Nur wenige, die ganz oben stehen, macht der Erfolg zu einsamen Menschen, denen sich keiner anvertrauen will.

Aszendent Krebs dämpft etwas die weltoffene Art des Wassermanns, aber er gibt viel Sinn für ein gutes Familienleben mit. Wassermann-Menschen mit Asz Krebs haben tiefschürfende Gedanken, die sie auch für Okkultes aufnahmebereit machen. Manchmal sondern sie sich ab und beginnen zu träumen, wie schön die Welt sein könnte, wenn sie sich auf ihre Ideale besänne. Verständlich, daß sie nicht allzu erfolgreich im Lebenskampf sind.

Aszendent Löwe setzt manches Ideal des Wassermanns in die Tat um, er stellt ihn an die vorderste Front im Kampf um die soziale Gerechtigkeit. Wassermann-Menschen mit Asz Löwe fühlen sich in der Rolle des Vorkämpfers einer sozialen Gesellschaft wohl, sie bedauern nur, in einer kapitalistischen Welt so wenig erreichen zu können.

Aszendent Jungfrau macht die Wassermänner gesundheitlich etwas anfällig, weshalb man zu Diät und naturgemäßen Heilweisen neigt. Oft sind aber Wassermann-Menschen mit Asz Jungfrau widerstandsfähiger, als sie sich selbst suggerieren, und werden ein hohes Alter erreichen. Bei aller Neugier, die sie nicht nur auf geistigem, sondern auch auf zwischenmenschlichem Gebiet zeigen, sind sie überaus feinfühlig und verständnisvoll.

Aszendent Waage verzettelt oft die auf den Erfolg gerichtete Leistung des Wassermanns, wodurch sich leicht der Mißerfolg einstellen kann. Wassermänner mit Asz Waage haben hohe Ideale, aber sie streuen diese sehr wahllos unters Volk. Sie sind keine Egoisten, sondern sie wollen alle Menschen, denen sie begegnen, glücklich machen. Der gute Vorsatz ehrt sie, aber leider ist ihr Wille zu schwach, um Vorsätze in die Tat umsetzen zu können.

Aszendent Skorpion treibt den Wassermann zu immer neuen Taten an, wobei er es nicht an einem Quentchen Rücksichtslosigkeit fehlen läßt. Wassermann-Menschen mit Asz Skorpion werden sich durchsetzen, aber da sie trotz großer Erfolge im Lebenskampf menschlich bleiben, werden sie selbst von ihren Gegnern geschätzt. Sie sind Praktiker, die auch in Turbulenzen noch ihren kühlen Kopf bewahren.

Aszendent Schütze betont des Wassermanns Hang zu freiheitlicher Entfaltungsmöglichkeit der Persönlichkeit. Das kann sich einmal in einer überschäumenden Lebensfreude ausdrücken, zum anderen aber auch in der selbstlosen Hinwendung zu praktischer Nächstenliebe. Wassermänner mit Asz Schütze geben nicht viel auf die Meinung anderer. Sie beharren auf der ihren. Und die ist auch meistens die richtige.

Aszendent Steinbock sorgt dafür, daß der Wassermann zum nüchternen Tatsachenmensch wird, er schenkt Konzentration und Beharrlichkeit im Verfolgen der eigenen, der Menschheit nützenden Pläne. Wassermann-Menschen mit Asz Steinbock sind in Gelehrtenstuben ebenso zu finden wie in Sozialämtern. Für sie ist es nur wichtig, einer guten Sache zu dienen.

Aszendent Fische drückt etwas die Leistungskurve des Wassermanns nach unten, dafür unterstützt er aber nachhaltig die Hilfsbereitschaft und das caritative Sendungsbewußtsein. Wassermann-Menschen mit Asz Fische möchten die ganze Welt umarmen. Sie können nicht glauben, daß es schlechte Menschen gibt. Diesen Glauben behalten sie bei, selbst wenn sie von ihren besten Freunden enttäuscht werden. Sie stellen sich stets in den Dienst der Gemeinschaft.

Die Mischtypen unter dem Fische-Zeichen

Wenn der Aszendent eines im Tierkreiszeichen Fische Geborenen eben-falls Fische ist, werden die in unserem Kapitel über den Fische-Menschen genannten Charakter-Eigenschaften besonders klar und eindeutig zu-tage treten. Ist der Aszendent jedoch ein anders Sternbild, so ergeben sich folgende charakterliche Abweichungen:

Aszendent Widder könnte den Fische-Menschen entschlossener machen, aber immer wieder werden sich Perioden des Zauderns ein-stellen, in denen alle guten Vorsätze über den Haufen geworfen werden. Die Energie wird so verschwendet, das Ziel kaum erreicht. Fische-Menschen mit Asz Widder sind sehr sozial eingestellt. In einem guten Familienleben können sie Konzentration finden, die mangels Energie doch noch zum Erfolg im Beruf verhelfen könnte.

Aszendent Stier unterstützt noch die labilen Züge des Fische-Gebo-renen. Man traut sich wenig zu und vertraut zuviel. Fische-Menschen mit Asz Stier sind die Güte in Person, aber es fehlt ihnen ein wenig an dem Ehrgeiz, den man nun einmal braucht, um sich im Leben durchzusetzen. Sie wissen zwar den Wert des Geldes zu schätzen, aber für das Sparbuch wird ihnen oft nichts übrig bleiben.

Aszendent Zwillinge fördert die sentimentalen Regungen eines Fische-Geborenen, sorgt aber auch dafür, daß er leicht von seinen Mitmen-schen — im guten wie im schlechten Sinne — zu beeinflussen ist. In der Liebe verleiht der Aszendent den Fischen Flügel. Man sieht diese fliegen-den Fische über Teichen von Blüte zu Blüte flattern, bis ein Raubvogel auf sie niederstößt und all ihre Träume zerstört.

Aszendent Krebs kann dem Fische-Geborenen zusätzliche Träume schenken, neue Energien legt er nicht frei. Fische-Menschen mit Asz Krebs setzen sich nicht durch, obwohl sie den besten Willen zu perfekter Leistung haben. Sie haben ihre Ideale, die sie jedoch nach und nach opfern müssen, weil mit Traumgespinsten keine Geschäfte gemacht, geschweige denn Gewinne erzielt werden können.

Aszendent Löwe schenkt dem Fische-Geborenen zum Gefühl die Ge-duld, zu den Idealen die Kraft, diese auch durchzusetzen. Fische-Men-schen mit Asz Löwe werden es im Leben zu etwas bringen, auch wenn ihre Mittel von ihren Gegnern manchmal als unfair bezeichnet werden. Sie peilen den Erfolg an, aber sind vielfach zu bequem dazu, letzte Mög-lichkeiten auszuschöpfen, um ganz nach vorne vorstoßen zu können.

Aszendent Jungfrau impft dem Fische-Geborenen etwas Verantwor-tungsgefühl gemixt mit einer Portion Lebensernst ein. Das räumt manche

Schwierigkeiten aus dem Weg. Fische-Menschen mit Asz Jungfrau sind ernster als ihre Geschwister mit anderen Aszendenten, was sie freilich auch dazu verführen kann, manches Problem zu ernst zu nehmen. Sie werden nicht unbedingt Spitzenpositionen besetzen, aber in den Stellungen, die man ihnen zutraut, Ansprechendes leisten.

Aszendent Waage erhebt das Zögern zur Lebensdoktrin des Fische-Menschen. Niemand kann so wenig entschlußfreudig sein wie diese Fische-Geborenen mit Asz Waage, niemand aber auch diesen Charakterzug so charmant verschleiern wie sie. Diese Leute sind am wenigsten von sich selbst überzeugt, aber ihr reiches Gemüt läßt sie in der Liebe manches entgelten, was sie im Beruf nicht finden.

Aszendent Skorpion streicht den Fische-Geborenen zwei Drittel Gefühl weg und gibt dafür die gleiche Menge Durchsetzungskraft. Daher findet man in höchsten Stellungen Fische-Menschen mit Asz Skorpion, die sich den Weg nach oben rücksichtslos bahnen konnten. Sie machen nicht viele Worte; das Schweigen ist ihre Waffe, mit dem sie sogar den Redseligsten verstummen lassen. Erstaunlich, daß sie zum Ausgleich für die Turbulenzen im Beruf ein ruhiges Familienleben führen.

Aszendent Schütze verstärkt die Jupiter-Eigenschaften des Fische-Geborenen: Man möchte Großes erreichen, seine Ideale in die Tat umsetzen. Manchen Fische-Menschen mit Asz Schütze ist die Gabe der Prophetie gegeben, andere sind Universalgenies. Auch die Abenteuerlust wird unter diesem Aszendenten gefördert — nur gut, daß die Fische auf diesem Gebiet dann bremsen. Unter diesen beiden Zeichen liebt man die langatmigen Debatten, die zum Schluß in Monologen enden.

Aszendent Steinbock läßt den Fische-Geborenen nicht in trüben Tümpeln schmoren, er bringt ihn ans Licht der Erkenntnis, daß Arbeit die einzige Möglichkeit ist, im Leben etwas zu leisten. Fische-Menschen mit Asz Steinbock sind ernste Charaktere, die sich für alles aufgeschlossen zeigen, was der Menschheit dient. Sie sind Idealisten, die meinen, was sie sagen.

Aszendent Wassermann verstärkt die guten Grundsätze des Fische-Geborenen, sein Mitgefühl und seine Toleranz. Fische-Menschen mit Asz Wassermann fühlen sich nur in der Gemeinschaft wohl, für die sie auch ihre ganze Arbeitskraft einsetzen. Sie sind meist sehr intelligent (viele Genies wurden unter dieser Sternzeichen-Verbindung geboren) und haben ein Herz für alle Mitmenschen, die sozial schwächer gestellt sind als sie selbst.

Die Planeten und ihre Wirkung

Wie aus den einzelnen Kapiteln dieses Buches zu ersehen ist, spielen auch die Planeten in der Astrologie eine wichtige Rolle. Ihre Stellung im Augenblick der Geburt ist dabei besonders wichtig. Es würde zu weit führen, die einzelnen Konstellationen zu beleuchten und darzustellen, wie sehr ein Charakter von diesen beeinflußt werden kann. Wir wollen hier nur noch ihre Wertigkeit anführen, nicht die Schlüsse, die man daraus ziehen kann. Diese Planeten durchziehen die Zeichen des Tierkreises:

Die Sonne steht im Domizil des Löwen. Sie ist der Energiespender der Erde, die Kraft, die erst das Leben auf unserem Planeten ermöglicht. Nach Astrologen-Meinung schenkt sie erhöhte Lebenskraft und Selbstvertrauen. Sie verleiht den von ihr Beeinflußten Stolz und Mut, der sich aber auch als Hochmut erweisen kann. Menschen, die unter dem Einfluß der Sonne stehen, neigen zur Herrschsucht. Der Tag der Sonne ist der Sonntag, und nach einem alten astrologischen Glauben unterliegen alle Sonntagskinder besonders ihren guten Aspekten.

Der Mond wird wie die Sonne astrologisch den Planeten zugerechnet. Er steht im Domizil des Krebses. Er ist der Herr der Nacht, der das Durchsetzungsvermögen eines Menschen negativ beeinflussen kann. So wie er die Gezeiten, den immerwährenden Wechsel von Ebbe und Flut, geheimnisvoll steuert, so sorgt er auch für die wechselhaften Launen seiner Schützlinge. Er steht für die seelischen Kräfte, für das Gefühl, das Unbewußte, die Romantik. Sein Tag ist der Montag. Auf Menschen, die an diesem Tag geboren wurden, sollen die vorgenannten Aspekte zutreffen.

Der Mars steht in den Domizilen des Widders und des Skorpions. Er fördert die Tat- und Kampfkraft seiner Schützlinge, aber auch ihre guten und schlechten Eigenschaften. Er ist der Planet der Erotik, aber auch ein schlimmer Geselle, der manchem Menschen auf seinem Lebensweg ein Bein stellt. Menschen, die an einem Dienstag, seinem Tag, geboren wurden, sollen betont unter seinem Einfluß stehen.

Der Merkur hat sein Domizil in den Zwillingen und in der Jungfrau. Er ist zuständig für die Verstandeskräfte und das Vernunftdenken. So verleiht er seinen Schützlingen Scharfsinn und ein gutes Gedächtnis. Er verbindet manche Eigenschaft, die andere Planeten versprechen, zu einer glückhaften Einheit, warnt vor Unwahrheit und zu großer Redseligkeit. Sein Tag ist der Mittwoch, und darum werden alle, die an diesem Tag geboren wurden, von Merkur günstig beeinflußt.

Der Jupiter hat sein Domizil im Schützen, ist aber auch den Fischen zugetan. Er gilt als der Glücksplanet, der den von ihm Beeinflußten Wohlstand und Lebenszuversicht verspricht und Selbstvertrauen, Urteilsfähigkeit, Glaubenstreue und logisches Denken verleiht. Auf Leute, die an einem Donnerstag, dem Tag des Jupiters, geboren wurden, sollen ebenfalls diese Aspekte zutreffen.

Die Venus steht in den Domizilen des Stiers und der Waage. Sie fördert die Liebe und die Daseinsbejahung, ihr unterstehen die Kunst und die Ästhetik. Sie spendiert ihren Schützlingen jene Fröhlichkeit, die aus dem Herzen kommt, viel Taktgefühl und diplomatisches Einfühlungsvermögen. Aber sie kann im negativen Sinn die von ihr Beherrschten zur Lasterhaftigkeit und zu sinnlichen Ausschweifungen verführen. Menschen, die an einem Freitag geboren wurden, werden von ihr besonders beeinflußt.

Der Saturn hat sein Domizil im Steinbock, aber auch im Wassermann. Er legt oft Hemmnisse in den Weg, vertieft aber die Konzentration auf das Wesentliche. Er ist der Gegenpol der Sonne, gleichzusetzen mit dem Schicksal, das den Menschen schwere Prüfungen auferlegt. Seine Schützlinge sind mit Verstandesschärfe und mit viel Geduld begabt, wodurch sie die schlechten Einflüsse ihres Schicksalsplaneten überwinden. Wer an einem Samstag geboren wurde, den soll nach astrologischer Meinung Saturn mit einer gewissen Härte im Daseinskampf begaben.

Der Neptun steht im Domizil der Fische. Ihm sind die unsichtbaren Kräfte im Weltraum zugeteilt, weshalb er seinen Schützlingen Idealismus und Einfühlsamkeit verleiht. Menschen, die von ihm beeinflußt sind, haben rätselhafte Eingebungen, die sie befähigen, sich überirdische Kräfte dienstbar zu machen. Oft ist aber auch ihr Gemüt ein wenig verwirrt.

Der Uranus, der im Domizil des Wassermanns steht, steigert die Wirkung des Merkurs. Er sorgt bei seinen Schützlingen für Originalität und ein durch nichts zu verhinderndes Unabhängigkeitsstreben. Er begabt sie manchmal mit Genialität, aber gibt ihnen auch einen Hang zum Mystischen mit.

Der Pluto steht als Mitregent im Domizil des Skorpions. Er verkörpert die höllischen Kräfte der Seele, verstärkt also gewissermaßen die negativen Einflüsse des Saturns. Übrigens wurde der Planet erst im Jahre 1930 entdeckt.

Kleine Einführung in die chinesische Astrologie

5000 Jahre alt ist die chinesische Astrologie, die Wahrsagekunst, die Charakter und Schicksal des Menschen nicht wie bei uns nach Monaten, sondern nach Mondjahren deutet, die freilich im Laufe der Zeit unseren Sonnenjahren angepaßt wurden.

Zwölf Tierzeichen geben den Jahren ihren Namen. Nach der Legende soll Buddha eines Tages die Tiere zu sich gerufen haben, aber nur zwölf seien gleich zu ihm gekommen: zuerst die Ratte, dann Büffel, Tiger, Hase, Drache, Schlange, Pferd, Ziege, Affe, Hahn, Hund und zuletzt das Schwein. Er habe jedem Tier ein Jahr geschenkt, dem es seinen Stempel aufdrücken durfte. Und so sei es zu dem zwölfjährigen Rhythmus in der chinesischen Astrologie gekommen.

Der französische Fabeldichter La Fontaine (1629—1691) umschrieb diese Legende so: «Je me sers d'animaux pour instruire les hommes» („Ich bediene mich der Tiere, um die Menschen zu belehren"). Und er mag recht damit haben: Es ist erstaunlich, wieviel charakterliche Bindung oft Menschen eines Geburtsjahrgangs haben. Warum sollte also nicht die These der chinesischen Astrologen auch richtig sein, daß alle zwölf Jahre ein ähnlicher Menschentyp geboren werde? Die Buddha-Legende von der Entstehung der zwölf Tierzeichen hört sich fantastisch an, doch kann ihr Wahrheitsgehalt aus der Geschichte der altchinesischen Astrologie nachgeprüft werden. Vor der Einpendelung auf die Zahl 12 gab es nämlich 27 Bilder des Mondtierkreises, die wiederum aus den 36 Bildern der Sternheerführer entstanden sind, denen nach Auffassung der altchinesischen Wahrsager je ein Tier zugeordnet war. Erst mit der Anpassung des Mondjahres — es beginnt zwischen Mitte Januar und Mitte Februar — an unser Sonnenjahr entwickelten sich aus den 27 Mondzeichen die zwölf Tierzeichen, von denen in diesem Buche die Rede ist.

So ganz einfach machen sich die chinesischen Astrologen die Berechnung der Horoskope natürlich nicht. Zwar beziehen sie die These von den guten und schlechten Jahren der einzelnen Menschentypen im chinesischen Tierkreis (siehe „Das immerwährende chinesische Horoskop" am Ende dieses Buches) in ihre Berechnungen ein, doch haben sie auch noch genauere Deutungsfaktoren zur Hand. Da sind die fünf Elemente Wasser, Metall, Feuer, Holz und Erde, die in dieser Reihenfolge für die Planeten Merkur, Venus, Mars, Jupiter und Saturn stehen. Sie nehmen ebenso Einfluß auf das Schicksal des Einzelindividuums wie die zehn Himmelszeichen, die sich aus „Yang", der Sonne, und „Ying", dem Mond, aber auch aus der Betrachtung der Sternkonstellationen ergeben. Doppelwochen und Doppelstunden der Geburt ziehen den Kreis schließlich so eng, wie er sich bei der in westlichen Ländern gebräuchlichen

Astrologie aus den Planetenstellungen und den Aszendenten zur Geburtsstunde ergibt.

Das alles können die chinesischen Sterndeuter und Wahrsager dicken Nachschlagwerken entnehmen. Den Leser dieses Buches mag es verwirren; deshalb stellten wir neben dem gültigen Charakterbild der in den einzelnen zwölf chinesischen Tierzeichen Geborenen als Einengung eine Kombination mit den bei uns üblichen Sternbildern vom Widder bis zu den Fischen. Man könnte dieses Bild noch mehr verfeinern, wenn man die im Chinesischen gebräuchliche Doppelstunde der Geburt hinzunähme. Nach Meinung der chinesischen Astrologen kommt es für den einzelnen Menschen nämlich darauf an, zu welcher Doppelstunde des Tages er geboren wurde. Und diese Doppelstunden sind wieder einem Tierbild zugeordnet.

Im einzelnen sieht das dann so aus: Von 23 bis 0.59 Uhr herrscht die Ratte, von 1 bis 2.59 Uhr der Büffel, von 3 bis 4.59 der Tiger, von 5 bis 6.59 Uhr der Hase, von 7 bis 8.59 Uhr der Drache, von 9 bis 10.59 Uhr die Schlange, von 11 bis 12.59 Uhr das Pferd, von 13 bis 14.59 Uhr die Ziege, von 15 bis 16.59 Uhr der Affe, von 17 bis 18.59 Uhr der Hahn, von 19 bis 20.59 Uhr der Hund und schließlich von 21 bis 22.59 Uhr das Schwein.

Machen Sie doch einmal das kleine Spiel mit! Sie sind — angenommen — am 14.5.1931 um 11.42 Uhr morgens geboren. Dann kamen Sie nach dem chinesischen Horoskop im Jahr der Ziege zur Welt und haben die Charaktermerkmale, die im Kapitel „Die artige Ziege" nachzulesen sind. Nach der bei uns gebräuchlichen Astrologie sind Sie aber auch im Sternzeichen Stier geboren, haben also sicher auch Charaktermerkmale aus diesem Zeichen mitbekommen, was Sie im Kapitel über die Ziege ebenfalls erfahren können. Nun engen Sie das Charakterbild noch einmal auf Chinesisch ein: Die Doppelstunde Ihrer Geburt stand im Zeichen des Pferdes. Sie werden also auch einiges, wenn auch sehr oberflächlich, von den Merkmalen eines im Tierzeichen Pferd Geborenen an sich beobachten können. Und so komplettieren Sie gewissermaßen das Bild Ihrer Eigenschaften.

Ein Spiel nur? Die Chinesen haben dieses „Spiel" in 5000 Jahren zur Perfektion entwickelt. Ihre Wahrsagekunst ist im Laufe der Jahrhunderte mit wissenschaftlicher Akribie verbessert worden, so daß chinesische Astrologen heute anhand der umfangreichen Nachschlagewerke das Schicksal eines Menschen mit einer an Sicherheit grenzenden Wahrscheinlichkeit vorhersagen können, wobei sie — und damit kommen wir wieder zu unserem Buch — bei ihren Horoskopen als Generallinie für die einzelnen Tierzeichen das auch zu Rate ziehen, was wir im letzten Kapitel unter dem „immerwährenden Horoskop" beschrieben haben.

馬

Ob Sie es nun glauben oder nicht — es ist interessant und unterhaltsam, einen Überblick über die chinesische Astrologie zu bekommen. Und manch einer, der bisher skeptisch dieser Art von „Aberglauben" gegenüberstand, wird nach der Lektüre dieses Buches vielleicht doch zugeben, daß eine seltsame Übereinstimmung in den Charakteranlagen von Menschen gegeben ist, die unter einem gleichen, bestimmten Tierzeichen geboren wurden.

Dieses Buch will unterhalten, aber auch ein wenig nachdenklich machen. Mehr nicht, aber auch nicht weniger.

Was bin ich?

Chronologische Zusammenstellung der Geburtsjahre zur Auffindung des eigenen Tierzeichens

Ratte	12.2.1888-30.1.1889		Hahn	8.2.1921- 6.2.1922
Büffel	31.1.1889-20.1.1890		Hund	7.2.1922-14.2.1923
Tiger	21.1.1890- 8.2.1891		Schwein	15.2.1923- 4.2.1924
Hase	9.2.1891-29.1.1892			
Drache	30.1.1892-16.2.1893		Ratte	5.2.1924-24.1.1925
Schlange	17.2.1893- 5.2.1894		Büffel	25.1.1925-12.2.1926
Pferd	6.2.1894-25.1.1895		Tiger	13.2.1926- 1.2.1927
Ziege	26.1.1895-13.2.1896		Hase	2.2.1927-22.1.1928
Affe	14.2.1896- 1.2.1897		Drache	23.1.1928-10.2.1929
Hahn	2.2.1897-21.1.1898		Schlange	11.2.1929-30.1.1930
Hund	22.1.1898- 9.2.1899		Pferd	31.1.1930-17.2.1931
Schwein	10.2.1899-30.1.1900		Ziege	18.2.1931- 6.2.1932
			Affe	7.2.1932-25.1.1933
Ratte	31.1.1900-18.2.1901		Hahn	26.1.1933-13.2.1934
Büffel	19.2.1901-26.1.1902		Hund	14.2.1934- 4.2.1935
Tiger	27.1.1902-29.1.1903		Schwein	5.2.1935-23.1.1936
Hase	30.1.1903-16.2.1904			
Drache	17.2.1904- 4.2.1905		Ratte	24.1.1936-11.2.1937
Schlange	5.2.1905-24.1.1906		Büffel	12.2.1937-31.1.1938
Pferd	25.1.1906-13.2.1907		Tiger	1.2.1938-18.2.1939
Ziege	14.2.1907- 1.2.1908		Hase	19.2.1939- 7.2.1940
Affe	2.2.1908-21.1.1909		Drache	8.2.1940-26.1.1941
Hahn	22.1.1909- 9.2.1910		Schlange	27.1.1941-15.2.1942
Hund	10.2.1910-29.1.1911		Pferd	16.2.1942- 4.2.1943
Schwein	30.1.1911-17.2.1912		Ziege	5.2.1943-25.1.1944
			Affe	26.1.1944-12.2.1945
Ratte	18.2.1912- 6.2.1913		Hahn	13.2.1945- 1.2.1946
Büffel	7.2.1913-25.1.1914		Hund	2.2.1946-21.1.1947
Tiger	26.1.1914-14.2.1915		Schwein	22.1.1947- 9.2.1948
Hase	15.2.1915- 3.2.1916			
Drache	4.2.1916-23.1.1917		Ratte	10.2.1948-29.1.1949
Schlange	24.1.1917-11.2.1918		Büffel	30.1.1949-17.2.1950
Pferd	12.2.1918-31.1.1919		Tiger	18.2.1950- 6.2.1951
Ziege	1.2.1919-20.1.1920		Hase	7.2.1951-26.1.1952
Affe	21.1.1920- 7.2.1921		Drache	27.1.1952-14.2.1953

Schlange	15.2.1953- 3.2.1954
Pferd	4.2.1954-23.1.1955
Ziege	24.1.1955-11.2.1956
Affe	12.2.1956-30.1.1957
Hahn	31.1.1957-18.2.1958
Hund	19.2.1958- 7.2.1959
Schwein	8.2.1959-27.1.1960
Ratte	28.1.1960-15.2.1961
Büffel	16.2.1961- 4.2.1962
Tiger	5.2.1962-25.1.1963
Hase	26.1.1963-13.2.1964
Drache	14.2.1964- 2.2.1965
Schlange	3.2.1965-21.1.1966
Pferd	22.1.1966- 8.2.1967
Ziege	9.2.1967-29.1.1968
Affe	30.1.1968-16.2.1969
Hahn	17.2.1969- 5.2.1970
Hund	6.2.1970-26.1.1971
Schwein	27.1.1971-18.2.1972

Ratte	19.2.1972- 2.2.1973
Büffel	3.2.1973-23.1.1974
Tiger	24.1.1974-10.2.1975
Hase	11.2.1975-30.1.1976
Drache	31.1.1976-17.2.1977
Schlange	18.2.1977- 7.2.1978
Pferd	8.2.1978-27.1.1979
Ziege	28.1.1979-15.2.1980
Affe	16.2.1980- 4.2.1981
Hahn	5.2.1981-24.1.1982
Hund	25.1.1982-12.2.1983
Schwein	13.2.1983- 1.2.1984
Ratte	2.2.1984-19.2.1985
Büffel	20.2.1985- 8.2.1986
Tiger	9.2.1986-28.1.1987
Hase	29.1.1987-16.2.1988
Drache	17.2.1988- 5.2.1989
Schlange	6.2.1989-26.1.1990
Pferd	27.1.1990-14.2.1991
Ziege	15.2.1991- 3.2.1992

Die angriffslustige Ratte

12.2.1888-30.1.1889
31.1.1900-18.2.1901
18.2.1912- 6.2.1913
5.2.1924-24.1.1925
24.1.1936-11.2.1937
10.2.1948-29.1.1949
28.1.1960-15.2.1961
19.2.1972- 2.2.1973
2.2.1984-19.2.1985

Man muß es ihnen lassen: Ratten haben Köpfchen! Was andere mit roher Gewalt zu erreichen suchen, gelingt ihnen mit listiger Schläue. Ihre Angriffslust ist kaum zu bändigen, wenn es gilt, einen Nebenbuhler aus dem Rennen zu werfen. Vorgesetzte schätzen sie als zuverlässige und strebsame Mitarbeiter, Partner als charmante und elegante Gespielen.

Untergebene werden sie nicht immer verstehen, denn ihr Wahlspruch heißt: alles oder nichts! Und von daher kommen die Enttäuschungen; manche Ratte kann eben Gewonnenes leichtsinnig wieder aufs Spiel setzen, ohne Rücksicht auf Verluste, um dann zu erkennen: wie gewonnen, so zerronnen. Aber sie wird sich immer von neuem fangen — ihr Ziel ist der Profit, des Lebens beste Seite.

Klar, daß ihre Berufswege zu Erfolgen führen müssen, als königlicher Kaufmann oder als rücksichtsloser Wucherer. Als Politiker führen sie das große Wort. Ihre Versprechungen sind ernst gemeint, aber sie werden auch mit lächelnder Miene das Gegenteil von dem sagen können, was sie eben noch als erstrebenswert gelobt haben.

Ratten haben oft künstlerische Hobbys, die sie sehr schnell in klingende Münze verwandeln können, wenn sie erst erkannt haben, was alles daraus zu machen ist. Denn am Gelde hängt, nach dem Gelde drängt bei den Ratten fast alles. (Der Hans, der in Smetanas Oper die eigene Braut listig an sich selber verkauft, könnte im Jahr der Ratte geboren sein!)

Aber man sollte Unterschiede bei den Ratten machen — die im Sommer Geborenen sind anders als die im Winter zur Welt Gekommenen. Und das ist durchaus logisch.

Die sommerlichen Ratten finden Nahrung im Überfluß, sie können aus dem Vollen schöpfen. Das macht sie liebenswerter; trotz aller Aggressivität bleiben sie verbindlich, becircen durch ihren Charme die Umwelt. Sommer-Ratten sind noch ehrgeiziger als ihre winterlichen Genossen, sie können mit lächelndem Gesicht die größten Unverschämtheiten sagen und mit Vehemenz die Ellenbogen benutzen, um einen Konkurrenten aus dem Weg zu schubsen.

Die Angriffslust der Winter-Ratten gründet in der ständigen Angst ums tägliche Brot. Weibliche Angehörige dieses Tierzeichens legen Vorräte an, die über Jahre reichen, und es macht ihnen nichts aus, wenn vieles Schimmel ansetzt und verdirbt — man wirft es weg und füllt von neuem auf. Man sagt, Winter-Ratten neigten zur Völlerei, und von daher sei ihre Gesundheit gefährdet. Doch mit der Gesundheit macht's die Ratte wie mit dem Gelde: Wenn sie im tiefsten Sumpf zu versinken droht, zieht sie sich am eigenen Schopfe wieder heraus, eine Eigentümlichkeit, die auch auf im Sommerhalbjahr geborene Ratten zutrifft, nur daß diese nicht ganz so widerstandsfähig sind wie ihre winterlichen Schwestern.

Viele Ratten werden vom Leben verwöhnt. Dann lieben sie den Luxus, leider oft auch Völlerei und ausschweifendes Leben. Das bedeutet nicht nur Gefahr für die Gesundheit, sondern trübt auch den Blick. Gar manche Ratte umgab sich im Wohlstand mit falschen Freunden, die nur darauf warten, ihr eins aufs Haupt zu schlagen. Wird die Ratte so enttäuscht, zieht sie sich in ihr Loch zurück, mißtrauisch gegen jeden und unzufrieden mit sich selbst. Manche Ratten-Pleiten sind auf mangelnde Menschenkenntnis zurückzuführen: Man schenkte Vertrauen und wurde betrogen.

Auch in der Liebe geht die Ratte aufs Ganze. Und eigentlich erreicht sie ihr Ziel immer, auch wenn der angepeilte Partner zunächst gar nicht so sehr interessiert schien. Das macht der Charme der Ratten-Männer, die Eleganz der hübschen Ratten-Mädchen.

Die Ratten-Frau heiratet im Gegensatz zum Ratten-Mann meist schon sehr früh. Sie ist leidenschaftlich und will den Geliebten am liebsten nur für sich. Argwöhnisch beißt sie vermeintliche Nebenbuhlerinnen aus dem Felde. Spielt der Mann das Liebesspiel zu zweit mit, hat er den Himmel auf Erden, aber wehe, wenn er fremd geht! Dann lernt er den Vulkan kennen, der ihn mit lodernder Lava überschütten wird. Besser, er kriecht sofort zu Kreuz oder sucht das Weite.

Der Ratten-Mann bindet sich nicht gar so schnell. Er will erst an dieser oder jener Blume riechen, bevor er die schönste von allen in die Vase stellt. Er schindet bei den heiratswilligen Mädchen Eindruck durch seine Großzügigkeit, durch seinen äußeren Schein, durch seinen Sex-Appeal. Seiner Liebsten kann er alles geben, Gold und Silber, vielleicht auch einen Nerz, aber vor allem verschenkt er sein Herz.

In der Ehe sind Ratten häuslich; man könnte sie für Spießbürger halten, für Heimchen am Herde, wenn nicht ihr unbändiger Wille nach Geld und allem Glück der Welt da wäre, der sie unruhig macht. Denn bei aller Liebe zum Partner und zum eigenen Ich bleibt das Streben nach Profit der Ratten Lebensziel.

Wie erzieht man Ratten-Kinder?

Glauben Sie nur ja nicht, Ratten-Kinder seien schwer erziehbar. Das Gegenteil ist der Fall, wenn man sie noch ein wenig sanfter behandelt als andere Kinder. Dann kuscheln sie sich in der Eltern Schoß und machen in der Schule eitel Freude. Versucht man's mit Härte, werden sie verstockt und ziehen sich in einen Schmollwinkel zurück. Das wird auf die schulischen Leistungen abfärben. Und die Schläge, die kleine Ratten zu Hause bekommen, werden doppelt an die schwächeren Spielkameraden ausgeteilt. Verwöhnen Sie also

Ihr Ratten-Kind ruhig ein wenig, es wird Ihnen Ihre Güte mit Liebe und Anhänglichkeit vergelten und Freunde haben, mit denen es sich verträgt.

Die Ratte, vom Widder bis zu den Fischen

Widder-Ratten (21.3.-20.4.) wollen meist mit dem Kopf durch die Wand. Sie erreichen viel im Leben, sind die geborenen Manager. Was sie einmal entschieden haben, werden sie kaum umwerfen. Energie ist ihr Kapital.

Stier-Ratten (21.4.-20.5.) sind bei aller Geschäftstüchtigkeit sehr häuslich. Sie schätzen ein friedliches Familienleben, aus dem sie die Kraft für den Beruf schöpfen. Sie sind besonders liebenswürdig.

Zwillinge-Ratten (21.5.-21.6.) haben oft dünne Nervenstränge. Aber sonst sind sie meist das Beste, was Ratten-Jahre zu bieten haben. Sie werden sich auch in der Liebe ins rechte Licht setzen.

Krebs-Ratten (22.6.-22.7.) können schlecht Kritik vertragen. Sie werden wegen ihres Sachverstandes sehr geschätzt. Es sind die Träume, die ihnen oft den Weg nach oben verbauen.

Löwe-Ratten (23.7.-23.8.) sind Persönlichkeiten, die den Kopf höher tragen als andere. Ihre Großzügigkeit könnte sie in Kalamitäten bringen, ihr Stolz sie arrogant erscheinen lassen.

Jungfrau-Ratten (24.8.-23.9.) haben Sinn für finanzielle Werte. Manchmal sind sie zu kleinlich; das macht auch das Zusammenleben mit ihnen etwas schwerer. Sie wissen sich besonders elegant zu kleiden.

Waage-Ratten (24.9.-23.10.) sind für den Ausgleich in allen Lebenslagen. Sie lieben den Luxus mehr noch als andere Ratten. In der Liebe sind sie oft umschwärmter Mittelpunkt des anderen Geschlechts.

Skorpion-Ratten (24.10.-22.11.) sind kämpferische Typen, die sich durchbeißen, um ihr Ziel zu erreichen. Nichts ärgert sie übrigens mehr als Unaufrichtigkeit.

Schütze-Ratten (23.11.-21.12.) schießen manchmal übers Ziel hinaus. Sie sind vortreffliche Redner, halten aber nicht immer, was sie versprechen. Sie sind tüchtige Leute, aber etwas knickerig.

Steinbock-Ratten (22.12.-20.1.) prüfen lange, bevor sie wählen. Aber dann halten sie meist an dem für richtig Erkannten ein Leben lang fest. Man kann sie nur schwer in die Ehefalle locken.

Wassermann-Ratten (21.1.-19.2.) suchen oft in fremden Ländern ihr Glück, sind unruhig und ungeduldig. Haben sie das eine Ziel erreicht, gehen sie schon auf das nächste zu. Sie sind meist sehr klug.

Fische-Ratten (20.2.-20.3.) sind stets auf der Jagd nach dem Glück, obwohl sie keine ausgesprochenen Glücksritter sind. Auf charmante Weise können sie ihre Freunde für sich einspannen.

Die Partner der Ratte

Ratten untereinander lieben sich sehr, sie spielen miteinander zärtlich. Sie tun sich nicht wehe, aber manchmal kocht die Leidenschaft über.

Büffel sind nicht unbedingt der Typ der Ratte, weil sie nicht so temperamentvoll lieben und leben können. Trotzdem findet die Ratte beim Büffel Sicherheit.

Tiger überzeugen die Ratte mit ihrer Herzlichkeit. Aber sie wollen dominieren. Leider kann die Ratte nur schlecht klein beigeben — eine schwierige Partie.

Hasen bringen die Ratte leicht auf die Palme mit ihrer ruhigen Art. Man liebt zwar Haus und Heim, aber beim Geld kann's zum Krach kommen.

Drachen sind die idealen Partner für Ratten, weil sie sich ergänzen können, vor allem auf geistigem Gebiet. Eine Ehe zwischen beiden baut auf guter Kameradschaft.

Schlangen sind für Ratten rätselhafte Wesen, die sich ihnen nie ganz offenbaren. Oft aber finden sie gleiche Interessen, und dann kann's gutgehen.

Pferde kommen bei Ratten nicht immer an. Sie sind zu sehr auf Abenteuer aus, und dabei kann der von der Ratte erstrebte Profit zum Teufel gehen.

Ziegen sind für Ratten oft zu verschlossen; sie sagen nur das, was sie unbedingt für nötig halten. Beide haben vieles gemeinsam, aber das genügt nicht.

Affen sind für die Ratten ideale Lebenspartner, in jeder Hinsicht liebens- und bewundernswert. Die Ratte haßt nur des Affen seltsame Späße.

Hähne sind den Ratten leidenschaftliche Partner, die aber auch manchen Streit vom Zaune brechen. Leider verlangen Hähne oft zu viel von ihren Ratten.

Hunde sind die besten Freunde der Ratten, weil sie ein wenig Ruhe ins Heim der Ratte bringen. Da gibt's kaum Streit, und die Einnahmen werden brüderlich geteilt.

Schweine sind für Ratten manchmal zu empfindlich. Aber im geistigen Bereich liegen beide auf einer Wellenlänge. Auch im Materiellen treffen sie sich.

Der sanfte Büffel

31.1.1889-20.1.1890
19.2.1901-26.1.1902
7.2.1913-25.1.1914
25.1.1925-12.2.1926
12.2.1937-31.1.1938
30.1.1949-17.2.1950
16.2.1961- 4.2.1962
3.2.1973-23.1.1974
20.2.1985- 8.2.1986

Dem Büffel, sagt ein altes chinesisches Sprichwort, ist das frische Gras lieber als eine goldene Futterkrippe. Es spiegelt die bescheidene Art der Leute wider, die in einem Büffel-Jahr geboren wurden. Dabei sind es Menschen von Saft und Kraft, denen man trotz aller Behäbigkeit anmerkt, daß sie zu arbeiten gewohnt sind. Sie sind sanft und geduldig — aber wehe, jemand reizt sie! Den nehmen sie sofort auf die Hörner. Denn hinter ihrem ruhigen Wesen steckt der Choleriker, der wutschnaubend Hindernisse aus dem Weg räumen kann, der sich Respekt verschaffen wird, und der nach oben will, ohne Rücksicht auf Verluste.

Der Büffel wird immer den geraden Weg suchen. Krumme Touren sind ihm verhaßt. Er vertraut auf seine Arbeitskraft. Sein stures Beharren auf dem, was er einmal als richtig erkannt hat, macht ihm im Kollegenkreis manchen Feind, fördert aber sein Ansehen bei Vorgesetzten. So wird er bald hochgelobt in die obere Etage des Lebens, kann sich alles Erdenkliche leisten und vielen befehlen. Denn Kommandieren tut er für sein Leben gern.

Das prädestiniert ihn zum Chef einer Polizeieinheit ebenso wie zum Abteilungsleiter eines Industrie-Unternehmens, zum Chefarzt wie zum Boß eines Handwerksbetriebes. Aber er wird ebenfalls in künstlerischen Berufen seinen Mann stehen, als Lichtbildner etwa und als Architekt. Er schätzt auch bodenständige Arbeit, wäre mithin der geborene Landarbeiter. Da er jedoch nie ganz unten bleiben kann, wird er bald des Bauern Tochter heiraten und den eigenen Hof bestellen.

Bei den Frauen sind die Ziele ähnlich gesteckt, nur daß hier noch einige Sozialberufe hinzukommen, in denen die Büffel-Dame den Aufstieg sucht. Viele Managerinnen von heute sind unterm Büffel-Zeichen geboren. Freilich darf auch nicht verschwiegen werden, daß die Weltgeschichte einige Diktatoren kennt, die in Büffel-Jahren zur Welt kamen.

Wie ganz anders sind doch Büffel in den eigenen vier Wänden. Da sind sie die Sanftheit in Person. Büffel-Damen sind die liebevollsten Mütter, die aufmerksamsten Ehe- und Hausfrauen, wenn es nur nach ihrem eigenen Kopf geht. Wehe dem Mann, der sich erdreistete, in ihre Kochtöpfe zu schauen! Man lasse sie schalten und walten und hat bei ihr den Himmel auf Erden.

Der Büffel-Mann ist traditionsbewußt, die Güte selbst. Er überschüttet seine Lieben mit Freundlichkeiten. Und doch ist es möglich, daß sie sich gegen ihn auflehnen, obwohl sie wissen, daß für ihn kein Opfer zu groß ist, sofern es nur den Wohlstand der Familie sichert.

Wenn sie sich erst mal die Hörner ein wenig abgestoßen haben, sieht man die Büffel oft in Spitzweg-Pose daheim — mit Pantoffeln an den Füßen und der Zipfelmütze auf dem Haupte. Denn Gemütlichkeit geht ihnen nach des Tages langer Arbeit über alles.

Trotzdem können sie recht unbequeme Ehepartner sein. Nicht, daß Büffel eifersüchtig wären. Das haben sie gar nicht nötig; denn wenn sie vor dem Traualtar ihr Jawort gegeben haben, vereinnahmen sie den Ehegespons als persönliches Eigentum. Herzensdiebe, die sich da einschleichen wollen, um fremde Früchte zu ernten, oder gewissenlose Hausfreunde werden nicht geduldet.

Man ist treu und kann darum auch Treue verlangen! Zum Dank ist der Büffel-Partner so eine Art Lebensversicherung: Er sorgt stets vor, daß noch ein Notgroschen in der Kasse bleibt, der sich mit der Zeit zu einem stattlichen Bankguthaben vervielfältigen wird.

Büffel-Männer haben viel für den Sex übrig; ihre sanfte, behutsame Art wird von Frauen gelobt. Nur hält er sich meistens nie lang beim Vorspiel auf, sondern geht gleich zur Sache, wobei er oft die romantischen Gefühle seiner Herzallerliebsten zertrampelt, nicht verstehend, daß sie nicht ebenso robust reagiert wie er selber.

Büffel-Frauen sind sinnlicher veranlagt. Sie tragen stets viele unerfüllte Sehnsüchte im Reisegepäck auf dem Lebensweg mit. Aber nie werden sie sich ihrem Partner offenbaren. Sie werden seine Sexgelüste hinnehmen, mitmachen und schweigen — wie anders hatten sie es sich doch im Honigmond der Liebe gedacht!

Wer mit Büffeln zusammenleben muß, sollte sie gewähren lassen; im Grunde meinen sie es ja alle gut mit ihren Mitmenschen. Oder von vornherein einen Strich ziehen: bis hierher und nicht weiter!

Büffel-Damen und Büffel-Herren aber sei der Rat gegeben, etwas weniger die Hörner zu zeigen, wenn es mal nicht so recht nach ihrem Willen geht. Das würde sie mehr Freunde und mehr Lebensfreude finden lassen. Die sanften Büffel sind es, die alle lieben. Sie sollten öfter abschalten und ihren künstlerischen oder sportlichen Hobbys nachgehen — das erhält sie gesund bis ins Methusalem-Alter.

Wie erzieht man Büffel-Kinder?

Schon als Baby hat das Büffel-Kind seinen eigenen Kopf; es will nicht immer, wie die Mutter möchte. Bereits wenig später verstärkt sich dieser Drang nach Unabhängigkeit. Man sollte das Büffel-Kind gewähren lassen, nicht mäkeln und herumkommandieren, schon wegen der Komplexe, die sich da festsetzen könnten! Dieses Kind entwickelt sich dann ganz von selbst, ist zu jedermann höflich und freundlich und wird auch in der Schule nicht schlecht sein. Und wenn es mal spinnt, lassen Sie es links liegen — es kommt schon von selbst wieder zu sich.

Der Büffel, vom Widder bis zu den Fischen

Widder-Büffel (21.3.-20.4.) nehmen jeden auf die Hörner, der sich ihnen entgegenstellt. Ihr Wille ist nicht zu bezähmen, aber leider auch unkontrollierbar. Sie sind weniger häuslich als andere Büffel.

Stier-Büffel (21.4.-20.5.) haben besonders viel Familiensinn. Sie können keinem etwas zuleide tun. Nur hier und da bricht ihr Temperament durch, und dann fliegen die Fetzen.

Zwillinge-Büffel (21.5.-21.6.) haben neben viel Durchsetzungskraft noch mehr Humor. Sie sind tolerant, wissen aber mit Schläue immer und immer wieder die eigene Meinung ins rechte Licht zu rücken.

Krebs-Büffel (22.6.-22.7.) träumen gern am eigenen Kamin. Sie denken langsam, darum um so gründlicher. Man kann sie ausnutzen bis zu einem gewissen Grade. Für viele sind sie besonders angenehme Partner.

Löwe-Büffel (23.7.-23.8.) lassen manchmal die Fünf gerade sein. Man sollte sie nicht necken, das verletzt ihren Stolz und macht sie wild. In der Ehe muß man sich mit ihnen erst zusammenraufen und — kuschen!

Jungfrau-Büffel (24.8.-23.9.) lieben nicht viel Worte. Sie gehen stur auf das gesteckte Ziel los, aber es ist möglich, daß sie kurz vor Erreichen Minderwertigkeitskomplexe bekommen.

Waage-Büffel (24.9.-23.10.) sind eine seltsame Mischung. Sie haben Verständnis für ihre Mitmenschen, ecken aber gerade deswegen manchmal an. Sie sind zärtlicher als andere. Wenn nur die Hörner nicht wären...

Skorpion-Büffel (24.10.-22.11.) können sehr jähzornig reagieren. Das macht der Stachel, der zu den Hörnern kommt. Sie nehmen jeden Gegner an. Und darum ist es besser, ihr Freund zu sein.

Schütze-Büffel (23.11.-21.12.) finden oft nicht Maß und Ziel. Im allgemeinen sind sie aber sehr versöhnlich. Sie drängen zur Spitze und bemühen sich dann, human und ausgleichend zu wirken.

Steinbock-Büffel (22.12.-20.1.) können nicht sehr viel Spaß vertragen. Sie glauben, daß alles Heil aus der Arbeit kommt. Müßiggang ist ihnen verhaßt. Sie sind auch ziemlich unbequeme Ehepartner.

Wassermann-Büffel (21.1.-19.2.) sind tolerant, die geborenen Beichtväter. Sie lassen ihre Überlegenheit niemanden spüren, üben Gewalt nur mit Sammetpfötchen aus. Liebenswerte Partner!

Fische-Büffel (20.2.-20.3.) haben einen etwas seltsamen Humor, der auf Kosten ihrer Mitmenschen geht. Dabei wollen sie eigentlich immer nur das Beste, nur an der Durchführung hapert's.

Die Partner des Büffels

Ratten mögen die etwas schwerfällige Art der Büffel. Es kann zu gutem Verstehen kommen, wenn beide ihre Herrschsucht überwinden.

Büffel untereinander verbindet eine zuverlässige, manchmal aber etwas langweilige Partnerschaft. Sie sind am liebsten zu Hause und träumen miteinander.

Tiger reißen gern die schwerfälligen Büffel — wie sollte sich da ein Büffel verlieben können? In solchen Verbindungen kracht es öfter wegen des Tigers Heftigkeit.

Hasen sind die besten Ehepartner der Büffel, weil sie viel für eine gepflegte Häuslichkeit übrig haben. Allerdings: Chef daheim ist der Büffel!

Drachen beharren stur auf einer einmal gefaßten Meinung, der Büffel auch. Hier liegt der Zündstoff für handfeste Auseinandersetzungen, die gegen eine solche Bindung sprechen.

Schlangen sind anpassungsfähig, das wird sich auch in einer Liaison mit dem Büffel beweisen. Aber der Büffel verlangt Treue, und das kostet die Schlange Überwindung.

Pferde bringen Unruhe ins Heim des Büffels. Er schätzt die Lebensfreude der Pferde, aber ihr Temperament fällt ihm auf die Nerven. Die Pferde müßten nachgeben.

Ziegen haben Sinn für Romantik, das mag der Büffel. Aber er wird an der Ziegen Unentschlossenheit verzweifeln. Auf lange Sicht wird eine solche Bindung schwierig.

Affen treiben ihre Späße mit jedermann. Der Büffel erträgt sie zunächst geduldig, dann setzt es Hiebe. Affen müßten schon in sich gehen, um Dauerhaftes zu erreichen.

Hähne sind die Favoriten der Büffel; sie ordnen sich unter, ohne dabei die schönsten Federn zu verlieren. Eine Hahn-Büffel-Ehe hat meistens Bestand.

Hunde verbellen den Büffel, und der knurrt wütend zurück. Trotzdem kann eine Partnerschaft gelingen, wenn der Hund sich auf seine Tugenden besinnt und kuscht.

Schweine und Büffel sind sich absolut treu. Aber das reicht nicht, wenn man nicht die gegenseitigen Schwächen übersieht, also Toleranz übt.

Der verwegene Tiger

21.1.1890- 8.2.1891
27.1.1902-29.1.1903
26.1.1914-14.2.1915
13.2.1926- 1.2.1927
1.2.1938-18.2.1939
18.2.1950- 6.2.1951
5.2.1962-25.1.1963
24.1.1974-10.2.1975
9.2.1986-28.1.1987

Den Tiger streichelt man nicht, sagen die Chinesen. Man achtet ihn, man sieht zu ihm auf. Und schon fängt der Wilde an zu schnurren.

So harmlos sind die Tiger nicht. Sie gehen auf die Jagd nach lockenden Zielen, meiden keinen Streit — Kampf ist ihr Lebenselixier. Tiger sind verwegen, sie schauen weder nach rechts noch links, wenn sie die Beute wittern. Das macht sie für einen Flankenangriff verwundbar.

In Tiger-Jahren Geborene streben geradewegs nach oben. Sie wollen bewundert werden. Aber es ist nicht ihre Tüchtigkeit, ihr geistiges Format, das ihrer Mitmenschen Bewunderung erheischt, es ist die Persönlichkeit, ihr herrisches Auftreten, das sie zum Führer stempelt.

Revolutionären Ideen gegenüber sind sie eher aufgeschlossen als Leute aus anderen Tierzeichen. Wenn irgendwo Stunk gemacht werden muß, sind sie dabei. Ihre Autorität ringt selbst den Gegnern Anerkennung ab.

Mit Wagemut stürzen sich die Tiger in den Beruf. Das Leben eines Buchhalters wäre ihm zu eintönig, das einer Schneiderin ihm zu pingelig. Etwas Aufregung muß auch bei der Arbeit sein. Man will forschen, kämpfen, entwickeln. Ingenieure sind massenweise unter den Tigern (auch weibliche!), Rennfahrer und Soldaten, Unternehmer und angriffsfreudige Politiker, Bardamen und streitbare Verfechterinnen der Emanzipation. Halbes kennen die Tiger nicht, sie gehen stets aufs Ganze.

Die Bewunderung, die ihnen allenthalben entgegenschlägt, macht sie manchmal eitel. Das drückt sich bei den Damen in übertriebener Putzsucht aus, bei den Herren in süffisanter Arroganz. Die meisten Tiger jedoch wissen Bewunderung als Gottesgeschenk zu nehmen und danach zu handeln; sie sind vorbildliche Vorgesetzte, einmalige Kollegen. Der Beifall spornt sie zu neuen Taten an.

Es ist nicht unbedingt ein Fehler, daß der Tiger immer gegen irgend etwas ist. Das macht ihn in gewisser Beziehung sogar zum Weltverbesserer, denn Ungerechtigkeit zum Beispiel kann er auf den Tod nicht ausstehen. Er kämpft auch gegen die bösen Kapitalisten, aber es ist durchaus möglich, daß er im Kampf für soziale Gerechtigkeit selbst zum Kapitalisten wird. Das ist das Zwiespältige in der Nachtseele des Tigers.

Man muß den Tigern eine gehörige Portion Dickköpfigkeit bescheinigen. Das gilt auch für die Liebe. Tiger jagen ihr Wild solange, bis es erschöpft um Gnade fleht. Sie sind ausdauernd, können aber auch überzeugen. Nur verlieren sie oft den Spaß an der Sache. Tiger lieben den Wechsel — im Beruf, bei den Idealen, aber auch in der Liebe.

Ist es da nicht verständlich, wenn viele in Tiger-Jahren Geborene den Scheidungsrichter aufsuchen? Sie versuchen's danach noch einmal und bleiben trotzdem gut Freund mit dem Menschen, von dem man sich trennte. Tiger sind nicht nachtragend, und überdies wissen sie von dem Quentchen Schuld, das sie selbst stets auf sich laden.

Schicke Tiger-Damen binden sich oft zu schnell; und dann wissen sie, daß Liebe unglücklich macht. Für Augenblicke nur — an der nächsten Ecke steht ja schon ein anderer, der ihnen noch mehr bieten könnte. Sie stolpern gewissermaßen von einem Liebesabenteuer in das nächste. Und die schönste Bindung geht kaputt, weil man immer wieder einen findet, der noch besser schien als der vorherige.

Einige Tiger werden erst nach der Lebensmitte vernünftig, manche überhaupt nicht. Viele kuschen nach genügend Erfahrungen und lassen sich dann zähmen. Man gebe den Tigern, die man an sich bindet, nur ja ein wenig Auslauf, sonst brechen sie aus und verschwinden bei Nacht und Nebel. Was Ehepartner an ihren Tigern übrigens besonders lieben, ist deren Temperament, aber auch die Einfühlsamkeit, mit der sie auf alles eingehen, was dem anderen Kummer macht.

Bei den Tigern kommt es vor allem darauf an, zu welcher Tageszeit sie geboren wurden. Kinder der Nacht sind ausgeglichener und fröhlicher als ihre Schwestern und Brüder, die um die Mittagszeit das Licht der Welt erblickten. Mittagskinder sind unruhiger, wirken gehetzter. Tiger-Kinder der Nacht wissen um ihre Macht; sie können sich ungesehen auf die Beute stürzen.

Tiger sind tapfere Gesellen, aber sie suchen auch ständig das Risiko. Und von daher droht ihnen Gefahr. Sie müßten sich dazu zwingen, ruhig zu überlegen, alles genau zu durchdenken, bevor sie zur Tat schreiten — aber welcher Tiger kann schon ruhig bleiben in dieser unruhigen Welt?

Wie erzieht man Tiger-Kinder?

Es sind fröhliche Kinder, die in einem Jahr des Tigers geboren wurden. Vom Lernen, das merken die Eltern schon bald, halten sie nicht allzu viel, wobei sie meist gar nicht so schlechte Zeugnisse aus der Schule heimbringen. Das macht ihre schnelle Auffassungsgabe. Bei den Schulkameraden ist das Tiger-Kind beliebt; sein Spieltrieb findet immer neue Varianten, die andere Kinder begeistern. Aber wenn ihm einmal etwas gegen den Strich geht, kann es seine Wut nicht beherrschen: Tiger-Kinder prügeln sich für ihr Leben gern, vertragen sich jedoch auch wieder schnell. Sie sind schwierig, aber gute Beispiele, die ihnen die Eltern geben, nehmen sie sofort an.

Der Tiger, vom Widder bis zu den Fischen

Widder-Tiger (21.3.-20.4.) ecken an, wo sie nur können. Sie stürmen und drängen und haben etwas von einem Düsenjäger an sich, der die Schallmauer durchbricht. Sie sind kurzentschlossen, auch in der Liebe.

Stier-Tiger (21.4.-20.5.) jagen oft nach Geld und festen Werten, sind einfühlsamer als andere Tiger, dafür aber auch eher eingeschnappt. Als Ehepartner kann man sie mit einigem Verständnis leicht zähmen.

Zwillinge-Tiger (21.5.-21.6.) stürzen sich mit Vehemenz ins volle Menschenleben und erreichen mit Wagemut, der an Waghalsigkeit grenzt, oft Spitzenkarrieren. Ihre Scheidungsquote ist hoch.

Krebs-Tiger (22.6.-22.7.) sind so, wie sie ein chinesisches Sprichwort sieht: Sie schleichen sich ein und wollen nicht gesehen werden. Man kann sie am ehesten zähmen, aber Vorsicht vor ihren Krallen!

Löwe-Tiger (23.7.-23.8.) verschenken oft ihre letzte Habe. Wehe aber, man verletzt ihren königlichen Stolz! Dann brüllen sie, daß die Wände wackeln. Man sollte sie ab und zu kraulen, ihnen aber nie widersprechen.

Jungfrau-Tiger (24.8.-23.9.) machen mehr mit Köpfchen, denn mit roher Gewalt. Und deshalb bringen es diese Tiger von allen am weitesten. Viele finden sich in den Chefetagen wieder.

Waage-Tiger (24.9.-23.10.) sind meist etwas unsicher, weil die Streitlust des Tigers mit der Waage Sinn für Harmonie konfrontiert wird. In der Ehe müssen sie mal aus dem Käfig ausbrechen können.

Skorpion-Tiger (24.10.-22.11.) wildern oft, aber wer sie zähmt, hat in ihnen einen treuen Freund. Nur ist es mit der Zähmung nie weit her, denn irgendwann brechen Krallen oder Stachel durch.

Schütze-Tiger (23.11.-21.12.) sind am schwersten einzufangen. Sie lieben die Freiheit, was sie nicht hindert, im Dschungel der Liebe mal dieses und mal jenes Wild zu schlagen.

Steinbock-Tiger (22.12.-20.1.) sind zäh und ausdauernde Kämpfertypen. Was sie sich in den Kopf setzen, das führen sie auch durch. Allerdings lassen sie sich durch Vernunftgründe manchmal umstimmen.

Wassermann-Tiger (21.1.-19.2.) haben revolutionäre Ideen, die sie auch in die Tat umsetzen werden. Ihr Gerechtigkeitssinn ist sprichwörtlich, was nicht ausschließt, daß sie damit anecken.

Fische-Tiger (20.2.-20.3.) reagieren mit Gefühl. Sie versuchen im Spiel zu erreichen, was anderen nur mit harter Arbeit gelingt. Man mag sie sehr.

Die Partner des Tigers

Ratten versuchen mit List, was der Tiger mit Eleganz und Charme erreicht. Hier treffen zwei zusammen, bei denen es zu Meinungsverschiedenheiten kommen kann.

Büffel haben ein sehr sanguinisches Temperament. Der Tiger müßte sich schon schwer ändern, wenn ihn die ruhige Art des Büffels nicht rasend machen würde.

Tiger unter sich können rechte Schmusekatzen sein. Wenn nur nicht die harten Pranken wären, denn jeder von beiden will in der Gemeinschaft den Ton angeben.

Hasen schmeicheln sich bei Tigern ein. Ihr weiches Wesen steht zwar im Widerspruch zu der zupackenden Art des Tigers, aber bekanntlich ziehen sich Gegensätze an.

Drachen sind den Tigern auf vielen Gebieten überlegen. Aber sie lassen diese Überlegenheit nicht spüren. Das mag der Tiger. Und so kommt eine gute Verbindung zustande.

Schlangen setzen der Kraft des Tigers eine Portion mehr Klugheit entgegen. Das tut nicht immer gut und kann zu neuen und stärkeren Differenzen führen.

Pferde mögen das drauflosstürmende Temperament des Tigers. Sie gleichen aus, und der Tiger hört auf sie. So ergibt sich eine haltbare Lebenskampfgemeinschaft.

Ziegen sind durchaus anpassungsfähig, aber des Tigers Rasanz fordert ihre Kritiklust heraus. So kommt es bald zu handfesten Auseinandersetzungen. Und die Ziege wankt von hinnen.

Affen treiben ihre Späße auch mit dem Tiger, die dieser zunächst mit Humor erträgt. Sobald die Affen aber übertreiben, ist es aus mit des Tigers Gemütlichkeit.

Hähne haben denselben Stolz wie Tiger. Es könnte nur zu Streit kommen, wenn ihnen der Kamm schwillt und sie sich dem doch so erhabenen Tiger überlegen zeigen.

Hunde können sich unterordnen, wenn sie das Format ihres Partners schätzen gelernt haben. An der Seite des Hundes wird der Tiger mit der Zeit ruhiger und ausgeglichener werden.

Schweine haben nicht das Temperament des Tigers. Aber sie gleichen sein oft übereiliges Vorpreschen durch viel Verständnis aus. Ob das dem Tiger genügt?

Der gutmütige Hase

9.2.1891-29.1.1892
30.1.1903-16.2.1904
15.2.1915- 3.2.1916
2.2.1927-22.1.1928
19.2.1939- 7.2.1940
7.2.1951-26.1.1952
26.1.1963-13.2.1964
11.2.1975-30.1.1976
29.1.1987-16.2.1988

Hasen sind die besten Beichtväter. Sie wissen in allen Lebenslagen Rat. Nur bei eigenen Belangen sind sie manchmal ratlos. Sie geben auch die besten Alleinunterhalter ab; wenn sie jemand gefunden haben, der ihnen geduldig zuhören kann, erzählen sie ihm von all den vielen Problemchen, die sich ihnen stellen, von Freud und von Leid. Der Hasen Plappermäulchen steht dann nicht still, wobei sie mit der Zeit, wenn sie Konkretes nicht mehr zu berichten wissen, Dichtung mit Wahrheit mischen. Solcher Cocktail geht dem einen wie Honigwein runter, dem anderen stößt er auf. Und dann fühlt sich der Hase unverstanden und braucht selbst einen Beichtvater.

Im Grunde genommen sind Hasen sehr gutmütig. Sie können das Leid ihrer Mitmenschen tragen helfen, die Kranken pflegen und die Verzweifelten trösten. Schon manche Träne wurde von Hasen vergossen über das Ach und Weh der bösen Welt, die sie zu ändern wünschen, aber nicht ändern können, weil sie eben doch nur kleine schwache Häslein sind.

Manch einer hält die Hasen für oberflächlich trotz der eben geschilderten Samariter-Eigenschaften. Tatsächlich haben sie viele Freunde, denen sie Rat und Hilfe angedeihen lassen und denen sie sich mitteilen. Aber sie zeigen auch manchem die kalte Schulter, den sie nicht in den Kreis ihrer Freunde oder den der eigenen Familie einordnen können.

Man kann zu den Hasen Vertrauen haben. Das wissen auch viele Chefs, deren rechte Hand sie sind. Hasen sind zwar nicht die schnellsten Arbeiter, aber sie haben Ausdauer, verbeißen sich in Probleme und lösen sie oder — was weit weniger vorkommt — lassen sie fallen. Man findet sie in allen Sparten der Rechtswissenschaft, im diplomatischen Dienst, im Bankfach und in anderen Positionen, die sich um den Umgang mit Geld und festen Werten drehen.

Als darstellende Künstler sind sie wegen ihrer Feinnervigkeit und ihrer Fähigkeiten, sich in anderer Rollen zu versetzen, ebenso gefragt wie am Schreibpult des Dichters oder des Journalisten. Sie können auch ein Familienunternehmen zu Macht und Ansehen führen, zumal sie in punkto Familie nur die eine Richtung kennen — jene, in der alles stimmen muß.

Hasen-Frauen stehen in all diesen Berufen ebenso ihren Mann. Bei ihnen kommt noch eine spezielle Fähigkeit hinzu: Sie sind die geborenen Hausfrauen! Dem Mann machen sie das Heim zum Schmuckkästchen, den Kindern die Familie zum sicheren Hort. Sie bekochen ihre Lieben mit immer neuen Gerichten und sind enttäuscht, wenn es jemandem bei ihnen mal nicht so schmeckt, wie sie es sich dachten. Der Mann ihrer Wahl sollte der Hasen-Frau ein Haus bieten mit grünendem Gärtchen, in dem sie es blühen und wachsen lassen wird.

Auch Hasen-Männer lieben das eigene Heim. Aber es ist möglich, daß sie es öfter mal gegen ein anderes vertauschen. Das kommt daher, daß sie sich oft enttäuscht fühlen von dem Partner, mit dem sie dann nach dem ersten großen Krach friedlich auseinandergehen; man bleibt gut Freund, aber das Tischtuch ist zerschnitten.

In einem Jahr des Hasen geborene Menschen lieben zwar die Ruhe und den Frieden, sie können aber auch ganz gut mitmischen, wenn es auf in den Kampf geht. Sie streiten gern um des Kaisers Bart und beharren oft auf ihrem Standpunkt selbst dann noch, wenn sie längst erkannt haben, daß sie mit ihrer Meinung auf dem Holzweg sind.

In ihrer Nachtseele steht manches von Launen und Besserwissen geschrieben, was bei vielen Hasen nicht zum Durchbruch kommt, wenn sie sich verstanden fühlen.

Es ist die intakte Familie, nach der sich alle Hasen sehnen. Sie wollen umsorgen und umsorgt werden. Wenn da was nicht stimmt, ergreifen sie leicht das Hasenpanier; dann ist der Alkohol ihr Tröster, oder sie werden plötzlich nicht mehr gesehen.

Hasen kleiden sich elegant, sie haben eine Vorliebe für Gold und Geschmeide. Aber alles muß geschmacklich aufeinander abgestimmt sein. Mancher hält sie für pedantisch, für zu konservativ. Wer weiß schon von den revolutionären Ideen, die auch ein Hasen-Herz bewegt!

Auf der Schattenseite dieses gutmütigen Menschentyps ist auch eine gewisse Sturheit zu vermerken; wenn er mal was will, dann setzt er es auch durch, und wenn — vor allem bei sentimentalen Hasen-Frauen — das Tränen-Krüglein brechen muß, das den Widerstand eines Andersdenkenden hinwegfließen läßt.

Fassen wir zusammen: Mit den Hasen läßt es sich leben im Freundeskreis und in der Familie. Man muß sie nehmen, wie sie wirklich sind, anschmiegsam und vertrauensselig, hilfsbereit und für gute Freunde immer da. Sie werden nie ganz untergehen, denn im rechten Augenblick findet jeder Hase doch noch den Ausweg aus einem verfallenen Bau. Enttäuschungen treffen sie besonders hart, aber sie überwinden sie schneller als andere aus dem Tierkreis.

Wie erzieht man Hasen-Kinder?

Hasen sind Muttersöhnchen, und auch die kleinen Häsinnen vertrauen sich eher der Mutter als dem Vater an. Von daher ergeben sich einige Probleme: Hasen-Kindern mangelt es oft an früher Selbständigkeit. In der Schule arbeiten sie, wie später im Beruf, brav und gewissenhaft. Sie haben ein paar Freunde, nicht allzuviele, denn die Zahl muß überschaubar sein. Sie sind ängstlicher als andere Kinder und leicht zu verletzen. Trotzdem sollte man sie nicht in Watte packen, sondern ihren Widerstandswillen wecken. Das gibt ihnen Sicherheit fürs ganze fernere Leben.

Der Hase, vom Widder bis zu den Fischen

Widder-Hasen (21.3.-20.4.) schlagen manchmal Haken, um Unannehmlichkeiten aus dem Wege zu gehen. Sie erreichen mehr als andere Hasen, weil sie keine Angst kennen. Vorsicht, man sollte nie mit ihnen streiten!

Stier-Hasen (21.4.-20.5.) sollten Vorbild für alle anderen Hasen sein. Sie sind gute Gastgeber und verläßliche Partner. Sie können sehr herzlich sein, manchmal aber auch stur auf ihrem Standpunkt beharren.

Zwillinge-Hasen (21.5.-21.6.) bringen meist Unruhe ins Haus. Sie sind zuverlässige Arbeiter, aber man sollte von ihren großartigen Versprechungen nur die Hälfte glauben. Gegner werden geistvoll ausgetrickst.

Krebs-Hasen (22.6.-22.7.) geht die Ruhe über alles. Sie schließen schnell Freundschaften, weil sie vertrauensselig sind. Trübe Gedanken sind für sie Gift. Geschätzt wird vor allem ihr freundliches Wesen.

Löwe-Hasen (23.7.-23.8.) sind etwas zwiespältig. Auf der einen Seite drängen sie nach oben, auf der anderen gönnen sie auch anderen den Platz an der Sonne. Aber man sollte sich nicht mit ihnen anlegen.

Jungfrau-Hasen (24.8.-23.9.) sind meist übervorsichtig, typische Angsthasen, wenn es gilt, sich im Leben durchzusetzen. Trotzdem zwingen sie manches unter ihren Willen. Das macht ihr wacher Geist, ihr Finanzgenie.

Waage-Hasen (24.9.-23.10.) sieht man gern. Es ist allerdings möglich, daß sie durch ihren Redeschwall langweilen. Sie sind sanftmütig und die Erfinder wunderschöner Ausreden, wenn man ihnen auf die Schliche kam.

Skorpion-Hasen (24.10.-22.11.) ziehen alle in ihren Bann. Äußerlich ruhig und freundlich, können sie eine Energie entfalten, die Berge versetzt. Es ist nicht ratsam, ihnen Paroli zu bieten.

Schütze-Hasen (23.11.-21.12.) haben von allen Hasen den meisten Erfolg. Sie kommen auch leichter über Schicksalsschläge hinweg als ihre ängstlicheren Hasen-Brüder. Das Glück fällt ihnen meist in den Schoß.

Steinbock-Hasen (22.12.-20.1.) ziehen ihren Freundeskreis ganz eng. Sie sind sehr arbeitsam und gründlich. Man muß ihnen viel Lob spenden, um sie bei guter Laune zu halten. Sie sind leicht gekränkt.

Wassermann-Hasen (21.1.-19.2.) sind sehr egozentrisch, obwohl sie anderen gegenüber stets ein offenes Herz und eine offene Hand haben. Man sollte sie gewähren lassen, dann hat man in ihnen hilfsbereite Freunde.

Fische-Hasen (20.2.-20.3.) suchen nach Gesellschaft. Man liebt sie, aber man neckt sie auch, und das mögen sie nicht leiden. Zum Erfolg muß man sie antreiben, denn sie haben nur wenig Durchsetzungsvermögen.

Die Partner des Hasen

Ratten machen nicht alles mit Gefühl. Und das stört den Hasen. Ratten müßten schon sehr in sich gehen, um den Hasen restlos zufrieden zu stellen.

Büffel werden sich mit dem Hasen gut vertragen. Für beide ist die Familie der sichere Hort, in den man sich zurückziehen kann, wenn es draußen zu sehr stürmt.

Tiger und Hasen entstammen verschiedenen Welten. Der eine ist kraftvoll, der andere sehr gemütvoll — Gegensätze, die sich aber auf Dauer immer weniger anziehen.

Hasen unter sich bekommen höchstens mal Streit ums liebe Geld. In ihrem gepflegten Heim aber gibt es viele Schmuseecken, in denen Hasen ihren Überschuß an Gefühl abreagieren können.

Drachen sind gar nicht so schlecht für den liebeshungrigen Hasen, der den Esprit des Drachen bewundert und sich an der Seite des Stärkeren sehr wohlfühlt.

Schlangen wickeln den Hasen mit sehr viel Liebe ein. Im Sex stehen beide auf einer Stufe. Ob das reicht, wird sich zeigen, wenn die Schlange auf Abwege schleicht.

Pferde sind sehr von sich überzeugt und fühlen sich Hasen gegenüber erhaben. Außerdem brauchen Pferde viel Auslauf, Hasen dagegen hocken lieber in ihrem Bau.

Ziegen vertragen sich mit dem Hasen am besten, weil sie genau so einfühlsam und häuslich sind. Auf die Dauer allerdings könnten sie sich anöden.

Affen bringen Leben ins Hasen-Haus. Und der Hase läßt sich's gefallen. Ihn heitert der Affe auf, und das braucht nun mal so ein gemütvoller Hase.

Hähne machen gern von sich reden und übersehen das Häslein, das sich an ihrer Seite kuscheln möchte. Sie müßten sich schon sehr ändern, um Liebkind bei dem Hasen zu werden.

Hunde brauchen ebensoviel Liebe wie Hasen. Das könnte den Ausschlag geben für eine haltbare Verbindung. Nur wenn der Hund kläfft, schmollt der Hase.

Schweine bringen den Hasen Glück. Wenn zwei so gleichgeartete Seelen zueinanderfinden, kann das für ein ganzes Leben in Frieden sein.

Der geistvolle Drache

30.1.1892-16.2.1893
17.2.1904- 4.2.1905
4.2.1916-23.1.1917
23.1.1928-10.2.1929
8.2.1940-26.1.1941
27.1.1952-14.2.1953
14.2.1964- 2.2.1965
31.1.1976-17.2.1977
17.2.1988- 5.2.1989

Um es gleich vorweg zu nehmen: Der Drache ist fabelhaft in des Wortes eigentlicher Bedeutung. Man spricht von ihm, man ist ihm zugetan, aber in Wirklichkeit kann man ihn nicht recht fassen. Er schwebt eine Etage höher als alle anderen. Manchmal im Wolkenkuckucksheim, der Sonne am nächsten.

Das Zeichen des Drachen bringt Glück, doch ach, wie so trügerisch ist dieses Glück. Die unter diesem Zeichen geborenen Menschen werden es merken. Es wird ihnen zwar nie so ganz schlecht gehen, aber oft sahen sie schon wie der strahlende Sieger aus, um in letzter Sekunde durch eigene Unachtsamkeit technisch knockout zu gehen.

Drachen sind geistvolle, hochbegabte und liebenswerte Menschen. Der Erfolg fliegt ihnen zu. Sie sind harte Arbeiter, haben Köpfchen und viel Erfindergeist. Man kann sie überall einsetzen. Sie werden den Laden umkrempeln, modernisieren, hochbringen. Aber sie werden sich nicht unterordnen. Drachen wollen für sich selbst stehen. Daß ihre Entscheidungen richtig sind, braucht man ihnen nicht zu sagen — ein Drache hat immer recht!

Die Mitmenschen werden es bestätigen: Der Drache ist ihnen über, sein Verstand ist ultrakurz geschaltet, die Wellenlänge stimmt. Das bringt die Drachen nach oben. Sie werden nicht lange im Großraumbüro schuften müssen, ein Chefzimmer steht schon für sie parat. Sie werden sich in den Parlamenten kaum als Hinterbänkler ruhig verhalten, sie wollen mitsprechen, wenn sie sich aufs politische Glatteis begeben haben.

Drachen haben den siebten Sinn für Geschäfte, glänzen aber auch auf künstlerischem Gebiet und in fast allen freien Berufen. Das gilt auch für Drachen-Frauen, die sich nicht erst zu emanzipieren brauchen. Sie streben spielend in die beste Gesellschaft, und sei es durch eine reiche Heirat.

Geist, Tatkraft und eine gute Portion eiserner Wille sind die Attribute eines Drachen. Es ist aber nicht zu übersehen, daß diese auch gewisse Schwächen im Gefolge haben. Wer solche Eigenschaften hat, wird stets nach vorn schauen — aufs große, erstrebenswerte Ziel. Dazu braucht er jemanden neben sich, Gehilfen, Leute, die arbeiten, wenn er selbst denkt und lenkt. Diese werden ihn bewundern, aber auch beneiden. Und sie werden falsche Ratschläge geben, listig ein Ränkespiel treiben, das des Drachen hoher Intelligenzquotient nicht erfassen kann, weil es einfach nicht auf seiner Wellenlänge liegt. Daher kommen dann die Enttäuschungen.

Verschweigen wir auch nicht, daß Drachen sich oft selber schlagen, mit ihrem ungestümen Wesen, mit gar nicht böse gemeinten Worten, die übers Ziel hinausschießen. Das macht sie menschlich und holt sie ins Diesseitige zurück.

Drachen sind Siegernaturen in der Liebe. Nicht daß sie Sexprotze wären! Nein, man fliegt ihnen zu, weil sie das gewisse Etwas besitzen, das den Partner geheimnisvoll anzieht.

Drachen-Männer schnuppern gern an dieser und jener Blüte, knicken diese und jene Blumen, die sich gern in die Vase stellen lassen, um ihm, dem Einzigen, zu gefallen. Doch das, was Liebe schien, welkt schnell dahin. Der Drache ist nicht allzu treu und läßt ein arg gerupftes, geknicktes Etwas zurück. Am liebsten bliebe er Junggeselle, doch können listige Weibchen einen Riegel vor solch egoistisches Wollen schieben.

Auch die Drachen-Frau ist heiß begehrt. Die Männer ihrer Wahl werden sie kaum eifersüchtig finden — es stehen ja genügend bei ihr an. Und wenn's der eine nicht ist, könnte es ein anderer sein, dem man seine huldvolle Gunst erweist. Drachen-Frauen umgibt noch mehr als Drachen-Männer das Flair süßer Geheimnisse. Enttäuschungen kennt die Drachen-Frau nicht, Liebeskummer noch weniger. Verflossenes wird als Affäre abgebucht — wie schön, daß man wieder einmal um eine Erfahrung reicher wurde.

Glauben Sie nun ja nicht, Drachen-Menschen seien oberflächlich. Für sie ist die Liebe eben nur das Rankwerk des Lebensgebäudes, das man sich selbst baut. Die Karriere geht vor, der Beruf ist die Hauptsache. Aber nach Feierabend ist Zeit zum Schmusen. Abschalten nennt man das. Verstehen Sie jetzt, warum viele Drachen der himmelhochjauchzenden, zu Tode betrübten Liebe nicht fähig sind?

Der Partner, den sich der Drache erwählt hat, müßte viel Verständnis aufbringen, viel Mutterwitz haben, den Geistesblitzen des Drachen folgen und mithalten können in Streitgesprächen. Aber er sollte auch ein wenig aufblicken zu dem Geheimnisvollen, aus der Legende entsprungenen Wesen, das ja gar nicht das feuerspeiende Ungetüm ist, zu dem es Menschen machten, das vielmehr auch ein Herz hat — irgendwo unter dem dicken Panzer, der es schützt, der aber auch Distanz halten läßt, drei Schritte vom Leib.

Wie erzieht man Drachen-Kinder?

Solange es in der Wiege vergnüglich kräht, ist es gut zu halten, das Drachen-Kind. Aber kaum hat es die ersten Sprachbrocken erlernt, kommen die bohrenden Fragen an die Eltern, an die Erzieher: weshalb, wieso, warum? Und dann merkt dies schlaue Kind, daß die Antworten oft neue Fragen offen lassen, daß es mit dem Vorbild, das die Großen zu sein vorgeben, gar nicht so weit her ist. So gerät das Drachen-Kind in Anti-Stellung gegen die Eltern, die Lehrer, den Lehrherrn. Es sucht eigene Wege, und man sollte sie ihm ohne große Worte ebnen. Man sollte ihm auch so viel Freiheit wie nur möglich lassen. Vernunftgründen gegenüber ist das Drachen-Kind aufgeschlossen, Befehle fordern nur seinen Trotz heraus.

Der Drache, vom Widder bis zu den Fischen

Widder-Drachen (21.3.-20.4.) stürmen schnurstracks auf das lockende Ziel zu, weshalb man gerade ihnen die meisten Hindernisse in den Weg stellt. Das läßt sie Umwege machen, zehrt aber auch an ihren Nerven.

Stier-Drachen (21.4.-20.5.) sind am ehesten noch zu zähmen. Sie halten viel von Familie und eigenem Heim. Sie basteln gern und mit viel Geschick, und manchmal kommt dabei die große Erfindung heraus.

Zwillinge-Drachen (21.5.-21.6.) lachen gern über sich und andere. Sie sind tolerant, aber nicht sehr zuverlässig. Sie können von heute auf morgen ihre Meinung ändern. Ihr bester Zug: sie sind gutmütig.

Krebs-Drachen (22.6.-22.7.) überlegen viel, handeln mit Bedacht und kommen trotzdem ans Ziel. Sie sind in sich gekehrt, aber dennoch aufgeschlossen für die Sorgen und Nöte ihrer Freunde, die ihren Rat brauchen.

Löwe-Drachen (23.7.-23.8.) sind zum Herrschen geboren, und das lassen sie ihre Umgebung spüren. Sie sind die unabhängigsten unter den Drachen, oft aber auch — leider! — die unbeherrschtesten.

Jungfrau-Drachen (24.8.-23.9.) führen um jeden Preis durch, was sie einmal als richtig erkannt haben. Sie halten sich nie lang bei der Theorie auf, ihr Metier ist die praktische Durchführung ihrer exakten Pläne.

Waage-Drachen (24.9.-23.10.) werden sehr umworben, aber hinter ihren vielen Worten verbergen sie oft eine gewisse Unsicherheit. Als Künstler werden sie ihren Weg machen, als Chefs sind sie beliebt.

Skorpion-Drachen (24.10.-22.11.) speien Feuer und halten ihre Umgebung in steter Unruhe. Wenn sie sich in etwas verbissen haben, kommen sie selten schnell davon los. Das trübt auch ihren Blick hin zum Ziel.

Schütze-Drachen (23.11.-21.12.) erstreben des Lebens Schokoladenseite, auf die sie auch meistens fallen. Nebenbuhler räumen sie mit Gewalt aus dem Weg. Ansonsten aber sind sie umgänglich und liebenswert.

Steinbock-Drachen (22.12.-20.1.) brauchen viel Liebe, aber es ist möglich, daß sie diese nicht danken, weil sie auf dem Weg zum Glück und Reichtum vergeßlich werden. Sie zögern und bedenken mehr als andere Drachen.

Wassermann-Drachen (21.1.-19.2.) denken messerscharf. So leicht kann man ihnen kein X für ein U vormachen. Sie stellen sich schützend vor die Kleinen und legen sich mit den Großen an. So machen sie Karriere.

Fische-Drachen (20.2.-20.3.) setzen das verstandesmäßig Erarbeitete in die Tat um. Sie finden immer wieder Mäzene, die sie fördern. Glück ist für sie Mittel zum Zweck, auf der Lebensbahn weiterzukommen.

Die Partner des Drachen

Ratten sind leidenschaftliche Drachen-Partner. Sie erfinden immer neue Liebesspiele und können dem Drachen auch im außerintimen Bereich manche Stütze geben.

Büffel können noch sturer sein als Drachen. Hier liegt der Zündstoff für eine dauerhafte Bindung, obwohl der Drache des Büffels praktische Bedächtigkeit durchaus schätzt.

Tiger sind zupackend und temperamentvoll. Das mag der Drache. Er stachelt den Tiger sogar noch zu größeren Taten an. Wenn diese gelingen, war es des Drachen Werk.

Hasen haben nicht viel von dem, was einen Drachen auszeichnet. Aber sie können dem Drachen jenen Frieden schenken, nach dem er sich im hetzereichen Alltag sehnt.

Drachen unter sich werden eine auf gegenseitiger Achtung und geistvoller Zuneigung bestehende Gemeinschaft bilden. Nur treffen sich die beiden nicht so oft.

Schlangen können einen Drachen durch ihre elegante Art überzeugen. Schlange und Drache werden ein Leben im Wohlstand führen, weil jeder den anderen immer wieder zu neuen Taten antreibt.

Pferde sind mindestens genauso ungestüm wie Drachen, darum findet man in einer solchen Verbindung sehr viel Lebenserfolg. Manchmal hält sie allerdings nicht lang.

Ziegen werden nur selten Partner des feurigen Drachen, der sie meist am Wegesrand übersieht. Wenn sich beide aber gefunden haben, ergibt sich durchaus Dauerhaftes.

Affen könnten die besten Lebenspartner des Drachen sein, wenn sie sich bemühen würden, etwas ruhiger zu werden. Für beide ist Sex wichtiger Teil des Lebens.

Hähne sind stolz auf ihre Drachen, denen so etwas schmeichelt. Langeweile wird in einer solchen Verbindung kaum aufkommen, eher wird's zu turbulent.

Hunde beißen sich mit dem Drachen — zu unterschiedlich sind beider Veranlagung. Möglich, daß solche Gegensätze sich zunächst anziehen, aber ob das auf die Dauer genügt?

Schweine bewundern den Drachen besonders, weil er zupackend das Leben meistert. Schwein und Drache haben beide Freude an genußvollem Leben.

Die schlaue Schlange

17.2.1893- 5.2.1894
5.2.1905-24.1.1906
24.1.1917-11.2.1918
11.2.1929-30.1.1930
27.1.1941-15.2.1942
15.2.1953- 3.2.1954
3.2.1965-21.1.1966
18.2.1977- 7.2.1978
6.2.1989-26.1.1990

Schlaue Schlangen gibt es wie Sand am Meer. Sie haben oft den sechsten Sinn und sagen manchmal gezielt voraus, was in den nächsten Stunden, Tagen oder Monaten geschehen könnte. Wen sie mögen, dem versprechen sie Gutes, wer ihnen zuwider ist, den verfolgen sie mit dem bösen Blick. Schon mancher Schlangen-Gegner stolperte vor dem Ziel, nur weil eine Schlange es ihm wünschte.

Um es hier gleich zu sagen: Schlangen sind nicht falsch, sie verführen auch nicht mehr wie einst Adam oder Eva zum Sündenfall. Sie sind nur schlau, was so viel heißen will wie trickreich und weise in einem. Wenn sie sich ein Ziel gesetzt haben, werden sie es erreichen, mit Klugheit, mit List und mit Hilfe von wohlgesonnenen Gönnern, die Schlangen an ihrem Busen nähren.

Man sieht schon: die Schlangen bringen es zu etwas im Leben. Sie sind nicht unbedingt die fleißigsten, aber vielleicht die hartnäckigsten, wenn es gilt, die Treppe zum Erfolg emporzusteigen. Meist geht alles glatt, denn schlaue Schlangen wissen, wo sie am meisten leisten können und wo man sich am wenigsten die Finger schmutzig macht.

Da sie es vorzüglich verstehen, sich auf jeden Menschen einzustellen, ihm mit Rat und Tat zur Seite zu stehen, eignen sie sich vor allem als Pädagogen und Hochschullehrer, als Psychologen und Psychiater. Sie sind auch vor Gericht als wortstarke Vertreter gegen jedwedes Unrecht zu finden, pauken aber manchmal auch jenen heraus, der vielleicht doch ein wenig Dreck am Stecken hat.Schlangen spielen gern und haben auch meist eine glückliche Hand. Sie versuchen, die Kugeln mit den Lottozahlen so in die Röhrchen zu zwingen, daß sie mit dem von ihnen ausgeschriebenen Zahlenkästchen übereinstimmen.

So findet man denn auch manche Glücksritter unter den Schlangen, manchen Star von Bühne, Film und Fernsehen, aber auch manchen Kartenschläger, Hellseher oder geschäftstüchtigen Astrologen, der die Sterne in seinem Sinn zurechtrückt.

Schlangen-Frauen machen überdies meist eine reiche Heirat, um das Existenzminimum zu sichern, das eine gutaussehende Dame nun einmal braucht. Denn schick und elegant wollen Schlangen-Frauen durchs Leben schreiten; sie wollen ihre Schönheit, ihre anmutigen Formen mit modischen Accessoires unterstreichen. Und sie wollen auf alle Männer wirken, nicht nur auf den eigenen Mann allein.

Damit ist schon gesagt, daß die in einem Schlangen-Jahr Geborenen mit der Liebe spielen können. Sie vereinnahmen den, der ihnen gefällt, als Eigentum. Wehe, sie hätten selbst Grund zur Eifersucht! Im umgekehrten Fall erwarten sie Großzügigkeit — wie kann man auch eine Schlange betrügen?! Im Laufe eines Schlangen-Lebens gibt es einigen Grund zu der Annahme, daß man es mit der Treue nicht gar so genau nimmt. Jedenfalls hält noch immer eine Schlange den Weltrekord im Seitenspringen!

Dabei sind die Schlangen ihrem ganzen Wesen nach eigentlich für die Ehe wie geschaffen. Sie sind die besten Familienväter, die verständigsten Mütter und Ehekameraden, wenn man großzügig darüber hinwegsieht, daß die im Zeichen Schlange Geborenen auch nur Menschen von Fleisch und Blut sind. Sie sind selbstkritisch genug, Fehler einzugestehen unter dem Motto: Welcher Mensch macht keinen Fehler? Nur bei anderen sind sie halt nicht ganz so einsichtig. Und das macht die Schlangen zu den schwierigen Geschöpfen auf Gottes weiter Erde. Trotz allem: Schlangen muß man lieben. Und darum sehen auch glückliche Schlangenbesitzer über manche Unarten hinweg.

Schlangen reden nicht viel, aber ihr Temperament treibt sie oft in die falsche Richtung. Dann gehen sie hoch, verstehen alles falsch und hacken solange auf dem Gegenstand ihres Unmutes herum, bis dieser kleiner und kleiner wird und schließlich nicht mehr gesehen ward.

Das macht das Zusammenleben mit den Schlange-Geborenen für Stunden zur Qual, aber nur für Stunden! Schlangen vergessen schnell — besonders, wenn sie jemanden mögen. Sie helfen ihm, wo sie nur können. Nur mit dem Geld sind sie etwas knauserig; guter Rat tut's doch auch — oder?

Damit sind wir bei einem Kapitel angelangt, bei dem Schlangen keinen Spaß verstehen: bei den Finanzen und sicheren Werten. Schlangen sind nicht geizig, aber auch nicht so freigiebig, daß sie das letzte Geld vom eigenen Sparbuch abheben könnten, um anderen damit aus der Patsche zu helfen.

Vieles vom Besitz einer Schlange sind ererbte Werte, im Spiel Gewonnenes, oft auch Erspekuliertes. Man ist im Zeichen Schlange eben doch ein wenig aufs Glück angewiesen, das sich in einem langen Leben dann auch immer wieder mal einstellt, damit man das ach so geliebte eigene Heim einrichten kann mit dem Luxus, den Schlangen brauchen, um glücklich zu sein.

Wie erzieht man Schlangen-Kinder?

Kleine Schlangen sind verspielte Wesen, die in der Schule oft ein wenig schlafen und nicht unbedingt einsehen wollen, daß Hausaufgaben nötig sind. Man muß sie ermutigen, ihnen beweisen, wie wichtig es ist, ernsthaft zu arbeiten, weil man dann auch etwas im späteren Leben werden kann. Die schlauen Schlangen-Kinder kommen schließlich von selbst darauf, daß es besser ist, sich auf den Hosenboden zu setzen und sich ranzuhalten. Manchmal ist es dann zu spät, und die Klasse wird wiederholt. Meist schlängeln sie sich aber durch als rechte Saisonarbeiter, die in drei Monaten spielend aufholen, was andere mühsam in einem Jahr erarbeiteten. So haben Schlangen-

Kinder mehr Zeit fürs Spiel, für den Sport und kommen trotzdem weiter. Und wenn sie das Wörtchen „Pflicht" erst einmal richtig begriffen haben, werden sie sich ernsthaft aufs große Ziel vorbereiten, „etwas Anständiges" zu werden.

Die Schlange, vom Widder bis zu den Fischen

Widder-Schlangen (21.3.-20.4.) schlängeln sich nicht bedächtig durchs Leben, sie gehen ran und arbeiten mit viel Energie an der eigenen Karriere. Ihr heftiges Temperament spielt ihnen manchen Streich.

Stier-Schlangen (21.4.-20.5.) bringen Unruhe ins Leben derer, die sie lieben. Ihr Temperament schlägt Purzelbäume. Wo andere geduldig abwarten, schlagen sie mit Vehemenz zu. Und das bringt ihnen viel Erfolg.

Zwillinge-Schlangen (21.5.-21.6.) denken messerscharf — an den eigenen Vorteil. Sie sind die großen Verführer unter den Schlangen. Stets unzufrieden mit dem Erfolg, wollen sie immer noch mehr erreichen.

Krebs-Schlangen (22.6.-22.7.) möchten am liebsten als Rentner mit hoher Pension geboren sein. Da das nicht geht, lassen sie andere für sich arbeiten und kommen so selbst weiter. Sie sind verträglich und tolerant.

Löwe-Schlangen (23.7.-23.8.) lassen sich nicht unterkriegen. Sie setzen alles durch, was sie einmal als richtig erkannt haben. Ihr scharfer Verstand bringt sie weiter als ihr handwerkliches Können.

Jungfrau-Schlangen (24.8.-23.9.) sehen jedes verborgene Stäubchen. Sie sind pedantisch, obwohl sie Großes leisten könnten, wenn sie nicht gar so viel bedächten. Sie streben nach totaler Sicherheit.

Waage-Schlangen (24.9.-23.10.) schlagen alle in ihren Bann. Nur hat man das Gefühl, sie meinten es nicht allzu ehrlich. Von allen Schlangen hoffen sie am meisten auf das Glück, denn Arbeit ist nicht ihre Stärke.

Skorpion-Schlangen (24.10.-22.11.) üben oft an sich selbst die meiste Kritik, von daher kommen sie weiter, machen Karriere. Sie überzeugen durch Charme. Solche Schlangen muß man lieben!

Schütze-Schlangen (23.11.-21.12.) lieben das Geld, aber auch ein schönes Zuhause. Sie können die Ellenbogen kräftig gebrauchen, wenn es gilt, einen Nebenbuhler aus dem Weg zu räumen. Trotzdem sind sie beliebt.

Steinbock-Schlangen (22.12.-20.1.) verfolgen hartnäckig ihr Ziel. Haben sie es erreicht, gehen sie schon auf das nächste los. Klug berechnend sind sie auch in der Liebe: wen sie lieben, den besitzen sie!

Wassermann-Schlangen (21.1.-19.2.) haben den sechsten Sinn. Aber ihr Blick in die Zukunft schlägt oft zu negativ aus. Sie haben skurrile Einfälle — im Beruf, aber auch in der Liebe.

Fische-Schlangen (20.2.-20.3.) sind oft zu verspielt. Sie diskutieren gern. Wenn sie den Beruf nach ihren Wünschen planen können, werden sie viel im Leben erreichen. Sie machen alles mit Gefühl.

Die Partner der Schlange

Ratten geben der Schlange oft nach, und dann kann manches, was da zwischen den beiden unausgesprochen kocht und brodelt, besänftigt werden.

Büffel stecken mit ihrer ruhigen Art auch die Schlange an. Der Büffel wird die Schlange mit Macht zu besitzen suchen.

Tiger verdrehen der Schlange mit ihrer rasanten Art den Kopf. In Liebe und Sex sind beide auf einem Dampfer. Nur mögen es Tiger gar nicht, wenn ihre Schlange mit anderen flirtet.

Hasen sind nicht so ohne, wenn es gilt, eine Schlange zu erobern und in ihren wohnlichen Bau einzuquartieren. Leider schlängeln sich Schlangen da manchmal wieder hinaus.

Drachen lassen sich um den Finger wickeln, wenn man ihnen nur ein wenig entgegenkommt. Das gelingt der Schlange meist vorzüglich.

Schlangen unter sich machen sich das Leben schwerer, als es eigentlich ist. Beide schauen oft zur Seite, wo andere bei Schlangen Schlange stehen.

Pferde können ideale Partner für die Schlange sein, wenn sie ihr Temperament etwas zügeln und sich nicht der Schlange überlegen zeigen. Das mag sie nicht.

Ziegen stellen gewisse Ansprüche an das Leben, die eine Schlange nicht unbedingt erfüllen kann. Man müßte etwas auf die hohe Kante legen, um miteinander glücklich zu werden.

Affen sorgen dafür, daß das Leben von der leichten Seite genommen wird. Das machen Schlangen gerne mit, sie sind aber möglicherweise am Ende die Hereingefallenen.

Hähne sind im Sex der Schlange ebenbürtig. Das reicht oft für ein Leben zu zweit, jedoch sind außereheliche Eskapaden durchaus möglich.

Hunde wollen treu sein, erwarten aber auch von ihrem Partner bedingungslose Treue. Ob da die Schlange mitziehen kann, wird sich erst noch erweisen müssen.

Schweine können an der Seite der Schlange manches erreichen, von dem sie bisher nur träumten. Der Honigmond dauert jedoch nicht sehr lange zwischen zwei so gegensätzlichen Typen.

Das ungeduldige Pferd

6.2.1894-25.1.1895
25.1.1906-13.2.1907
12.2.1918-31.1.1919
31.1.1930-17.2.1931
16.2.1942- 4.2.1943
4.2.1954-23.1.1955
22.1.1966- 8.2.1967
8.2.1978-27.1.1979
27.1.1990-14.2.1991

Geduld ist nicht der Pferde Stärke. Sie wollen ungestüm nach vorn galoppieren und — nicht nach rechts und links schauend — die Hindernisse stürmend nehmen. Leichter Trab ist nur etwas für müde alte Ackergäule.

Im Jahr des Pferdes geborene Menschen haben das Herz auf dem rechten Fleck. Sie sind humorvoll, den schönen Künsten aufgeschlossen und vielseitig begabt. Sie reden gern, man hört ihnen aber auch gern zu, selbst wenn nicht alles der Weisheit letzter Schluß ist, was sie da so von sich geben.

Der Pferde beredtes Wesen macht sie fürs Parlament reif. Doch auch mancher Straßenverkäufer, der Billigware in schmückenden Worten anpreist, wurde im Zeichen des Pferdes geboren.

Manche Pferde sind lärmend laut. Sie wollen auf sich aufmerksam machen, damit man sie als die besten der Herde heraussucht und ihnen den Stall gibt, der ihnen zukommt: hochherrschaftlich und mit viel Futter.

Pferde lieben die Freiheit über alles, und es ist möglich, daß dieses Streben von ihren Zeitgenossen als Egoismus ausgelegt wird. Tatsächlich finden sie sich am besten in Berufen zurecht, in denen sie auf sich gestellt sind, als Arzt oder freischaffender Künstler, Forscher oder Mondfahrer, Entwicklungshelfer oder Facharbeiter, Finanzfachmann oder — wir sagten es schon — als Politiker.

Pferde-Frauen haben dieselben Ambitionen. Sie wissen sich mit weiblicher Schläue in Szene zu setzen und helfen mit Puder und Schminke nach, wo Natur zu blaß wirkt.

Der Pferde Rennbahnen sind Partys, Empfänge und Gala-Diners. In Gesellschaft fühlen sich Pferde wohl, hier können sie sich in den Vordergrund spielen. Es treibt sie immer wieder hinaus aus den eigenen vier Wänden in die freie Wildbahn, wo sie jagen und rennen können nach den lockenden Zielen. Ist mal ein Hindernis zu hoch, verweigern sie es und machen kurz vor dem Ziel halt — es gibt ja auch noch andere Ziele, warum muß es gerade dieses eine sein?

Kein anderer Mensch ist so selbstbewußt wie der im Zeichen Pferd geborene, keiner so abenteuer- und reiselustig. Er liebt das Neue, das Unbekannte, und wenn er auch Gefahr wittert, stürzt er sich trotzdem hinein ins große Wagnis. Irgendwie wird man schon durchkommen, man ist ja schneller als alle anderen!

Ein Pferd will stets gestriegelt sein. Mit anderen Worten: Man geht mit der Mode, kreiert sie sogar. Selbst in verwaschenen Jeans sieht eine Pferde-Dame noch schick aus, das macht ihr Figürchen, die Haltung, das Talent, aus allem etwas zu machen.

Auch in der Liebe gehen Pferde aufs Ganze. Haben sie einmal Feuer gefangen, wird es bald zur flammenden Lohe. Dann vergessen sie alles um sich herum, manchmal sogar die eigene Karriere. Liebe ist für viele Pferde die Leidenschaft, die Leiden schafft.

In der Ehe sind Pferde stets der dominierende Teil. Wehe, der Partner erweist ihnen nicht die genügende Reverenz! Man muß für sie da sein, wenn sie müde vom Gala-Empfang nach Hause kommen, man muß für sie zittern, wenn sie sich tollkühn ins große Wagnis stürzen.

Manchmal ist das Pferd jedoch nicht für den Partner da. Das liegt an seiner Nachtseele, in der auch Unzuverlässigkeit verzeichnet ist und Taktlosigkeit. Pferde lachen gern und machen ihre Späße, die aber immer nur andere zum Ziel haben; man selbst ist ein Kräutchen Rührmichnichtan. Leicht schnappen sie ein. Dann sind sie übelgelaunt und lassen es die Umwelt deutlich spüren.

Zum Geld haben Pferde eine gesunde Einstellung; sie lassen den Rubel rollen. Meist bleibt eine tüchtige Portion davon hängen, die sie geschickt anzulegen wissen. So kommen sie mit den Jahren zu Wohlstand und Ansehen, und das trägt ihrem Geltungsbedürfnis Rechnung.

Pferde sind großzügig, sie können viel verschenken an den, den sie mögen. Wer ihnen zuwider ist, kann von ihnen kaum etwas erwarten — außer vielleicht kalten Hohn und beleidigende Worte.

Man sollte sich hüten, sich mit Pferden anzulegen. Ihr Wortschatz ist zu reich, als daß sie nicht letztendlich triumphieren würden. Nur wenn sie in Wut geraten, zeigen sie Blößen, dann können sie in ihrer Argumentation zu weit gehen und vor den Kadi zitiert werden, wegen Beleidigung oder Nötigung.

Läßt man den Pferden Auslauf und Freiheit, werden sie das dankbar quittieren mit guter Freundschaft und hilfsbereiter Anhänglichkeit. Man kann das sogar bis zu einem gewissen Grad ausnutzen.

Pferde sollten lernen, Geduld zu üben und nicht gar so ungestüm die Mitmenschen mit den eigenen Problemen zu konfrontieren. Sie sollten sich nie blindlings in ein Abenteuer stürzen und die Welt erobern wollen. Und sie sollten auch mal andere zu Wort kommen lassen.

Besonders erfolgreich sind alle, die im Jahr des Feuerpferdes geboren wurden (1906, 1966). Bei ihnen treten aber oft auch die beschriebenen negativen Seiten besonders kraß zutage.

Wie erzieht man Pferde-Kinder?

Pferde-Kinder klettern gern auf Bäume, versuchen, die Natur zu entdecken, und reißen auch hier und da mal von zu Hause aus, wenn sie sich falsch behandelt fühlen. Dabei sind sie eigentlich gar nicht so schwer erziehbar, wie das den Anschein haben könnte. Man muß sie nur nehmen wie sie sind, ihr jugendliches Ungestüm, ihre Ungeduld als Naturereignis begreifen. In der Schule schadet es nichts, wenn man sie hart anpackt, das nehmen sie als Vorbereitung auf den Lebenskampf hin. Im Elternhaus sind sie oft Liebkind, weil sie fröhlicher sind als ihre Geschwister. Man sollte sie aber nicht zu sehr verwöhnen.

Das Pferd, vom Widder bis zu den Fischen

Widder-Pferde (21.3.-20.4.) lieben das eigene Ich über alles, schließen darin aber auch den ein, der ihnen besonders nahesteht. Sie sind unermüdliche Kämpfer und wollen ihren Weg um jeden Preis machen, was Gefahren birgt.

Stier-Pferde (21.4.-20.5.) sind Finanzgenies. Ihre Abenteuerlust hält sich in Grenzen, ihr Temperament ist gezügelt. Nur hier und da brechen sie aus, aber dann gleich so, daß alle Fetzen fliegen.

Zwillinge-Pferde (21.5.-21.6.) scheuen manchmal vor den Hindernissen, die man vor ihnen aufbaut. Aber sie beginnen stets von neuem und setzen sich durch — zur Not auf Kosten anderer. Sie sind etwas wankelmütig.

Krebs-Pferde (22.6.-22.7.) muß man lieben. Sie haben mehr Gefühl als andere Pferde, sind auch nicht so polternd in ihrer Art. Sie haben Sinn für feste Werte und bringen es meist zu einigem Wohlstand.

Löwe-Pferde (23.7.-23.8.) fahren aus der Haut, wenn man nicht vor ihnen kuscht. Sie lieben den Kampf und werden als Sieger hervorgehen, koste es, was es wolle. Das Zusammenleben mit ihnen ist nicht leicht.

Jungfrau-Pferden (24.8.-23.9.) liegt die Mathematik, sie rechnen sicher den eigenen Erfolg aus. Sie sind beliebt, auch wenn sie hier und da jene hereinlegen, die glaubten, ihre besten Freunde zu sein.

Waage-Pferde (24.9.-23.10.) sind charmant und — wie es scheint — einfühlsam, aber sie setzen immer ihren Kopf durch. Ihre Abenteuerlust beschränkt sich oft nur aufs Erobern des anderen Geschlechts.

Skorpion-Pferde (24.10.-22.11.) können in der Liebe blindlings ins Verderben rennen. Im Beruf macht ihnen keiner etwas vor. Haben sie einmal etwas als richtig erkannt, gehen sie nie und nimmermehr davon ab.

Schütze-Pferde (23.11.-21.12.) sind hartnäckig in der Verfolgung eines Zieles. Niemand wird sie aufhalten, zumal sie im allgemeinen fleißiger sind als ihre Konkurrenten und meist auch früher aufstehen als diese.

Steinbock-Pferde (22.12.-20.1.) lassen sich meist noch zusätzliche Hindernisse aufbauen, um zu beweisen, wieviel sie leisten können. Stürze lassen sich da nicht vermeiden, aber man lernt ja aus eigenen Fehlern.

Wassermann-Pferde (21.1.-19.2.) sind Stürmer und Dränger, die auf der Rennbahn des Lebens glänzend zurechtkommen. Sie verscherzen sich nur manchmal die Sympathien durch allzu großen Egoismus.

Fische-Pferde (20.2.-20.3.) träumen von den Abenteuern, die andere Pferde erleben. Bevor sie etwas beginnen, durchdenken sie alles genau. Das hat seine Vorteile, verlangsamt aber den geraden Weg zum Erfolg.

Die Partner des Pferdes

Ratten finden kaum zu den Pferden. Dabei könnten beide voneinander lernen: das Pferd von der Ratte, wie man charmant durchs Leben zieht, die Ratte vom Pferd, wie man das Leben genießt.

Büffel sind ebenso genußsüchtig wie Pferde. Das genügt jedoch nicht, die Temperamente anzugleichen — die langsame Stetigkeit des Büffels und die Wildheit des Pferdes.

Tiger und Pferd — das verspricht eine feurige Partnerschaft. Zusammen können die beiden Karriere machen oder untergehen, weil sie zuviel wagen.

Hasen finden das Pferd zunächst anziehend und erheiternd, bis sie die Arroganz spüren, mit der das Pferd auf kleine Hasen herunterschaut.

Drachen lassen das Pferd so lange gewähren, bis es ihnen mit seinem Egoismus auf den Wecker geht. Trotzdem ist diese Partnerschaft erfolgreich, solange sie hält.

Schlangen schlängeln sich von selbst ins Herz des Pferdes. Aber sie nisten nur so lange darin, wie es dem Pferd gelingt, Gleichberechtigung zu üben.

Pferde unter sich machen alles im Galopp. Und man kann mit Fug und Recht behaupten, daß bei den meisten Pferde-Kopplungen alles in Ordnung ging.

Ziegen haben denselben Sinn für Romantik wie das Pferd. Sie scheinen uneigennützig dem Pferd immer zu Willen zu sein. Aber das scheint eben nur so.

Affen führen mit dem Pferd ein flottes Leben. Man liebt sich, man neckt sich und bleibt nach Möglichkeit oberflächlich. Eine nicht sehr ernsthafte Bindung.

Hähne haben das Pferd gesucht und gefunden und ziehen mit ihm durch die weite Welt, denn seßhaft sind beide nicht allzu sehr. Langeweile gibt's hier kaum, aber manchen Streit.

Hunde sind Gönner — das Pferd wird sich bei ihnen wohlfühlen. Es darf sogar mal den Sprung aus dem tristen Alltag wagen, der Hund wird's verstehen und treu bleiben.

Schweine lieben die Bequemlichkeit, Pferde des Lebens aufregendste Seiten. Da paßt nicht viel zusammen — wenn nicht die Liebe wäre, die beide trotz aller Gegensätzlichkeiten füreinander empfinden.

Die artige Ziege

26.1.1895-13.2.1896
14.2.1907- 1.2.1908
1.2.1919-20.1.1920
18.2.1931- 6.2.1932
5.2.1943-25.1.1944
24.1.1955-11.2.1956
9.2.1967-29.1.1968
28.1.1979-15.2.1980
15.2.1991- 3.2.1992

Ziegen geben sich nach außen hin artig und liebenswürdig. Solange es ihnen gut geht, sind sie fröhlich und unbekümmert. Man muß sie aber hegen und pflegen, sonst könnte jener unglückselige Hang durchbrechen, der in der Nachtseele einer jeden Ziege nistet: Sie meckert so gern, kritisiert und mäkelt und ist mit nichts zufrieden.

Bei vielen Ziegen bleibt dieser Hang ein Leben lang verkapselt. Dann sind sie die besten Partner, die goldigsten Ehegesponse, die anhänglichsten Mitarbeiter. Beweis für viele daher, wenn der Ziege Nachtseele zutage tritt, daß man sie nicht richtig behandelt hat, daß sie Grund hat, unzufrieden zu sein. Wie gesagt: man muß sie hegen und pflegen und ihr immer zur rechten Zeit das richtige Futter geben.

Chefs von Ziegen wissen, was diese leisten, daß sie die Seele des Geschäfts sein könnten, ließe man sie nur in Ruhe schaffen und wirken. Ziegen haben viel Durchstehvermögen, sie führen aus, was andere planen. Da gibt es nichts auszusetzen. Nur in der Verfolgung der eigenen Karriere bleiben sie meist stecken, weil sie sich manchmal zu wenig zutrauen und an dem Posten hängen, den man ihnen gegeben hat.

Ziegen werden darum nur in Ausnahmefällen Chefs. Am besten, sie suchen sich eine Stelle auf dem Lande oder bei den staatlichen Forsten. Als Beamte entwickeln sie viel Sitzfleisch, als Handwerker sind sie zuverlässig. Sie sitzen in Ingenieur- und Planungsbüros und überall dort, wo man Mitarbeiter braucht, die logisch denken und danach handeln können.

Ziegen sind künstlerisch begabt und neigen zur Schriftstellerei, wobei sie sich manches von der Seele schreiben können. Sie sind aber auch dort zu Hause, wo manche sie nicht gern sehen: als Hausfreund oder beste Freundin.

Schlechtester Zug der Ziegen ist, daß sie sich nur schwer entscheiden können. Sie zögern oft lang, und manchmal ist dann der Zug abgefahren, die Ziege bleibt allein auf dem Bahnsteig zurück.

So ist das auch in der Liebe. Ziegen sind sehr anschmiegsam, wenn sie einmal den gefunden zu haben glauben, den sie lieben könnten — ganz genau wissen Ziegen nämlich zunächst nichts! Sie versuchen es mit dem Geangelten, aber wenn sie feststellen, daß er ein müder Fisch ist, der sich nur in trüben Tümpeln wohlfühlt, nehmen sie ihn schnell vom Haken und werfen ihn dort hinein, wo er herkommt.

Finden Ziegen aber das gepflegte Heim, nach dem sie sich von früh auf sehnten, werden sie aufblühen. Ein bißchen Garten sollte dabei sein oder ein großer Wald in der Nähe. Ziegen brauchen Auslauf ins Grüne — die ewig junge Natur ist ihr Element.

Ziegen helfen gern, und ihr Rat ist geschätzt in allen Lebenslagen. Sie hängen nicht am Geld, aber sie wissen es zu schätzen, wenn es ihnen nur ein wenig

Wohlstand sichert, ein Nest, in dem sie sich wohlfühlen, ihre Familie ein wenig verwöhnen können.

Ziegen-Frauen sind die besten Hausfrauen und Mütter. Man kann ihnen das Bankkonto anvertrauen, sie werden die Haushaltskasse genauestens führen. Und sie werden ihrem Mann ein Schmuckkästchen als eigenes Heim bieten.

Hierin stimmen Ziegen-Männer und Ziegen-Frauen überein: sie können sich oft verlieben, aber ihr Herz können sie eigentlich nur einmal verlieren — zu stark ist der Panzer, mit dem sie es umgeben. Es muß schon jemand Besonderes sein, der ihn durchbricht! Was der Herzenspartner der Ziegen braucht, ist viel Einfühlungsgabe. Ziegen sind leicht verletzbar, man muß sie in Watte packen, ihre Launen übersehen, ihre mangelhafte Entschlußkraft durch eigene schnelle Entschlüsse aufheben.

Ziegen lieben das eigene Heim, aber sie sind nie ganz zufrieden. Mit anderen nicht, aber auch nicht mit sich selbst. Sie sind von einem Augenblick auf den anderen in verschiedener Stimmung. Sind sie daheim, machen sie plötzlich dem Partner Vorwürfe, man käme ja überhaupt nicht mehr raus, nicht zum Tanzen, nicht ins Theater, nicht an den Stammtisch. Führt er sie aus, dann können sie ihm sagen, daß es zwar ganz schön sei, mal aus dem Hause zu kommen, aber daheim sei eben daheim.

Ihr Leben lang bleiben Ziegen Pessimisten, ihr Optimismus beschränkt sich auf vage Hoffnungen, auf den Lotto-Gewinn, auf ein noch schöneres Heim, als man es schon besitzt, auf viele Wenn und Aber.

Mut sollte man den Ziegen machen, Mut zu schnellerem Handeln, dann könnten sie sehr viel mehr erreichen. Ziegen sollten lernen, das Leben so zu nehmen, wie es wirklich ist, und nicht Träumen nachzuhängen, wie es sein könnte. Sie sollten weniger verschlossen sein, sondern ihr Herz auch mal auf den Präsentierteller legen. Aber das hieße wohl, gegen die eigene Natur zu handeln.

Wie erzieht man Ziegen-Kinder?

Man muß Ziegen-Kinder von früh an zu neuen Taten ermuntern, dann schnurren sie ihr Pensum ab — in der Schule, daheim und beim Spiel. Sie sind fleißig und bringen auch gute Zeugnisse mit nach Hause. Ziegen-Kinder haben nur wenige feste Freunde, die sie mit Bedacht auswählen, aber es kann sein, daß sie trotzdem an die falschen geraten, deren bösen Einflüsterungen sie erliegen. Das beste an den Ziegen-Kleinen ist, daß sie sehr an ihrer Familie hängen, manchmal zu sehr an Mutters Rockzipfel. Das ändert sich erst im Teenager-Alter, aber so ganz legen sie den unsichtbaren Schild nie ab, auf dem geschrieben steht: „Mamas Liebling".

Die Ziege, vom Widder bis zu den Fischen

Widder-Ziegen (21.3.-20.4.) sind rechte Gewitterziegen. Es blitzt und donnert bei ihnen, und bei den anderen schlägt's ein. Dabei können sie manchmal so liebenswürdig und nett sein und sind dann auch erfolgreich.

Stier-Ziegen (21.4.-20.5.) legen sich gern auf die faule Haut und sonnen sich angesichts vollbrachter Leistungen. Als anhängliche Partner werden sie geschätzt. Sie brauchen jemanden, der ihnen Mut macht.

Zwillinge-Ziegen (21.5.-21.6.) lachen gern und finden manches lächerlich. Sie haben viele Freunde, die sie möglicherweise nach Kräften ausnützen. Sie verschenken viel, heimsen aber noch mehr ein.

Krebs-Ziegen (22.6.-22.7.) hängen zu oft trüben Gedanken nach. Der kleinste Vorwurf kann sie umwerfen, weil sie alles zu persönlich nehmen. Trotzdem die besten Ziegen, hilfsbereit, liebenswert und treu.

Löwe-Ziegen (23.7.-23.8.) sollte man nicht necken. Ihr egozentrisches Wesen ist oft nur gespielt. Sie sind von allen Ziegen die erfolgreichsten, weil sie nur ein Ziel haben, und das weist nach oben!

Jungfrau-Ziegen (24.8.-23.9.) lassen sich so leicht nichts vormachen. Sie neigen zur Melancholie, wenn's mal nicht so klappt, wie sie es gern hätten. Werden sie enttäuscht, ziehen sie sich schmollend zurück.

Waage-Ziegen (24.9.-23.10.) sind rechte Genießer. Ihr Gerechtigkeitssinn läßt sie manchmal über das Ziel hinausschießen. Sie finden immer jemanden, den sie lieben — oft auch gleich zwei auf einmal...

Skorpion-Ziegen (24.10.-22.11.) wissen um die Wirkung, die sie auf andere ausüben. Man sollte sie nicht enttäuschen, denn die Skorpion-Ziege vergißt nichts. Da kann leicht aus Liebe Haß werden.

Schütze-Ziegen (23.11.-21.12.) sollten sich schnell an jemanden binden, der ihnen Mut macht. Ein zuverlässiger Partner kann ihnen den Rücken stärken und sie Stufe um Stufe auf der Erfolgsleiter steigen lassen.

Steinbock-Ziegen (22.12.-20.1.) setzen sich besser durch als andere Ziegen. Sie bringen es darum auch meist weiter. Wenn das eigene Können nicht ausreicht, hilft den Steinbock-Ziegen meist ihre rege Phantasie.

Wassermann-Ziegen (21.1.-19.2.) haben hochherrschaftliche Launen, obwohl sie besonders liebenswürdig sind und tiefen Eindruck auf die Mitmenschen machen können. Sie haben viele Geheimnisse.

Fische-Ziegen (20.2.-20.3.) sind Künstler-Typen mit allen Vor- und Nachteilen. Himmelhochjauchzend spinnen sie großartige Pläne, um zu Tode betrübt festzustellen, daß die Praxis ganz anders aussieht.

Die Partner der Ziege

Ratten wirken auf die Ziege manchmal etwas abstoßend, und wenn sie noch so von ihnen umworben wird. In der Ratte-Ziege-Verbindung kriselt es stets ein wenig.

Büffel wollen immer mit dem Kopf durch die Wand. Das schreckt die Ziege. Sie wiederum bekommt Launen, die den Büffel möglicherweise aus dem Hause jagen.

Tiger sind Antipoden der Ziegen. Da ist aber auch fast gar nichts gemeinsam. Tiger müßten schon viel Gefühl aufbringen, um die Ziege auf Dauer zu behalten.

Hasen haben die gleiche Wellenlänge wie die ebenso häusliche Ziege. Man redet sich gut zu, macht Pläne und führt sogar manchen davon erfolgreich aus.

Drachen lieben Ziegen sehr, wenn sie — was selten ist — einmal an eine geraten. Das machen die vielen Gegensätze! An des Drachen Seite kann die Ziege zu etwas kommen.

Schlangen werden die Führung übernehmen müssen, um die zaudernde Ziege gewissermaßen zum Glück zu zwingen. Hat man etwas erreicht, kann es eine gute Verbindung sein.

Pferde könnten die idealen Partner der Ziegen sein. Was der Ziege an Durchsetzungskraft fehlt, hat das Pferd zur Genüge, dazu romantische Gefühle.

Ziegen unter sich meckern sich manchmal gegenseitig an. Trotzdem verstehen sie sich prächtig. Über den kleinen Streitereien vergessen sie die Probleme im Alltagsleben.

Affen bringen Leben in die Bude, die von der Ziege mit Pfiff in einen hochherrschaftlichen Salon verwandelt wird. Leider geht in dieser Verbindung oft das Geld aus.

Hähne sind auf die charmanten Ziegen stolz, wenn sie sie erobert haben. Dann aber setzt der Kampf um die Führung ein, und dem Hahn schwillt wieder einmal der Kamm.

Hunde sind der Ziege treue Paladine. Mehr nicht, aber auch nicht weniger. Sie sind oft zu direkt, und das kann die feinnervige Ziege verletzen.

Schweine finden beinahe die totale Übereinstimmung mit der Ziege. Das ist vielleicht die Liebe auf den ersten Blick, man braucht nicht lang zu suchen, um sich zu finden.

Der wendige Affe

14.2.1896- 1.2.1897
2.2.1908-21.1.1909
21.1.1920- 7.2.1921
7.2.1932-25.1.1933
26.1.1944-12.2.1945
12.2.1956-30.1.1957
30.1.1968-16.2.1969
16.2.1980- 4.2.1981

Es gibt niemanden, der so viele Ideen hat wie der wendige Affe. Aber in seinem bewegten Leben bleibt ihm meist nicht die Zeit, alle auszuführen oder sich auch nur auf einzelne zu konzentrieren. Denn er ist sprunghaft und hält sich nie lange irgendwo auf.

Man mag allenthalben der Affen gesellige Art. Sie sind die besten Witzeerzähler, die fröhlichsten Partygänger, jederzeit zu helfen bereit. Aber hinter diesem so freundlichen Wesen stecken in Wirklichkeit oft rechte Menschenverächter, die nur sich lieben und sich jedem überlegen fühlen, auch wenn sie es gar nicht sind.

Affen sind gescheit, man macht ihnen so leicht nichts vor. Sie wissen viel und sind belesen. Man sollte sich nicht in Streitgespräche mit ihnen einlassen — Affen werden gewinnen, weil sie nur dann streiten, wenn sie sich ihres Sieges gewiß sind.

Ihnen ist jedes Mittel recht, wenn nur ein Vorteil für sie selbst dabei herausschaut. Darum flunkern sie auch manchmal, wenn ihnen das eigene Wissen nicht mehr weiterhilft. Und wenn alle Stricke reißen, setzen sie auch mal faustdicke Lügen in die Welt.

Affen nehmen's nicht so genau. Mancher hält sie für verschlagen, aber wenn er den Beweis antreten sollte für eine solche Behauptung, würde er ins Fettnäpfchen treten: Affen kann man nichts beweisen, sie reden sich heraus, und der Kläger ist schließlich der Dumme.

Die Berufswahl wird Affen nie schwerfallen. Man findet sie überall dort, wo Überzeugungskraft nötig ist — als Verkäufer, Einzelhändler oder Zeitschriftenwerber. Als Politiker und Staatsmänner machen sie Geschichte, als Hochstapler und Heiratsschwindler Geschichten. In allen geistigen Berufen fühlen sie sich wohl, und auf den Brettern, die die Welt bedeuten, wissen sie ebenso zu überzeugen.

Chefs schätzen weibliche wie männliche Affen als wahre Meister der Improvisation, als Leute, aus denen die Ideen nur so hervorsprudeln, die sich allerdings nie lange auf einem Gebiet oder an einem Platz wohlfühlen.

Durch Stellungswechsel sammeln sie Erfahrungen, die sie irgendwann einmal in ein eigenes Geschäft stecken werden, das sie über Schulden groß anlegen werden, manchmal eine Nummer zu groß. Und dann macht der Affe pleite.

Schönster Zug an den Affen: sie verzagen nie. Immer wieder fallen sie auf die Beine und strampeln sich allmählich wieder hoch. Rückschläge kann niemand schneller verkraften als der wendige Affe.

Affen sind selten familiär, und man könnte daraus schließen, daß sie in der Liebe nie das rechte Glück haben. Dem ist aber nicht so. Ihre quecksilbrige Art macht sie überall beliebt, und das andere Geschlecht fällt todsicher darauf herein. Man führt ein lustiges Leben mit den Affen, aber alles plätschert ein wenig an der Oberfläche dahin.

Feste Bindungen möchte der Affe nicht unbedingt schnell eingehen, ihm ist ein unverbindlicher Flirt lieber als eine himmelhochjauchzende erste Liebe. Affen-Mann wie Affen-Frau drücken sich gern vor der Verantwortung, die eine Ehe nun einmal mit sich bringt.

Treue ist nicht die starke Seite der Affen. Sie springen lieber von Baum zu Baum und holen sich dort, wonach sie begehren. Gar so schlimm sind die Affen jedoch nicht. Man kann sie mit der Zeit sogar daran gewöhnen, treu zu sein. Aber das bedarf eines langen Umdenkprozesses, an dessen Ende der Affe in einem unsichtbaren Käfig gefangen scheint. Man sollte ihm die Meinung lassen, er habe sich ihn selbst gebaut.

Affen-Väter und Affen-Mütter sind nicht gerade die fürsorglichsten. Trotzdem werden sie es den Kindern an nichts fehlen lassen. Kinder von in einem Affenjahr Geborenen werden freier erzogen als andere Kinder, und sie werden auch schneller flügge.

Affen verlieben sich oft, aber ihre Leidenschaft hält nie lange vor. So, wie sie im Beruf häufig wechseln, ist es auch in Sachen Sex. Man ist entflammt, glüht eine Zeitlang, und schließlich bleibt die Asche übrig. Verständlich, wenn Scheidungsrichter mit Affe-Geborenen viel zu tun haben.

Affen sind nur gute Freunde, solange sie selbst von dem Wert der Freundschaft überzeugt sind. Sie zeigen sich ihrer Umwelt als lustige, jederzeit zu Späßen aufgelegte Mitmenschen. Aber sie verbergen hinter ihrer Fröhlichkeit meist das eigene Ich, das nur sich selbst kennt.

Man sollte nicht unbedingt alles, was Affen tun und sagen, ernst nehmen, sondern die Oberfläche erkennen, die vom Innersten ablenkt. Man setze keine moralischen Grundsätze, wenn man einem Affen zugetan ist, sondern mache sein Spiel mit. Das könnte ihn verwirren und dahin bringen, wohin man ihn haben will: nicht unbedingt auf den Pfad ewiger Tugend, aber doch zu angenehmer Partnerschaft.

Und man sollte mit dem Affen optimistisch sein, das Leben bis zur Neige kosten. Denn Affen lieben das Leben. Warum nicht auch ein fröhliches Dasein zu zweit?

Wie erzieht man Affen-Kinder?

Affen-Kinder brauchen mehr Liebe, aber auch mehr Aufmerksamkeit als andere Kinder. Sie müssen von frühester Jugend daran gewöhnt werden, daß es noch etwas anderes gibt als das eigene Ich. In der Schule sind sie entweder die Besten oder sie faulenzen in den Tag hinein. Mittendrin ist bei ihnen Schaltpause. Affen-Kinder sind intelligent. Was sie nicht wissen, ersetzen sie durch geschicktes Improvisieren. Ihre Spielkameraden lieben sie wegen der Faxen und mannigfachen Streiche, die sie anstellen, ohne dabei geschnappt zu werden. Die Nestwärme des Elternhauses behagt ihnen nur solange, bis sie ein berufliches Ziel vor Augen haben. Dann sollte man sie ziehen lassen; Affen lieben die Freiheit über alles und wollen sich austoben, ohne lästige Bindungen.

Der Affe, vom Widder bis zu den Fischen

Widder-Affen (21.3.-20.4.) lärmen gern und versuchen so, ihre Umwelt einzuschüchtern. Sie beginnen viel, sind aber nicht sehr ausdauernd. Nach häufigen Positionswechseln sind sie meistens oben angelangt.

Stier-Affen (21.4.-20.5.) haben den sechsten Sinn für Geld und feste Werte. Bei ihnen ist mehr Zuverlässigkeit zu erkennen als bei anderen Affen. Sie tun viel mit Gefühl. Das macht sie liebenswert.

Zwillinge-Affen (21.5.-21.6.) wissen sich in Szene zu setzen. Sie wechseln oft die Arbeitsstelle, den Partner, die Meinung. Ihr wahres, unruhiges Ich verstecken sie hinter meist übersprudelnder Fröhlichkeit.

Krebs-Affen (22.6.-22.7.) finden viele Freunde, weil sie Herz zeigen und beweisen. Nur in ihrer Nachtseele kocht es manchmal; dann Vorsicht vor diesen so gutartig erscheinenden Affen und ihrer egoistischen Zielstrebigkeit!

Löwe-Affen (23.7.-23.8.) stürzen sich in jedes Abenteuer und scheuen vor nichts zurück. Ihre Liebe ist besitzergreifend, ihr Streben nach Ruhm und Ansehen walzt alles nieder, was sich entgegenstellen möchte.

Jungfrau-Affen (24.8.-23.9.) sind meist zuverlässiger als andere Affen, aber auch leicht verletzbar. Man kann sie am ehesten zähmen. Dann können sie treu und anhänglich sein, aber auch sehr launenhaft.

Waage-Affen (24.9.-23.10.) haben die Fröhlichkeit für sich gepachtet. Sie können so charmant die Unwahrheit sagen, daß man ihnen nicht böse sein kann. Sie arbeiten hart, um sich ein luxuriöses Leben zu leisten.

Skorpion-Affen (24.10.-22.11.) kann man nicht immer über den Weg trauen. Sie sind zielstrebig und ohne jeden Skrupel, wenn es darauf ankommt, weiterzukommen. Als feurige Liebhaber sind sie geschätzt, in der Ehe weniger.

Schütze-Affen (23.11.-21.12.) spielen sich gern in den Vordergrund. Durch Geist und Witz überzeugen sie im Beruf. Kollegen sind von ihnen zuerst begeistert, bis sie des Schütze-Affen harte Ellenbogen spüren.

Steinbock-Affen (22.12.-20.1.) springen nicht so schnell wie andere Affen, aber ihre Gründlichkeit ist geschätzt. Sie versuchen, mit einem gewissen

Ernst das Leben zu meistern. Mit Hilfe des Verstandes gelingt ihnen das auch.

Wassermann-Affen (21.1.-19.2.) werden oft von dem eigenen Leichtsinn überrollt. Man liebt sie, aber man hat sie nie lange für sich allein. In ihr Innerstes lassen sie sich nicht schauen. Das macht sie gefährlich.

Fische-Affen (20.2.-20.3.) spielen gern und erreichen spielerisch feste Werte. Sie haben mehr Gemüt als andere Affen und sind Meister der Überredungskunst. Wer von ihnen geliebt wird, wird an ihrer Seite fröhlich.

Die Partner der Affen

Ratten sind verspielte Wesen, und das mögen die Affen. Außerdem verstehen die Ratten die skurrilen Späße des Affen als launige Beigabe eines liebenswerten Gefährten.

Büffel sind für den springlebendigen Affen so erregend wie die Wachspuppen in einem Panoptikum. Der Büffel ist erdgebunden, der Affe dagegen klettert auf die Palme.

Tiger verstehen nicht allzu viel Spaß — vor allem nicht, wenn er mit ihnen selbst getrieben wird. Tiger und Affen streiten sich oft, feiern aber auch immer wieder liebevoll Versöhnung.

Hasen schütteln den Kopf, wenn der Affe seine Kapriolen treibt, und lachen dann doch. Beim Hasen findet der Affe das Zuhause, das ihm die Welt offen hält.

Drachen enttäuschen den Affen in Sachen Liebe nie. Es könnte nur zu unruhig hergehen in dem Drachen-Affen-Haus, dann müßte eben einer die Notbremse ziehen.

Schlangen sind für den Affen vielfach eine Nummer zu groß, was das Hochgeistige angeht. Mit Witz allein kann man eben einer Schlange nicht beikommen.

Pferde spielen mit dem Affen gern, auch jene intimen Lustspiele, die vor dem Traualtar enden. Man sollte beiden wünschen, daß der Honigmond ewig anhalte.

Ziegen können den Affen oftmals nicht riechen, weil er zu oberflächlich ist. Könnte er ihnen ein gepflegtes Heim bieten, würde schon manches besser gehen.

Affen unter sich lieben sich heiß und erfinden immer neue Liebesspiele. Sie sollten nur nichts übertreiben und zur rechten Zeit auf des Lebens Ernst schalten.

Hähne werden vom Affen regelrecht gerupft, am Spieß gegrillt und vernascht. Das Komische: der Hahn läßt sich's gefallen! Wenn das nicht Liebe ist...

Hunde kann man ausnehmen, wenn sie mal einen guten Tag haben. Und sie haben manchen guten Tag. Das merkt der Affe bald. Aber ob das für ein Leben lang reicht?

Schweine bringen dem Affen Glück. Doch solch ein Glücksschweinchen will auch was geboten bekommen. In dieser Hinsicht geht dem witzigen Affen manchmal die Puste aus.

Der stolze Hahn

2.2.1897-21.1.1898
22.1.1909- 9.2.1910
8.2.1921- 6.2.1922
26.1.1933-13.2.1934
13.2.1945- 1.2.1946
31.1.1957-18.2.1958
17.2.1969- 5.2.1970
5.2.1981-24.1.1982

Ihre Haltung ist gerade, ihr Blick oft durchdringend, ihr Gehabe königlich: Die stolzen Hähne wollen von ihrer Umwelt verehrt werden. Man soll sie sehen, jeder Zoll ein Mensch, der erhaben ist über alle anderen. Hähne lieben den Pomp, ein mit wertvollen Möbeln ausgestattetes eigenes Heim und eine Stellung, in der sie auf andere einen gewissen Einfluß ausüben.

Sie könnten ganz oben an der Spitze stehen, wenn sie sich selbst nicht alles so schwer machen würden. Hähne sind harte Arbeit gewöhnt, über die sie allein Erfolge zu erreichen glauben. Aber während sie arbeiten und schuften, läßt sich's ein anderer wohlergehen und bastelt an seiner Karriere. Nur darum kommen Hähne in untergeordneten Stellungen vor.

Oft suchen sie die Sicherheit als staatlicher Beamter oder Polizist. Sie sind in Friseur-Salons zu finden und im Gaststättengewerbe. Ihre eisernen Nerven befähigen sie zum Arzt und in anderen Berufen, in denen es blutig hergehen kann. Zum Geld haben sie die gesunde Einstellung, daß man es zum Glück braucht.

Hähne-Geborene sind unermüdlich, wenn es darum geht, sich ein wenig Wohlstand zu sichern, aber sie sind zu stolz, darum zu betteln. Alles wollen sie sich ganz alleine schaffen, niemandem danke sagen. Sie können ihr letztes Hemd verschenken, wollen selbst aber nichts geschenkt haben.

Lob ist für sie das schönste Präsent, das man ihnen machen kann. Sie quittieren es mit hoheitsvoller Geste. Es schmeichelt ihnen, und deshalb fallen Hähne oft auf Leute herein, die mit ihren Schmeicheleien nur das eine erreichen wollen, daß der Hahn blind wird gegenüber den Tatsächlichkeiten und mit aufgeblähtem Kamm einherstolziert, während sie ihr trübes Süppchen kochen, in dem sie den Hahn sieden lassen wollen. Bis er dann das falsche Pack erkennt und zur Rechenschaft ziehen will, ist es längst über alle Berge oder versucht, über neuen Schmeicheleien den Hahn erneut einzulullen. Verstehen Sie nun, warum es Hähne oft nicht weit bringen?

In der Liebe ist das freilich nicht der Fall. Da sind Hahnen-Mann wie Hahnen-Frau gewissermaßen Hahn im Korb. Hier treiben die Schmeicheleien, mit denen sie umworben werden, seltsame Blüten, und die Früchte fallen reif herunter.

Hähne sind exzellente Liebhaber und kriegen auch eine spröde Schöne herum. Wer einem Hahn verfiel, wird selbst dann noch von ihm schwärmen, wenn er ihn verließ, um eine andere — vielleicht auch nur für kurze Zeit — glücklich zu machen. Hahnen-Männer fühlen sich am wohlsten in Gesellschaft von Frauen. Männer sind für ihn lästige Konkurrenten. Und darum haben Hahnen-Männer auch nur wenige Freunde, aber die Zahl ihrer Freundinnen läßt sich nicht immer gleich überblicken.

Auch die Hahnen-Frau hat Glück in der Liebe. Aber anders als beim Hahnen-Mann flattert sie nicht von einem zum anderen, sondern sucht sich einen festen Freund. Frauen, das sagt ihr der Stolz, können sich auf dem Sektor Liebe eher etwas vergeben als Männer. Sie wird für ihren Ehemann durchs Feuer gehen, ihn umsorgen und ihm, wenn er es will, sogar die Füße waschen. Bei aller Fürsorge für den Mann vergißt sie dann die lieben Kleinen, die zur Familie gehören. Hahnen-Frauen sind gute Mütter, aber für ihre Kinder sind sie immer erst in zweiter Linie da, zuerst kommt der Mann, den sie liebt.

Hähne sind wißbegierig. Sie würden niemals etwas beginnen, das sie nicht vorher schon eingehend studiert hätten. Sie wollen mitreden können, beweisen, was sie wert sind. Manchmal erscheinen sie dann ihrer Umwelt als rechte Prahlhänse, die überall ihre Nase hineinstecken. Das macht sie unglaubwürdig und läßt sie arrogant erscheinen.

Manche Hähne leben risikoreich. Das sind die Kampfhähne, die mit ihrer Aggressivität die Mitmenschen vergraulen. Sie schrecken selbst nicht davor zurück, den liebsten Freund zu verletzen. Diese Hähne befinden sich — Gott sei Dank! — in der Minderzahl.

Die meisten Hähne sind bei allem stolzen Gehabe, das sie zur Schau stellen, herzensgut und hilfsbereit. Man sollte ihnen ihre Arbeit lassen, sie ein wenig achten. Niemals sollte man sie herausfordern, damit sie nicht kleinlich reagieren können.

Man lasse den Hähnen auch ihre wenigen Träume, das nur im tiefsten Innern bewahrte romantische Gefühl. Sie haben ja doch ein Leben lang so wenig zu lachen, weil sie ständig irgend etwas zu tun haben. Faulenzen möchten sie schrecklich gern, aber das würde gegen ihre Art sein.

Man lasse sie lachen — sagten wir. Aber lachen Sie nur nie über einen Hahn. Er wird es Ihnen nicht verzeihen. Geht es um ihn selbst, versteht er keinen Spaß.

Und schließlich sollte man keinem Hahn etwas krumm nehmen. Er meint es nie so ernst, wie er es manchmal sagt. Er hat nur die seltsame Gabe, anzuecken, koste es, was es wolle. Hinterher tut's ihm leid. Wenn er Verständnis findet, wird er manche schlechte Angewohnheit mit der Zeit verlieren. Denn Hähne sind auch ein wenig das, wozu sie ihre Umwelt macht. Man müßte sie lieben, um zu wissen, was sie im tiefsten Inneren wirklich sind.

Wie erzieht man Hahnen-Kinder?

Hahnen-Kinder mögen Eltern, die ihnen den Himmel auf Erden bereiten. Falsche Bescheidenheit kennen sie nicht. In der Schule kommen sie mit, aber was anderen anfliegt, müssen sie sich oft erst hart erarbeiten. Sie finden Freunde meist unter den Schwächeren, die die mutige Art des Hahnen-Kindes bewundern. Denn schon bald regt sich der Stolz im Herz des kleinen Hahns. Verletzen Sie es nicht, sondern versuchen Sie vielmehr, es in die richtige Bahn zu lenken. Das Hahnen-Kind braucht schließlich auch etwas, auf das es stolz sein kann: etwa das Vorbild der Eltern oder ein gutes Zeugnis.

Der Hahn, vom Widder bis zu den Fischen

Widder-Hähne (21.3.-20.4.) haben den Hahnen-Kampf erfunden. Sie streiten für ihr Leben gern. Man sollte ihnen Beruhigungspillen in Form von Liebe und Güte geben, dann sind sie leicht zu haben und erreichen viel.

Stier-Hähne (21.4.-20.5.) arbeiten noch mehr als andere Hähne. Sie bringen es aber auch zu mehr. Da sie Toleranz üben, finden sie viele Freunde. In der Ehe sind sie zuverlässige, liebenswerte Partner.

Zwillinge-Hähne (21.5.-21.6.) bringen Unruhe ins Heim und in den Betrieb. Ihr unruhiger Geist schießt manchmal seltsame Purzelbäume. Sie brauchen sehr viel Verständnis und noch mehr Bewunderung.

Krebs-Hähne (22.6.-22.7.) unterliegen am ehesten den Schmeicheleien falscher Mitmenschen. Sie meinen es immer ehrlich, aber gerade mit ihrer Ehrlichkeit ecken sie am meisten an. Nichts fällt ihnen in den Schoß.

Löwe-Hähne (23.7.-23.8.) tragen den Kopf höher als andere. Man muß ihnen Reverenz erweisen. Ihr Weg führt nach oben, wenn sie verstehen, das Geld zusammenzuhalten und nicht zuviel zu wagen.

Jungfrau-Hähne (24.8.-23.9.) denken in realen Werten. Ihr Stolz beschränkt sich darauf, für getane Arbeit gelobt zu werden. Manchmal sind sie grüblerisch, dann ziehen sie sich zurück von der schnöden Welt.

Waage-Hähne (24.9.-23.10.) genießen das Leben in vollen Zügen, werden umworben und schenken ihre Gunst bald diesem und bald jenem. Sie hören gern auf die Einflüsterungen anderer, und das kann ihnen schaden.

Skorpion-Hähne (24.10.-22.11.) überzeugen ihre Umwelt mit Witz und Schlagfertigkeit. Was sie sagen, hat Hand und Fuß. Sie werden auch viele Erfolge verbuchen können. Nur Sporn und Stachel stören etwas.

Schütze-Hähne (23.11.-21.12.) wollen die Welt für sich erobern. Sie lieben das Abenteuer und das Reisen. Manchmal bringen sie viel Geld und Ruhm nach Hause zurück, oft auch nur Erfahrungen für die Zukunft.

Steinbock-Hähne (22.12.-20.1.) lassen sich nur ungern in die Karten schauen. Sie sind oft wahre Finanzgenies. Sie bewahren immer Haltung und fühlen sich ihren Mitmenschen gegenüber aus gutem Grund erhaben.

Wassermann-Hähne (21.1.-19.2.) möchten gern verstanden werden. Dann sind sie die besten Partner unter den Hähnen, wenn auch nicht die zuverlässigsten. Man sollte sie auf ein Podest stellen.

Fische-Hähne (20.2.-20.3.) träumen mehr als andere Hähne und haben auch mehr Gefühl, daher sind sie verwundbar. In die Enge getrieben, verstehen sie zu kämpfen. Im Endeffekt setzen sie sich immer durch.

Die Partner des Hahns

Ratten können wirklich zauberhafte Partner des stolzen Hahns sein. Sie übersehen, was oberflächlich an ihm ist und überwinden mit List seinen Egoismus.

Büffel paktieren mit dem Hahn ein Leben lang. Man versteht sich fast blind und übersieht sogar die doch so zahlreichen gegenseitigen Schwächen.

Tiger hoffen auf die unterordnende Liebe des Hahns. Bei dem ist die Hoffnung genau umgekehrt. Beide müßten in einem Lebensbund manche Abstriche am eigenen Stolz machen.

Hasen kommen kaum darüber hinweg, wenn der Hahn in seinem Stolz ihre Gefühle verletzt. In dieser Verbindung müßte man mehr Verständnis füreinander aufbringen.

Drachen werden den Hahn in Grenzen glücklich machen. Sie werden vor allem dafür sorgen, daß er auf der Erfolgsleiter Sprosse um Sprosse höher klettern kann.

Schlangen sind zwar nicht die schlechtesten Partner für den Hahn, aber zur himmelhochjauchzenden Liebe wird es zwischen den beiden nicht kommen, eher zum Zweckbündnis.

Pferde stehlen dem Hahn zwar hier und da die Schau, aber dem macht das gar nichts aus. Man hat sich gesucht und gefunden und besitzt viele gemeinsame Ideale.

Ziegen fühlen tiefer, deshalb muß sie der Hahn eines Tages enttäuschen. Allein von ihm hinge es ab, sich zu ändern. Aber dazu ist der Hahn zu stolz.

Affen wickeln den Hahn gewissermaßen um den kleinen Finger. Sie springen mit ihm oft recht spaßig um. Und er, der alte Hagestolz, läßt sich's gefallen.

Hähne unter sich lieben den Hahnenkampf, sie bearbeiten sich so lange, bis einer von beiden kuscht. So sucht mancher — gerupft — das Weite.

Hunde verbellen den Hahn, Aufregenderes ist von ihnen kaum zu erwarten. Bei Hunden könnte der Hahn die schönsten Schwungfedern verlieren.

Schweine können eines nicht ausstehen: wenn ihnen der Hahn zu direkt kommt. Sie haben eine Menge Taktgefühl, das sehr leicht vom Hahn verletzt werden kann.

Der treue Hund

22.1.1898- 9.2.1899
10.2.1910-29.1.1911
7.2.1922-14.2.1923
14.2.1934- 4.2.1935
2.2.1946-21.1.1947
19.2.1958- 7.2.1959
6.2.1970-26.1.1971
25.1.1982-12.2.1983

Das ist das Seltsame an solch einem Hunde-Leben: Sie wollen es allen recht machen, und dann merken sie, daß sie dabei gar nicht so richtig lagen. Das fordert der Hunde Trotz heraus, knurrend stehen sie vor den verständnislosen Mitmenschen und kläffen sie an. Sie beißen nicht. Hinterher tut ihnen auch alles wieder leid — Hunde mögen keinen Streit, obwohl sie ihn oft selbst vom Zaune brechen.

Hunde sind gutmütig, vor allem treu. Sie würden sich für ihren Nächsten zerreißen lassen, sich vor ihn stellen, wenn er unrecht behandelt würde. Sie werden ihn selbst dann noch verteidigen, wenn er silberne Löffel geklaut hat, und behaupten, der Bestohlene sei wahrscheinlich selbst an dem Diebstahl schuld, er hätte ja besser auf sein Silber aufpassen können. Wen Hunde lieben, den lieben sie eben mit letzter Konsequenz.

Im Jahr des Hundes geborene Menschen sind selbstlos, sie vertreten die Sache, von deren Richtigkeit sie überzeugt sind, bis zum Äußersten. Man findet sie daher als Boß von Gewerkschaftsorganisationen und als unerschrockene Parlamentarier, als Lehrer und Richter, als Philosophen und Schriftsteller. Kritische Journalisten wurden in diesem Zeichen zu hunderten geboren. Hunde-Geborene eignen sich auch, vor allem die Frauen, für Sozialberufe und natürlich für den geistlichen Stand.

Spitzenpositionen haben die meisten Hunde nicht inne, das kommt daher, daß sie auf der Sprossenleiter zum Erfolg unterwegs hängen bleiben — als rechte Hand des Chefs. Man vertraut ihnen, weil sie über Interna schweigen können.

Hunde erkennen die Obrigkeit als naturgegeben an. Sie gehorchen aufs Wort, wenn auch manchmal zähneknirschend, und tun dann doch das, von dem sie glauben, daß es richtig sei.

Treue Hunde haben manche Firma vor dem Konkurs gerettet, weil sie Anordnungen in ihrem Sinne auslegten. Sie werden kein Wort darüber verlieren, wenn der Chef nach Abwendung der schlimmen Lage alles sein Werk nennt.

Ein Hund findet sich überall zurecht. Er weiß zu organisieren, selbst scheinbar zu Bruch Gegangenes wieder zu reparieren. Er ist ein Künstler im Handwerklichen. Und er müßte eigentlich der größte Optimist sein, wenn er nicht so viele Wenn und Aber fände. So erscheint er seinen Mitmenschen eher pessimistisch, oft trüben Gedanken nachhängend, grüblerisch. Er braucht von Zeit zu Zeit das Alleinsein, um sich zu sammeln, um zu verarbeiten, was in seiner Nachtseele negativistisch brodelt.

Diese innere Sammlung läßt ihn Auswege finden, auf die sonst niemand käme. Hunde können in den kritischsten Situationen kaltblütig bleiben.

Sie führen jeden aus einer Notlage heraus, weil sie die Schleichwege instinktiv erahnen, auf denen man entweichen kann. Ihr Spürsinn ist großartig.

Hunde sind die besten in der Familie, aber auch hier wird ihre Fürsorge, ihr ständiges Besorgtsein um das Wohl jedes einzelnen oft falsch ausgelegt. Hunde meinen, daß ihre Ansichten so falsch nicht sein können und beharren darauf. Meist haben sie recht, aber sie bräuchten das ihre Mitmenschen nicht immer so penetrant spüren lassen.

In der Liebe erscheinen Hunde manchem etwas zu distanziert. In ihrem Inneren jedoch kocht der Vulkan feuriger Leidenschaften. Aber Vulkane brechen heutzutage nur noch selten aus. Und so bleibt auch des Hundes Leidenschaft oft lahmgelegt. Man müßte sie mit sehr viel Einfühlungsvermögen und zarten Streichelkünsten entfachen können.

Hunde wirken leicht prüde, sie lieben Intimitäten im Schummrigen oder in der Dunkelheit. Grelles Licht oder Spiegelkabinette sind ihnen beim Spiel zu zweit verhaßt. Sie legen sich weise Zurückhaltung auf, und diese wird auch vom Partner erwartet.

Das macht das Zusammenleben mit ihnen nicht sehr bequem, müßte man doch ständig bereit sein, die richtige Schummerstunde zu erraten. Dies gilt für Hunde-Männer, noch mehr aber für Hunde-Frauen.

Lassen Sie den Hunden ihre ganz persönlichen Eigenarten, die nur selten zu Unarten werden. Nehmen Sie ihre Fürsorge als Geschenk hin. Der Hunde-Geborene wird's Ihnen danken und alles tun, Ihnen den Himmel auf Erden zu bereiten.

Hunde können ein hartes, gerechtes Wort vertragen, aber sie müssen es erst in ihrem Inneren verarbeiten. Üben Sie Geduld, warten Sie ab, er wird von selbst zu Ihnen kommen und Ihnen zu Diensten sein. Streicheln Sie nie einen Hund wider den Strich, dann sträuben sich bei ihm die Haare, und er wird widerborstig.

Und lieben Sie ihn, wie er Sie liebt. Denn trotz aller nach außen gezeigten Kühle fühlt sich ein Hund ohne Liebe hundeelend.

Wie erzieht man Hunde-Kinder?

Man halte einige Streichel-Einheiten für Hunde-Kinder bereit, sie brauchen mehr elterlichen Schutz als andere Kinder. Sie spielen gern für sich allein, aber wenn es darauf ankommt, schließen sie sich einem Rudel Gleichaltriger an und machen die verschiedensten Streiche mit, hecken sie oftmals sogar selber aus. In der Schule glänzen sie durch weise Zurückhaltung und werden so zu Lieblingsschülern des Lehrers. Man sollte die Hunde-Kinder getrost ein wenig verwöhnen, das hält für ein Leben lang vor. Bei den Hunden merkt man später genau, ob sie aus einem fürsorglichen Elternhaus stammen. Sie brauchen die Nestwärme, um später erfolgreich den Lebenskampf bestehen zu können.

Der Hund, vom Widder bis zu den Fischen

Widder-Hunde (21.3.-20.4.) bewachen die ihnen Anvertrauten mit solcher Sorgfalt, daß sich diese manchmal von ihnen eingesperrt fühlen. Das heißt: Widder-Hunde schießen oft übers Ziel hinaus.

Stier-Hunde (21.4.-20.5.) verlangen viel, geben jedoch um so mehr. Eifersucht ist ihre schwache Seite. Ihr stehen jedoch viele Tugenden gegenüber: Fleiß, Ausdauer, Verständigungsbereitschaft und vor allem Treue.

Zwillinge-Hunde (21.5.-21.6.) geben sich manchmal viel wilder, als sie in Wirklichkeit sind. Sie stecken voller Widersprüche. Oft bleiben sie dicht vor dem Ziel stehen und fixieren ein neues an.

Krebs-Hunde (22.6.-22.7.) liebt man wegen ihrer Gutherzigkeit. Sie reagieren auf den Verstand mit ihren Gefühlen, was sie dann leicht scheitern läßt. Man kann sie nur bis zu einem gewissen Grad ausnutzen.

Löwe-Hunde (23.7.-23.8.) bellen mehr als andere Hunde, doch ihr Gekläffe wirkt mehr wie Theaterdonner. Im Beruf plagt sie der Streß, weil sie sich oft auch das aufhalsen lassen, was sie nicht ganz bewältigen können.

Jungfrau-Hunde (24.8.-23.9.) sind pingelig genau. Da muß ein Teil akkurat neben dem anderen liegen. Das macht das Zusammenleben mit ihnen etwas schwerer. Sie kapseln sich auch gerne von der Umwelt ab.

Waage-Hunde (24.9.-23.10.) muß man lieben. Sie kuscheln sich wohlig hinterm Ofen. Das friedliche Zuhause ist ihre Welt. Nein können sie nicht sagen, und das fordert die Konflikte geradezu heraus.

Skorpion-Hunde (24.10.-22.11.) werden bissig, wenn man sie oder ihre Lieben angreift. Ihr Wille kann Berge versetzen. In der Liebe suchen sie den Partner, der bedingungslos mit ihnen durch dick und dünn geht.

Schütze-Hunde (23.11.-21.12.) machen viel mit Kraft und Elan. Sie rennen allen davon, wenn es darauf ankommt. Schütze-Hunde sind am Ende oft nicht ausdauernd genug, verzagen aber nie.

Steinbock-Hunde (22.12.-20.1.) spielen nicht gern. Sie sind ernst und in sich gekehrt. Man kann sich auf sie verlassen. Ihr Pessimismus macht sie verschlossen. Sie trauen nur sich selbst.

Wassermann-Hunde (21.1.-19.2.) sind argwöhnisch, sie wittern hinter der geringsten Unstimmigkeit einen persönlichen Angriff. Ihr Rat ist gefragt, ihre Intelligenz überdurchschnittlich; sie bringen es zu etwas.

Fische-Hunde (20.2.-20.3.) träumen in den Tag hinein, wenn sie nicht gerade damit beschäftigt sind, die Brötchen für die Lieben daheim zu verdienen. Bevor sie sich streiten, sagen sie lieber zu allem ja und amen.

Die Partner des Hundes

Ratten mögen des Hundes ruhige Art. Sie versuchen den oft Melancholischen aufzuheitern, was ihnen auch blendend gelingt. Man liebt's kameradschaftlich.

Büffel sind vom Temperament her dem Hund fast ebenbürtig. Trotzdem gibt es viel Probleme in solcher Verbindung, die erst mühsam gelöst werden müssen.

Tiger raufen sich mit dem Hund zusammen, freilich muß dieser Haare lassen. Hat man endlich die Einflußzonen abgesteckt, klappt alles vorzüglich.

Hasen schätzen die Treue des Hundes. Obwohl sie selbst kein überschäumendes Temperament besitzen, wünschten sie sich vom Hund doch mehr Forschheit.

Drachen lassen den Hund merken, daß er für sie ein kleiner Schwächling ist, der sich mit ihnen nicht messen kann. Aber ist das denn wirklich so?

Schlangen schleichen sich ganz allmählich in des Hundes Herzkämmerchen. Und dann sind sie gefangen ein Leben lang und kommen vom treuen Hund nicht mehr los.

Pferde verstehen sich mit dem Hund auf Anhieb. Man ist sich ergeben und hat Verständnis für des anderen Unarten. Hund und Pferd sind ideale Partner.

Ziegen lassen sich hier und da gehen, das sollte der Hund übersehen. Dann kann es zu einer Verbindung kommen, die besonders haltbar ist.

Affen lachen über den Ernst des Lebens, den der Hund ihnen gegenüber anführt, wenn sie gar zu sehr ihr witziges Temperament sprühen lassen. Na, ja...

Hähne haben wenig Verständnis für des Hundes Lebens-Alltag. Er will wohlig hinterm Ofen liegen, sie wollen draußen glänzen. Wie paßt das zusammen?

Hunde unter sich gleichen sich an. Sie lassen dem anderen die Ruhe, die sie sich selbst wünschen. Das gibt Zufriedenheit mit dem Dasein, aber aufregend ist das nicht.

Schweine können sich anpassen. Sie werden vor allem des Hundes anhängliche Treue zu schätzen wissen. Man lebt genüßlich nebeneinander her.

猪 ——————————————————

Das ehrliche Schwein

10.2.1899-30.1.1900
30.1.1911-17.2.1912
15.2.1923- 4.2.1924
 5.2.1935-23.1.1936
22.1.1947- 9.2.1948
 8.2.1959-27.1.1960
27.1.1971-18.2.1972
13.2.1983- 1.2.1984

Man kann es nicht anders sagen: Im Jahr des Schweins geborene Menschen sind Fanatiker der Wahrheit. Sie können nicht lügen, und wenn sie mal flunkern, werden sie bestimmt rot hinter den Ohren. Das Erröten nimmt zwar mit zunehmendem Alter und damit wachsender Erfahrung ab; aber es bleibt die Tatsache, daß sich das Schwein selbst bei kleinen Notlügen in seiner Haut nicht wohlfühlt.

Diese unbedingte Wahrheitsliebe macht es in seiner Umgebung nicht allen sehr beliebt. Wahrheit kann verletzen. Außerdem ist absolute Ehrlichkeit nicht gerade fördernd. Die anderen, Kollegen oder Konkurrenten, halten eher mal hinterm Berge, um ihr trübes Süppchen zu kochen. Sie stellen fadenscheinige Behauptungen auf, um ans Ziel zu gelangen. Diesen Ränkeschmieden steht das Schwein meist hilflos gegenüber.

Hinzu kommt, daß sich Schwein-Geborene oft nur zögernd entscheiden können, dann nämlich, wenn sie den Wert oder Unwert einer Sache noch nicht genau erkannt haben. Von vielen wird dieses wägende Abwarten dann als Unsicherheit gewertet.

Man sieht: Schweine haben es schwer. Aber sie haben auf der anderen Seite unvorstellbares Glück („Schwein haben" sagt auch schon der Volksmund). Von den Lotto-Millionären sind viele in einem Jahr des Schweines geboren. Schwein-Geborene werden auch häufig als Alleinerben eingesetzt, weil Erblasser gerade in den letzten Lebensjahren die Gutmütigkeit und die Fürsorge des Schweines kennenlernten.

Glauben Sie nur ja nicht, das Schwein sei dumm! Es wird in allen Berufen Bedeutendes leisten können. Seine Geradlinigkeit macht es zum sozialdenkenden Unternehmer, zum verständnisvollen Chef, zum zupackenden Arzt oder zum tüftelnden Forscher. Als freischaffender Künstler wird er auf den Bühnen der Welt oder in der Zirkusmanege gefragt sein.

Männer und Frauen aus dem Jahr des Schweines werden im Leben ihren Weg machen. Aber sie werden am Wegesrand nur wenig echte Freunde finden. Schwein-Geborene sind, was feste Freundschaften angeht, seltsam kontaktarm. Das machen die vielen Enttäuschungen, die ihnen ihre lieben Mitmenschen bereiten und auf die sie doch immer wieder hereinfallen.

In der Liebe ist es genauso — man kann sich schwer entscheiden. Im Zeichen Schwein müssen oft mehrere Anläufe gemacht werden, bevor man eine feste Bindung endgültig eingeht. Und meistens bleiben einige Beinahe-Partner zurück, die erst im nachhinein wissen, was sie an dem Schwein-Geborenen verloren haben.

In der Ehe entwickelt sich der Schwein-Mann zum Mustergatten. Schweine-Frauen sind die besten Mütter, die man sich denken kann, die liebsten Ehefrauen. Schweine-Männer sind treu und nachgiebig. Sie wollen ihrer Familie den Himmel auf Erden bereiten, aber manchmal reicht das Geld nicht ganz, weil der Himmel zu teuer ist.

Was Schwein-Geborene nicht ausstehen können, ist Streit und Zank. Und darum gehen sie im Beruf und in der Ehe vielfach den untersten Weg. Das mag manchen erst recht auf die Palme bringen, für den ein Gewitter die Luft reinigt. Gerade von solchen Leuten wird dann dem Schwein-Geborenen nachgesagt, er sei zu weich und habe einen schwachen Charakter.

Das Schwein selbst kann bei zu vielen Enttäuschungen zum rechten Menschenverächter werden. Und das könnte seiner Karriere, aber auch in den zwischenmenschlichen Beziehungen schaden.

Schweine lieben das Leben, sie sind keine Kostverächter. Ausschweifende Feste sind ihnen trotzdem ein Greuel — die Grillparty daheim ist ihnen lieber. Sie können oft stundenlang stumm in einem Sessel sitzen und nichts tun, vor sich herdösen. Wenn sie aber ein Problem haben, so werden sie es wortreich dem Partner auseinandersetzen.

Schwein-Geborene können gut zuhören. Wenn sie selbst etwas zu sagen haben, werden sie sehr weit ausholen, in aller Genauigkeit zu erklären versuchen, und die anderen werden dennoch kaum ein Wort davon verstehen: zu weitschweifig ist ihre Rede.

Und Schweine können auch noch über sich selbst lachen. Sie sind denen, die sie lieben, gute Freunde. Große Leidenschaften werden sie nicht entfachen können. Sie zögern manches hinaus und hoffen, daß es sich damit von selbst erledigt.

Sie halten eine gepflegte Unordnung meist für besser als pingelige Genauigkeit. Sie geben sich auch legerer als ihre Umgebung. Die Mode, die Schwein-Geborene kreierten, ist salopp, aber trotzdem schick.

Im Jahr des Schweines geborene Menschen sollten immer auf ihr Gewicht achten, da sie vor allem im Alter zur Behäbigkeit neigen. Sie müssen sich auch vor Genußgiften hüten. Schon mancher Schwein-Geborene trank den Kummer über die ach so verständnislose Welt in sich hinein und mußte sich zur Entziehungskur melden.

Schweine, sagten wir, zögern oft sehr lange. Wenn sie aber einmal einen Entschluß gefaßt haben, dann ist er unumstößlich. Sie werden ihn gegen alles und gegen jeden zu verteidigen wissen. Sie haben Selbstvertrauen genug, sich durchzusetzen, sind aber auch klug genug, Kompromisse zu schließen.

Wie erzieht man Schweine-Kinder?

Zunächst einmal: Schweine-Kinder braucht man eigentlich gar nicht zu erziehen, man muß ihnen nur gut zureden. Denn es gibt nichts Einsichtigeres als dieses Kind. Es ist anhänglich, schätzt ein gutes Zuhause und hat seinen eigenen Kopf. Ungerechtigkeiten kann es nicht ausstehen. Lehrer, von denen es sich falsch behandelt fühlt, wird es negieren, auch wenn dabei im Zeugnis eine Fünf herauskommt. Schweine-Kinder sind in der Schule Spätzünder; was sie aber einmal gelernt haben, werden sie ein Leben lang nicht vergessen. Sie streben meist früh nach Unabhängigkeit von den Eltern, weil sie ihnen nicht zur Last fallen wollen. Man sollte ihnen unmerklich Hilfestellung geben.

Das Schwein, vom Widder bis zu den Fischen

Widder-Schweine (21.3.-20.4.) setzen sich eher durch als andere Schweine. Sie werden im Leben schneller zu etwas kommen, und das ganz ohne die Ellenbogen einzusetzen. Ihre Art ist herzlich, aber bestimmt.

Stier-Schweine (21.4.-20.5.) sprechen nicht viel, sie handeln wortlos. Sie sind sehr musisch und putzen das eigene Heim zu einem Schmuckkästchen heraus. Es ist schwer, ihr ganzes Herz zu erobern.

Zwillinge-Schweine (21.5.-21.6.) scheuen sich nicht, neue Wege zu gehen, geraten aber dadurch auch auf Abwege. Keine Angst, diese Schweine finden sich, dank ihrer Wendigkeit, schließlich doch zurecht.

Krebs-Schweine (22.6.-22.7.) halten sich zurück, weil sie leichter zu verletzen sind. Sie hängen am Leben und kosten es aus. Man muß sie lieben, weil sie einfach nett und anhänglich sind.

Löwe-Schweine (23.7.-23.8.) scheinen das Glück für sich gepachtet zu haben. Sie finden sich in allen Lebenslagen zurecht, sollten sich jedoch vor Völlerei hüten. Löwe-Schweine machen in der Regel Karriere.

Jungfrau-Schweine (24.8.-23.9.) bleiben selbst dann bescheiden, wenn sie ein hohes Bankkonto ihr eigen nennen können. Sie weichen nicht vom Pfad der Tugend ab. Manchmal mag man sie für rechte Pedanten halten.

Waage-Schweine (24.9.-23.10.) können einfach nicht nein sagen. Das birgt Schwierigkeiten in sich. Man nutzt sie aus. Aber im Grunde lassen sie sich gern ausnutzen. Sie hassen vor allem häuslichen Streit.

Skorpion-Schweine (24.10.-22.11.) verletzen Mitmenschen oft durch ihre unnachgiebige Geradlinigkeit. Sie beharren auf einmal gefaßten Beschlüssen. Sex-Abenteuern sind sie übrigens nicht abgeneigt.

Schütze-Schweine (23.11.-21.12.) sind rechte Intelligenz-Bestien. Ihr Sarkasmus läßt sie anecken. Sie werden vorwärtskommen, wenn sie ihr sanguinisches Temperament nicht zu Fehlschlüssen verleitet.

Steinbock-Schweine (22.12.-20.1.) tun lieber alles selbst, bevor sie andere an eine Sache heranlassen. Das schafft ihnen Feinde. Ihr Herz hat eine dicke Schwarte, hinter der aber ein weicher Kern sitzt.

Wassermann-Schweine (21.1.-19.2.) haben Erfolg, weil sie zielstrebiger als andere Schweine sind. Zum weichen Herzen kommen hier die Launen, aber auch ein wacher Verstand, der stets das Richtige bewirkt.

Fische-Schweine (20.2.-20.3.) sind gar nicht so ohne. Sie treten ihrer Umwelt freundlich entgegen, setzen sich jedoch gerade damit durch. Sie sollten das Leben genießen, aber immer nur mit Maß und Ziel.

Die Partner des Schweines

Ratten versorgen das Schwein vorbildlich und sind auch geistig mit ihm gleichgeschaltet. Sie könnten zusammen eine ganze Menge erreichen.

Büffel sind etwas schwerfälliger als das Schwein, aber eigentlich genauso gradlinig. Das könnte für ein recht ruhiges Zusammenleben sprechen.

Tiger spielen mit dem Schwein, und dann sind sie plötzlich gefangen von der ehrlichen Art, in der das Schwein um sie wirbt und später für sie sorgt.

Hasen passen zum Schwein, das sich nach einem zärtlichen Partner sehnt. In der Ehe sind Schwein und Hase lieb und nett zueinander. Die Flitterwochen dauern länger.

Drachen werden an der Seite des Schweines zum Genießer. Sie vergessen aber auch nicht, daß man zupacken muß, soll die Familie auf einen grünen Zweig kommen.

Schlangen sind nicht unbedingt des Schweines Idealpartner, aber man wurstelt sich so durch, wobei das Schwein einige Borsten lassen muß.

Pferde rennen manchem Abenteuer nach, das die Schweine lieber im Fernsehen sehen. Aber sie finden nach jedem Ausbruch in des Schweines trautes Heim zurück.

Ziegen arbeiten viel — die Schweine sind bequemer. Aber wenn es darauf ankommt, schuften beide zusammen, um ihr Glück zu sichern. Denn glücklich werden die beiden.

Affen versuchen, dem Schwein die heitere Seite des Lebens zu zeigen. Das Schwein geht mit, weil es kein Kind von Traurigkeit ist. Nicht immer wird diese Verbindung halten.

Hähne lieben die Show. Sie stolzieren vor dem Schwein so lange auf und ab, bis es auf sie aufmerksam wird. Und dann fällt es sogar auf einen solchen Hahn mal herein.

Hunde sind treu und anhänglich. Sie finden im Schwein einen Partner, der das zu schätzen weiß. In einer Ehe zwischen Schwein und Hund kann jedoch Langeweile aufkommen.

Schweine unter sich sind ganz anders, als sie anderen Partnern erscheinen. Sie grunzen sich an, und manchmal sind sie rechte Futterneider. Aber das gibt sich mit den Jahren.

Das immerwährende chinesische Horoskop

Die 5000 Jahre alte chinesische Wahrsagekunst, aus den Gestirnen das Los der Menschen zu ergründen, soll nun im nachstehenden Kapitel einmal vereinfacht auf jedes Tierzeichen angewandt werden. Wir sind uns darüber im klaren, daß zu einem genauen Horoskop die Doppelstunde der Geburt und die Jahreszeit, die fünf Elemente und die zehn Himmelszeichen zu Rate gezogen werden müßten. Für diese Berechnungen haben die Chinesen dickleibige Nachschlagewerke. Wir wollen es hier bei einem kurzen Überblick belassen, aus dem jeder die guten und die mageren Jahre für sich herausfinden kann — ein immerwährendes chinesisches Horoskop für die zwölf Jahrtypen vom Jahr der Ratte bis zum Jahr des Schweines.

Das Schicksal der Ratten

Menschen, die in einem Jahr der Ratte geboren wurden, werden im allgemeinen eine ruhige Jugendzeit haben. Der mittlere Abschnitt ihres Lebens wird in einem steten Auf und Ab verlaufen. Mit Erreichen des vierten Lebensjahrzehnts dürften sie nach Überwinden mancher Schwierigkeiten ihre Sturm- und Drangzeit abgeschlossen haben. Danach können sie relativ ruhig und glücklich leben.

Im Jahr der Ratte (1984, 1996) bauen Ratten auf ihr Glück. Man fliegt ihnen zu, und auch finanziell ist manches zu erreichen. Ein ausgesprochen gutes Jahr.

Im Jahr des Büffels (1985, 1997) möchte die Ratte faulenzen. Sie hat zu nichts die rechte Lust. Nur gut, wenn sie sich ein finanzielles Polster zugelegt hat.

Im Jahr des Tigers (1986, 1998) neigen Ratten zu falschen Schlüssen, die für sie und die ihr Anvertrauten katastrophale Folgen haben können.

Im Jahr des Hasen (1987, 1999) ist für Ratten weise Zurückhaltung geboten.

Mancher Erfolg kann sich ins Gegenteil verkehren. Pläne werden sich zerschlagen.

Im Jahr des Drachen (1988, 2000) kommt noch einmal die Wendung zum Guten. Ratten sollten für die kommenden etwas mageren Jahre Vorsorge treffen.

Im Jahr der Schlange (1989, 2001) können Ratten manchen Fehler machen. Rückschläge sind möglich und die Finanzen stehen nicht zum besten.

Im Jahr des Pferdes (1990, 2002) sollten Ratten die Zurückhaltung nicht aufgeben. Kluges Taktieren und Paktieren mit Menschen, denen das Pferd Glück bringt, wäre das Richtige, um das Jahr gut abzuschließen.

Im Jahr der Ziege (1991, 2003) können Ratten eine merkliche Besserung feststellen. Geld kommt ein und es kann an der Karriere gezimmert werden.

Im Jahr des Affen (1992, 2004) werden die Ratten mit dem Glück konfrontiert. Was sie anfassen, hat Hand und Fuß. Und auch in der Liebe lacht der Wonnemond.

Im Jahr des Hahns (1993, 2005) gilt es, das bisher Erreichte zu sichern. Man sollte sich auch des Lebens schönsten Seiten zuwenden.

Im Jahr des Hundes (1994, 2006) werden die Ratten viel arbeiten müssen; denn nichts fällt ihnen von selbst in den Schoß. Der Erfolg gibt ihnen recht.

Im Jahr des Schweines (1995, 2007) tritt für die Ratten eine Ruhepause ein, die sie genüßlich nutzen können. Größere Wagnisse könnten fehlschlagen.

Das Schicksal der Büffel

Nach einer nicht sehr aufregenden Jugendzeit wird der Büffel schnell dafür sorgen, daß der mittlere Lebensabschnitt die Basis für ein geruhsames Alter wird. Jedoch sind in dieser Zeit nur dann Rückschläge zu vermeiden, wenn man die eigene Bequemlichkeit vergißt. Das gilt selbst für Büffel über fünfzig.

Im Jahr der Ratte (1984, 1996) atmen die Büffel auf. Es kommt Geld in die Kasse, man kann sogar ein Spiel wagen, und in der Liebe hat man nicht zu klagen.

Im Jahr des Büffels (1985, 1997) hält die Glückssträhne der Büffel an. Sie sollten das nutzen und rechtzeitig für schlechtere Jahre vorsorgen. Man genießt!

Im Jahr des Tigers (1986, 1998) deutet sich für Büffel ein gewisser Umschwung an. Es kommt zu Wutausbrüchen, und man mag sich selbst nicht leiden.

Im Jahr des Hasen (1987, 1999) beruhigen sich die angespannten Nerven des Büffels. Und das läßt gleich die Erfolgskurve wieder ansteigen.

Im Jahr des Drachen (1988, 2000) können Büffel schwelgen. Das Familienleben und die Arbeit machen Spaß. Was will der Büffel noch mehr?

Im Jahr der Schlange (1989, 2001) sind Zusammenstöße im privaten Bereich der Büffel angesagt. Sie sollten einlenken und sich mehr auf den Beruf konzentrieren.

Im Jahr des Pferdes (1990, 2002) ist im Intimbereich alles in Ordnung. Im Berufsleben haben Büffel manche Förderung zu erwarten.

Im Jahr der Ziege (1991, 2003) machen den Büffeln ihre zwischenmenschlichen Beziehungen zu schaffen. Sie sollten darum ihre Launen abbauen.

Im Jahr des Affen (1992, 2004) jagen die Büffel ruhelos hinter dem Erfolg her, das kostet Nerven. Man sollte daher so oft wie möglich Ruhepausen einlegen.

Im Jahr des Hahns (1993, 2005) werden Unsicherheitsfaktoren abgebaut. Es wird ein arbeitsreiches Jahr für die Büffel werden, mit wenig Zeit für die Liebe.

Im Jahr des Hundes (1994, 2006) machen Büffel einen Fehler: sie sehen zu schwarz. Dabei könnten sie gerade jetzt die Früchte ihrer Arbeit ernten.

Im Jahr des Schweines (1995, 2007) gibt es für die Büffel Auftrieb. Aber manchmal müßte man fünf Hände haben, um alles zu schaffen und zu richten.

Das Schicksal der Tiger

Nach der Jugend kommt der Tiger gleich in Turbulenzen, die er klug umkurven sollte. Oft spielt ihm das eigene Temperament einen Streich. Da hilft nur, ständig auf der Hut zu sein. Für Tiger ist das Leben Kampf, und das heißt risikoreich leben — manchmal bis ins hohe Alter.

Im Jahr der Ratte (1984, 1996) müssen Tiger auf Erspartes zurückgreifen. Es ist kaum etwas los, und das geht temperamentvollen Tigern an die Nieren.

Im Jahr des Büffels (1985, 1997) sollten sich Tiger weise in den Dschungel verkriechen. An allen Ecken und Enden lauert die Gefahr.

Im Jahr des Tigers (1986, 1998) steht der Tiger zum Sprung ins Abenteuer. Er hat Glück, denn alles gelingt. Seinen Jägern ist das Pulver ausgegangen.

Im Jahr des Hasen (1987, 1999) hält die gute Zeit für Tiger an. Er könnte seßhaft werden. Das Liebesglück lacht und Geldgewinn ist möglich.

Im Jahr des Drachen (1988, 2000) geht es für Tiger rund. Viele Turbulenzen sind zu meistern. Der Aufwärtstrend hält aber auch in diesem Jahr an.

Im Jahr der Schlange (1989, 2001) treibt das unruhige Blut die Tiger hinaus ins Leben, dorthin, wo Kämpfertypen verlangt werden, aber Gefahren lauern.

Im Jahr des Pferdes (1990, 2002) haben Tiger nichts zu befürchten. Sie werden mit eisernem Willen vorwärtskommen und manche Eroberung machen.
Im Jahr der Ziege (1991, 2003) brechen Tiger aus. Nichts kann sie halten, wenn ein Wechsel ansteht. Und reich an Wechseln ist das Jahr für Tiger.
Im Jahr des Affen (1992, 2004) macht der Tiger große Sprünge. Er springt von Erfolg zu Erfolg, übersieht aber vielleicht die Grube, in die er fallen könnte.
Im Jahr des Hahns (1993, 2005) kämpfen Tiger mit dem Rücken zur Wand. Sie sind rundum von feindlichen Einflüssen eingeigelt. Ein Ausfall wäre verlustreich.
Im Jahr des Hundes (1994, 2006) lockert sich die angespannte Lage. Der Tiger wird sich befreien. Große Erfolge sind ihm sicher.
Im Jahr des Schweines (1995, 2007) blüht der Tiger auf. Die Finanzen, aber auch das Ansehen wachsen. In der Liebe sind genügend Streicheleinheiten für ihn parat.

Das Schicksal der Hasen

Hasen stürzen sich nicht wie Tiger in die Gefahr, sie werden vorsichtiger sein und daher auch klüger. So könnte ihr ganzes Leben eigentlich ruhig und freundlich verlaufen, wenn es nicht in allen Lebensabschnitten die Konfrontation mit unfreundlichen Ereignissen gäbe. An diesen könnte der Hase zerbrechen, wenn er nicht rechtzeitig auf Gegenkurs steuert.
Im Jahr der Ratte (1984, 1996) kommt der Rückschlag für die Hasen, den sie aber verdauen werden, wenn sie sich Rücklagen gemacht haben.
Im Jahr des Büffels (1985, 1997) sollten Hasen ihren Bau zur Festung umbauen. Dann wird's trotz leichter Nackenschläge gut ausgehen.
Im Jahr des Tigers (1986, 1998) könnte sich eine Ortsveränderung für die so seßhaften Hasen ergeben. Dieses Jahr bringt Unruhe.
Im Jahr des Hasen (1987, 1999) festigt sich, was bisher im Schwebezustand war. Hasen werden auf ihre Kosten kommen und Vorräte anlegen können.
Im Jahr des Drachen (1988, 2000) hält sich der Hase abseits vom unruhigen Alltag. Trotzdem wird der Trubel nicht spurlos an ihm vorbeigehen.
Im Jahr der Schlange (1989, 2001) können sich die Hasen ein wenig erholen. Es wird kaum Hektik geben, aber doch ein Höchstmaß an Arbeit.
Im Jahr des Pferdes (1990, 2002) wird das meiste nach den Wünschen der Hasen verlaufen. Sie werden Prüfungen bestehen und nicht am Hungertuch nagen.
Im Jahr der Ziege (1991, 2003) hält der Aufwärtstrend an. Im privaten Bereich löst sich einige Verklemmung, und die Liebe lacht daheim.

Im Jahr des Affen (1992, 2004) setzt es keine Aufregungen für die Hasen, man lebt fröhlich vor sich hin, sehr zufrieden mit dem bisher Erreichten.

Im Jahr des Hahns (1993, 2005) müssen selbst die Hasen in den Kampf, obwohl sie ihn scheuen. Am Ende gestehen sie sich ein, daß es kein gutes Jahr war.

Im Jahr des Hundes (1994, 2006) geht der Hase mehr aus sich heraus und wagt auch mehr. Vor dem letzten Wagnis schreckt er zurück – zu seinem Besten!

Im Jahr des Schweines (1995, 2007) macht sich eine fühlbare Entspannung bemerkbar. Mancher Gewinn, auch im Intimbereich, ist zu erzielen.

Das Schicksal der Drachen

Drachen haben mehrfach Glück im Leben, an das sie allerdings auch hochherrschaftliche Ansprüche stellen. Vor allem im mittleren Lebensabschnitt verzeichnen Drachen meist große Erfolge. Das läßt sie rechtzeitig für das Alter vorsorgen. So ganz unglücklich werden Drachen nie.

Im Jahr der Ratte (1984, 1996) werden die Finanzen aufgefrischt oder sicher angelegt. Drachen haben auf vielen anderen Gebieten ebenfalls Erfolge zu verzeichnen.

Im Jahr des Büffels (1985, 1997) müssen Drachen um ihren Wohlstand kämpfen. Ein Widersacher könnte im häuslichen Bereich Unruhe stiften.

Im Jahr des Tigers (1986, 1998) putscht sich der Drache zu neuen Taten auf. Wenn er nicht zu weit geht und seine Grenzen beachtet, wird ihm viel gelingen.

Im Jahr des Hasen (1987, 1999) sonnt sich der Drache in der Gunst wohlmeinender Gönner. Er sollte sich nicht zu wohl fühlen und keine Risiken eingehen.

Im Jahr des Drachens (1988, 2000) geht es mit des Drachen Glück weiter. Sein Haus ist bestellt, er blickt herunter auf alle, die ihn lieben.

Im Jahr der Schlange (1989, 2001) wird dem Drachen bewiesen, daß alle zwölf Mondjahre ihre guten Seiten haben. Deshalb sollte er aber nicht arrogant werden.

Im Jahr des Pferdes (1990, 2002) gibt es keine allzu großen Widrigkeiten für den Drachen. Er kann viel erreichen, im Beruf wie in der Liebe.

Im Jahr der Ziege (1991, 2003) beginnen die Drachen am besten nichts Neues, das Alte ist gut oder kann gewendet werden. Ein ermüdendes Jahr.

Im Jahr des Affen (1992, 2004) müssen Drachen ohne Heftigkeit reagieren. denn sie bekommen manchen Streich gespielt. Eile mit Weile ist die Parole.

Im Jahr des Hahns (1993, 2005) haben die Drachen einiges Glück, das sie aber nicht strapazieren sollten. Maßhalten ist besser.

Im Jahr des Hundes (1994, 2006) können Drachen sogar aufs Ganze gehen. Im Beruf haben sie Erfolg, in der Liebe noch mehr. Und gewinnen können sie auch.

Im Jahr des Schweines (1995, 2007) hält der Trend nach oben an. Man kann an den Ausbau des bisher Erreichten gehen und auch einen neuen Hausstand gründen.

Das Schicksal der Schlangen

Man möchte meinen, Schlangen führten ein unruhiges Leben. Das ist aber gar nicht so: Schlangen schlängeln sich durch. Erst nach dem 40. Lebensjahr kommt für sie die kritische Zeit. Da wird manches in Frage gestellt, was bisher „in" war. Es sind für Schlangen, wenn auch nicht im biologischen Sinn, die Wechseljahre, die überstanden werden müssen.

Im Jahr der Ratte (1984, 1996) hält der Aufwärtstrend trotz einiger Störeinflüsse an. Schlangen wursteln sich durch, sie haben sogar Hoch-Zeit in der Liebe.

Im Jahr des Büffels (1985, 1997) verkriechen sich Schlangen gern. Das ist nach Unruhejahren gut so. Ein finanzschwaches Jahr.

Im Jahr des Tigers (1986, 1998) sind Schlangen in ihrem Element. Sie ecken zwar manchmal an, ziehen aber aus den Beulen Erfahrung.

Im Jahr des Hasen (1987, 1999) wird Sex für Schlangen großgeschrieben. Man erreicht in der Liebe fast alles, und das Glück lacht im Beruf.

Im Jahr des Drachens (1988, 2000) können Schlangen die Früchte ernten. Das Leben ist lebenswert. Kein Wölkchen steht am Liebeshimmel.

Im Jahr der Schlange (1989, 2001) hat das Glück der Schlangen drei Sterne. Was sie anfassen, wird zu Geld. So könnte man's ewig aushalten.

Im Jahr des Pferdes (1990, 2002) können Schlangen durch private Affären von sich reden machen. Das färbt auch ein wenig auf das Berufsleben ab.

Im Jahr der Ziege (1991, 2003) gehen die Schlangen in sich. Oft bedeutet das eine Abkehr vom bisherigen Leben. Man konzentriert sich auf die Arbeit.

Im Jahr des Affen (1992, 2004) wird diese Umorientierung abgeschlossen. Die Schlangen leben lustig in den Tag hinein. Ihre Launen machen Kummer.

Im Jahr des Hahns (1993, 2005) werden die Schlangen hart arbeiten müssen, um zu etwas zu kommen. Aber im Privaten abzuschalten ist schwer.

Im Jahr des Hundes (1994, 2006) möchten Schlangen die Welt verbessern. Sie sollten lieber vor der eigenen Haustür kehren. Streit ist angezeigt.

Im Jahr des Schweines (1995, 2007) können Teilausläufer noch Schwierigkeiten bereiten. Mit ihrer Klugheit werden Schlangen alles gut meistern.

Das Schicksal der Pferde

Pferde wollen schnell selbständig werden, daher fehlt ihnen oft der rechte Halt. Sie führen ein bewegtes Leben, Erfolg und Mißerfolg gleichen sich aus. Nach dem 45. Lebensjahr lassen sie es langsamer angehen und können sich auf den Lorbeeren ausruhen.

Im Jahr der Ratte (1984, 1996) spekulieren die Pferde oft mit dem bisher Erworbenen, und manchmal verspielen sie es. Privat gibt's Ärger.

Im Jahr des Büffels (1985, 1997) könnte dieser Ärger anhalten. Besser also, Pferde wenden sich mehr dem Geldverdienen zu.

Im Jahr des Tigers (1986, 1998) muß das Pferd auch schmerzliche Trennungen verkraften. Auf jeden Fall ist Vorsicht geboten.

Im Jahr des Hasen (1987, 1999) stabilisiert sich die Lage im privaten Bereich. Das macht mehr Arbeitsmut, aber auch Mut zu neuen Abenteuern.

Im Jahr des Drachens (1988, 2000) fühlen sich Pferde wohl in ihrer Haut. Man schmeichelt ihnen und man setzt auf sie. Pferde mögen das.

Im Jahr der Schlange (1989, 2001) wird die Liebe für Pferde ganz groß geschrieben. Aber gerade auf diesem Sektor kann man sich vergaloppieren.

Im Jahr des Pferdes (1990, 2002) werden Pferde Fehler machen, die sie aber ausbügeln können. Privat kann's Kummer geben.

Im Jahr der Ziege (1991, 2003) richtet sich viel. Das Pferd kann die Zügel schießen lassen und so im Galopp lohnende Ziele erreichen.

Im Jahr des Affen (1992, 2004) kommen Pferde auf ihre Kosten. Sie haben Freude am Leben, der Liebesstern leuchtet, es geht aufwärts.

Im Jahr des Hahns (1993, 2005) hält das Hoch an. Pferde werden Karriere machen oder doch zumindest mit Geldzuwachs rechnen können.

Im Jahr des Hundes (1994, 2006) können Pferde viel für sich selbst erwirtschaften. Nur in der Liebe sollte man nicht so ichbezogen sein.

Im Jahr des Schweines (1995, 2007) lassen sich die Finanzen aufbessern. Pferde machen alles, was sie anpacken, zu Geld. Das hat auch Nachteile.

Das Schicksal der Ziegen

Ziegen finden immer saftige Weiden. Sie haben oft Glück, vor allem in der Jugend und nach dem vierzigsten Lebensjahr. Dazwischen bringen sie durch ihr Verhalten hier und da selbst Unruhe in ihr Leben. Was sie in dieser Zeit brauchen, ist die Hand, die sie führt, die ernst gemeinte Liebe. Was sie verdrängen sollten, sind die Launen.

Im Jahr der Ratte (1984, 1996) werden Ziegen melancholisch. Das kann privat in heißer Liebe zu Buche schlagen, im Beruf aber in rechter Arbeitsunlust.

Im Jahr des Büffels (1985, 1997) sollten Ziegen daran denken, daß Arbeit feste Werte schafft. Und so gesehen, wird die Arbeit dann Spaß machen.

Im Jahr des Tigers (1986, 1998) bleiben Ziegen oft auf ihren schönsten Gefühlen sitzen. Sie sehen aber auch alles mit viel zu kritischen Augen an.

Im Jahr des Hasen (1987, 1999) erleben manche Ziegen die große Liebe. Sie werden verwöhnt und umsorgt. Das wird ein wunderschönes Jahr ohne Kummer.

Im Jahr des Drachens (1988, 2000) hält die gute Zeit weiter an. Kaum ein Wölkchen trübt den Liebeshimmel, und auch im Beruf steigt die Erfolgskurve.

Im Jahr der Schlange (1989, 2001) läßt sich allerhand unternehmen. Ziegen nützen das aus und bringen einen schönen Batzen Geld mit nach Hause.

Im Jahr des Pferdes (1990, 2002) haben Ziegen Glück. Sie sollten mal im Lotto spielen. Auch privat geht alles in Ordnung, wenn die Ziegen fröhlich bleiben.

Im Jahr der Ziege (1991, 2003) erreichen die Ziegen beinahe alles, was sie wollen. Das verführt zu unüberlegten Handlungen in der Liebe und im Beruf.

Im Jahr des Affen (1992, 2004) bleibt die Schaltung auf Erfolg. Ziegen können sich vieles leisten. Sie sollten für schwere Zeiten etwas zurücklegen.

Im Jahr des Hahnes (1993, 2005) werden manche Ziegen an der eigenen Bequemlichkeit scheitern. Für die meisten aber wird es ein recht lustiges Jahr.

Im Jahr des Hundes (1994, 2006) brocken sich Ziegen allerlei in die eigene Suppe. Und das müssen sie dann auch noch auslöffeln. Ein Jahr zum Vergessen.

Im Jahr des Schweines (1995, 2007) leben Ziegen neben ihren Mitmenschen so dahin. Rechte Lust haben sie nicht, aber man wird schon weiterkommen.

Das Schicksal der Affen

Affen werden, kaum dem Elternhaus entsprungen, manches wagen. Und das könnte Unruhe in ihr drittes und viertes Lebensjahrzehnt bringen. Sie verderben es sich in dieser Zeit auch mit einigen ihrer besten Freunde. Nach dem 50. Lebensjahr sind die Affen dann möglicherweise allein.

Im Jahr der Ratte (1984, 1996) haben Affen viele Trümpfe. Sie bringen es im Beruf sehr weit, in der Liebe aber schlagen sie Purzelbäume vor Freude.

Im Jahr des Büffels (1985, 1997) hält die Hochstimmung an, auch wenn das Geld nicht mehr so reichlich fließt. Man schlägt sich schon durch.

Im Jahr des Tigers (1986, 1998) werden Affen ruhiger handeln. Und das ist richtig so. Hier legen sie den Grundstock für die fernere Zukunft.

Im Jahr des Hasen (1987, 1999) haben die Affen freie Bahn für viele erfolgreiche Unternehmungen. Liebesbeziehungen lassen sich pflegen.

Im Jahr des Drachens (1988, 2000) können Affen eingefangen werden. Sie geben sich jedenfalls häuslicher, als sie sonst sind.

Im Jahr der Schlange (1989, 2001) läppert sich einiges zusammen, was dem Affen Freude macht. In der Liebe sucht er meist die Gunst der Stunde.

Im Jahr des Pferdes (1990, 2002) werden die Affen Entscheidendes für die Zukunft erreichen können. Sie haben Erfolg und kommen auf den berühmten grünen Zweig.

Im Jahr der Ziege (1991, 2003) können Affen ihre Mitmenschen vergraulen, wenn sie ihre Späße mit ihnen treiben. Ansonsten aber doch ein gutes Jahr.

Im Jahr des Affen (1992, 2004) nimmt der Affen Daseinsfreude zu. Sie haben allen Grund, mit sich zufrieden zu sein. Und die Liebessonne scheint.

Im Jahr des Hahns (1993, 2005) trübt sich der Himmel ein wenig. Noch können die Affen ihr Glück machen und etwas für später auf die Seite legen.

Im Jahr des Hundes (1994, 2006) ist der Geldhahn zugedreht. Der Affe sehnt sich zurück nach besseren Tagen, aber die Sorgen schreibt er in den Wind.

Im Jahr des Schweines (1995, 2007) gibt sich der Affe optimistischer denn je. Und er hat allen Grund dazu: Ein Glücksgewinn steht zu erwarten.

Das Schicksal der Hähne

Einiges macht sich der stolze Hahn im Laufe seines Lebens selbst kaputt. Er sollte sich öfter beschränken, nicht immer die erste Geige spielen wollen. Das einzig erfreuliche Fazit aus dem Auf und Ab in seinem Leben: Durch Erfahrung werden Hähne klug, und so können sie meist im Wohlstand ihren Lebensabend genießen.

Im Jahr der Ratte (1984, 1996) legen Hähne ihr schwer verdientes Geld besser sicher an. Das ist kein Jahr zum Spekulieren, aber es läuft gut aus.

Im Jahr des Büffels (1985, 1997) beginnt es mit einem Paukenschlag. Endlich können Hähne aufatmen. Alle Schwierigkeiten sind wie weggeblasen.

Im Jahr des Tigers (1986, 1998) können Hähne noch manchen Vorteil ziehen. Dann dreht sich plötzlich der Wind: Hähne kommen in Turbulenzen.

Im Jahr des Hasen (1987, 1999) zeichnet sich für Hähne Gutes ab. Aber es ist möglich, daß sie der Entwicklung zum Besseren nicht recht trauen.
Im Jahr des Drachen (1988, 2000) stabilisiert sich die Lage. Der Hahn hat Liebesglück, viele Gewinnchancen. Sein Konto wächst, die Arbeit aber auch.
Im Jahr der Schlange (1989, 2001) hält der Trend nach oben an. Hähne können stolz auf das Erreichte herabblicken. Die Zukunft scheint gesichert.
Im Jahr des Pferdes (1990, 2002) tragen Hähne ihren Kopf besonders hoch, obwohl weises Abducken für sie oft besser wäre. Manches Hindernis muß überwunden werden.
Im Jahr der Ziege (1991, 2003) gerät viel in Unordnung. Hähne müssen hart arbeiten, um im Gleichgewicht zu bleiben. Die Liebe wird zurückgestellt.
Im Jahr des Affen (1992, 2004) löst sich manches von selbst. Hähne sehen wieder klar. Aber sie haben eine Neigung zu Kurzschlußhandlungen.
Im Jahr des Hahns (1993, 2005) richtet sich alles zum Besten. Hähne bringen eine Höchstleistung nach der anderen. Und Glück in der Liebe fällt auch ab.
Im Jahr des Hundes (1994, 2006) kriselt es bei den Hähnen leicht. Die Finanzen machen Kummer, aber man windet sich durch. Ein Jahr zum Vergessen!
Im Jahr des Schweines (1995, 2007) wechseln Hoch und Tief, aber man kann schon den Silberstreif am Horizont sehen. In der Liebe gibt's Abwechslung.

Das Schicksal der Hunde

Hunde arbeiten tüchtig, aber sie sind oft von der eigenen Leistung nicht so recht überzeugt. Deshalb werden sie schon in der Jugend durch eigene Schuld Dämpfer aufgesetzt bekommen. Und das wirkt sich auch in den folgenden Jahren aus. Mit mehr Optimismus könnten Hunde viel erreichen und das Alter genießen.
Im Jahr der Ratte (1984, 1996) arbeiten Hunde manchmal lustlos. Sie fragen nach dem Zweck, und schon sind sie in der Sackgasse. Sie bräuchten mehr Mumm.
Im Jahr des Büffels (1985, 1997) könnten Hunde ihre ganze Kraft zusammennehmen und den Gefahren trotzen, die rundum auf sie lauern. Nur Mut!
Im Jahr des Tigers (1986, 1998) zahlt sich der Mut, den man im Vorjahr bewies, endlich aus. Hunde haben freie Bahn im Beruf und in der Liebe.
Im Jahr des Hasen (1987, 1999) können Hunde auf den Lorbeeren ausruhen. Man sonnt sich im Glück und findet ganz nebenbei auch Erwärmendes fürs Herz.

Im Jahr des Drachen (1988, 2000) kann der angeborene Pessimismus Schaden anrichten. Zu lange schon schwelgten die Hunde im selbst verdienten Wohlstand.

Im Jahr der Schlange (1989, 2001) haben Hunde noch einmal Auftrieb. Aber so ganz trauen sie dem Braten nicht, der sich ihnen mit vielen Beilagen anbietet.

Im Jahr des Pferdes (1990, 2002) trauen sich Hunde recht wenig zu. Das färbt dann auf die Leistung ab. Hinter dem Ofen liegend kann man nichts schaffen.

Im Jahr der Ziege (1991, 2003) möchten Hunde am liebsten davonrennen. Sie scheinen angekettet zu sein, und das lieben sie gar nicht.

Im Jahr des Affen (1992, 2004) sind die Ketten los. Der Hund bewegt sich freier, beginnt viel, erreicht weniger, baut sich das Leben nach seinem Geschmack.

Im Jahr des Hahns (1993, 2005) ist harte Arbeit für Hunde Trumpf. Schwierigkeiten sind zu überwinden. Nur im Privaten lacht ein stilles Glück.

Im Jahr des Hundes (1994, 2006) wandelt sich die harte Fron allmählich in klingende Münze. Hunde können ihr Haus mit einigem Luxus ausstaffieren.

Im Jahr des Schweines (1995, 2007) fühlen sich Hunde am wohlsten in der Familie. Sie rüsten sich zum weiteren Lebenskampf. Und das ist gut so.

Das Schicksal der Schweine

Schweine ertragen mit Gleichmut Glück und Unglück. Ihr Leben verläuft nach außen hin ruhig und ohne große Spannungen. Dabei können sich gerade im dritten, vierten und sogar noch im fünften Lebensjahrzehnt Rückschläge ergeben. Schweine werden nicht lange fackeln und die Schwierigkeiten meistern. Im Alter haben sie dann ausgesorgt.

Im Jahr der Ratte (1984, 1996) finden Schweine ihre große Liebe. Sie fühlen sich glücklich und machen so ganz nebenbei ein gutes Geschäft nach dem anderen.

Im Jahr des Büffels (1985, 1997) geht nichts Rechtes zusammen. Schweine sollten sich verkriechen und von dem zehren, was sie inzwischen zurücklegten.

Im Jahr des Tigers (1986, 1998) kommen Schweine auch mal in ein Tief. Aber sie finden Auswege und sind eben mit weniger als bisher glücklich und zufrieden.

Im Jahr des Hasen (1987, 1999) kann es zum Streit kommen. Schweine sollten ihn vermeiden, denn sie würden wegen ihrer Ehrlichkeit den kürzeren ziehen.

Im Jahr des Drachens (1988, 2000) ist auch noch nicht alles gerichtet. Schweine sehnen sich nach dem Kreis ihrer Lieben und merken: Ärger macht dick!

Im Jahr der Schlange (1989, 2001) erzielen Schweine manchen Gewinn, nur die Liebe läßt einiges zu wünschen übrig. Wie gut, wenn man ein festes Verhältnis hat, auf das man bauen kann.

Im Jahr des Pferdes (1990, 2002) befinden sich Schweine in einer Aufbauphase. Das gibt einen Haufen Arbeit, und die Liebe kommt zu kurz.

Im Jahr der Ziege (1991, 2003) geht Geld ein, die Sorgen verfliegen. Schweine haben mehr Zeit für ihre Familie. Man erlebt das Glück der Liebe.

Im Jahr des Affen (1992, 2004) können Schweine alles das tun, was ihnen Freude macht. Aber Vorsicht! Ein solches Jahr läßt eine Menge Speck ansetzen.

Im Jahr des Hahns (1993, 2005) wird viel vereinnahmt. Schweine haben eine glückliche Hand im Spiel. Trotzdem fällt oft zuviel Arbeit an.

Im Jahr des Hundes (1994, 2006) wächst das Bankkonto weiter. Schweine werden sich mehr auf die faule Haut legen und das Leben wohlig genießen.

Im Jahr des Schweines (1995, 2007) steht das Glück im Zenit. Nichts kann das Schwein mehr davon abhalten, die Feste zu feiern, wie sie fallen.